Chapter

00

アニメを社会学する視点

永田大輔

1　社会事象としてのアニメ

本書にはアニメについて社会学的な視点で考えるさまざまな論考が寄せられている。まず，アニメについて最も日常的に行うのがアニメ作品を視聴することだろう。そのため，ある作品を素材とし，作品が成り立つ条件を分析することから本書の依拠する視点について提示し始めることとしたい。

P.A.WORKS 制作のオリジナルアニメ『SHIROBAKO』は，アニメ制作の舞台裏を題材とした2クール（全24話，2014年10月-2015年3月）の作品である。同作は好評を博し，2020年2月29日より『劇場版 SHIROBAKO』が公開された。

同作はアニメ制作者（アニメーター）のマネージメントに携わる業務（制作進行）に従事する宮森あおいの視点から，アニメ制作に携わる人びとを描き出した群像劇である。2本の1クール（3ヵ月）アニメ制作に携わるなかで，彼女と周辺人物の成長や葛藤を描いてもいる。物語の折に触れて紹介されるのは，宮森を含む高校時代のアニメ同好会の制作仲間たちの初期キャリアのあり方である。宮森と所属企業を同じくするアニメーターの安原絵麻・新人声優の坂木しずか・3D アニメクリエーターの藤堂美沙・脚本家志望の今井みどりがそのメンバーである。彼女たちはそれぞれの人生のタイミングや職業固有の事情と折り合いをつけながら，さまざまな葛藤や成長をしていく。彼女たちをはじめとして制作進行としてさまざまな人に接する機会の多い宮森の視点から，アニメに携わる人びとの多様な姿が描かれているのだ。

重要なのは，ここで主題化されている「アニメが集団で制作されること」自体がファンにとっての関心事でもあることだ。それゆえ私たちは視聴者として同作を楽しむことができる。アニメの舞台裏を描くことが商品として成立するような自作自演的な「巨大な内輪空間」（北田，2005）が形成されているのである。同時に同作の中ではファンを意識した制作者の姿も描かれる。作り手の側もどのように作品が見られるかを折り込んだうえで作品を作っていることが描かれているのだ。

同作の特徴を最も体現するのが，作中で制作される２本のアニメ作品で監督を務める木下誠一というキャラクターである。木下は監督としてのキャリアの初期から原作つき作品を中心に制作し，将来を期待されていた。だが，初のオリジナルアニメ作品でスケジュールを守ることができず，低品質な作品を作り，酷評されることになる。彼がファンからの酷評というトラウマを乗り越え作品制作を成功させることが同作の重要な主題となっている。

アニメという表現の特徴も同作の中で描かれている。そのアニメの最大の特徴は集団制作が前提となった表現の形態だということである。その特徴を同作の中で最も表しているのが，劇中で制作されるアニメ作品の原作者（野亀）と木下によるやりとりが描かれた下記の場面である。これは同作品での２クール目のクライマックスの一つとして描かれている。

木下：ぼくたちの毎日もアリアたちと同じなんです。どんな苦しい戦いも仲間がいるから戦えるんです。だから主人公には，アリアには絶対飛んでほしい，仲間を信じて。それが僕のたどり着きたい最終回なんです。

野亀：木下さん。あなたにとっては制作チームが第三飛行少女隊なんですね。だからアリアは仲間を率いて飛ばねばならない。その責任感よく伝わってきました。でも私にとっては違います。

木下：ん。どこが違うんでしょう。

野亀：アリアたちと敵との闘いは私と私を襲う負のメタファーなのです。サンジョの５人には私の人格を分け与えている。あなたが考えるチームとは違うのです。

木下：そっか。野亀先生にとってサンジョはチームの団結ではなく個人的な死と再生の物語なのかもしれませんね。

野亀：おお。

［…略…］

木下：アリアに夢や希望が生まれればいいのかもしれませんね。

（『SHIROBAKO』23 話「続・ちゃぶだい返し」より）

劇中で制作する２本目のアニメ作品である『第三飛行少女隊』(サンジョ）はマンガを原作にもつ作品である。原作が未完結であることから制作されたアニメ独自の結末に，原作者の野亀から完成直前になって許可が出せないという申し出がなされた。それに対して，木下が自分たちの準備した結末の正当性を示すために野亀に直接対面して交渉をもちかけている。木下が主人公（アリア）が戦線を離脱したまま物語を終えるのではなく，戦線復帰を描こうとするのに対して，原作者からは戦線離脱をしたまま最終回を迎えてほしいとの要望が伝えられる。

上記の結末の位置づけの違いには，アニメ制作とマンガ制作の違いが関連する。アニメは集団作業的な工程分業を前提としなければ成り立たない産業である。それに対してマンガは，アシスタントなどとの協力もあるとはいえ，執筆自体は一人の漫画家によって行われることが多い。そこで木下は「ぼくたちの毎日もアリアと同じなんです」という形で「監督」の作品の理解（集団制作としてのアニメ）をぶつけ，この結末がアニメで選ばれることの必然を説明し，マンガ作品の原作者も一旦は理解を示している。だが原作者は，マンガ制作の側から見たときにはアリアたちと敵との闘いは「私と私を襲う負のメタファー」だと位置づけ，彼女たちに「……私の人格を分け与えている。あなたが考えるチームとは違うのです」と論じている。マンガとアニメの表現をめぐる理解の差が一体どこで出てきたのかを議論し，その差異をめぐる調整が描かれているのだ。

商業アニメにおける最大の特徴は，多くのアクターが携わる点である。それは上記のようにアニメという表現の理解そのものに関わる問題である。アニメがこのように読解されることの重要性を考えるうえで映像のおかれた諸条件（映像文化）をもとに映像を見る重要性を指摘する長谷正人の議論が参考になる。長谷は宮崎駿の『風の谷のナウシカ』に関する評論の状況に着目し，制作裏話のようなルポルタージュ的な評論がある一方で，宮崎駿の思想に対して稲葉振一郎（1996）のように哲学的な読解がなされている状況を指摘し，どちらの評論にも違和感があると述べている。『風の谷のナウシカ』における表現は，集団的営為の葛藤のなかで宮崎が生み出した表現であることが語られている（長谷, 2010）。こうした商業アニメという表現形式のなかには集団的な営為が関わることが重要な特徴とされてきたものもあり，そのことを前提に映像を読み解く可能性が展開されているのである。

このようにアニメ表現を「社会学的に」読解するうえでも，アニメという映像文化の特性を踏まえて読まれる必要がある。アニメを研究し，読解するためにもアニメがおかれた状況，表現の特性，技術的な状況等複合的にみていくことが重要になる。本書では「産業」としてのアニメという表現の可能性について文化産業論という枠組みをもとに議論を展開する。

文化産業の最も重要な点は複製技術に依存しているという点である。つまり，「大量に売れる」ことを前提とし，作品が制作されていることである。消費者のニーズに依存したものであり，産業に関わる者たちも多くなる。こうした「ファン」や「産業の状況」「アニメという表現をめぐる技術的・想像力的な条件」を記述していくことが重要となる。本書では，そうした視点からアニメを社会学として考えるための多様な可能性に迫る。

2　アニメの「社会学」の可能性

2-1　アニメーション研究をめぐる動向

アニメを社会学的に研究するうえで文化産業論という視点を再考しつつ捉えることが重要であると議論してきた。それではその視点にどのような意義が存在するのだろうか。前提としてアニメ周辺をめぐる学術的な言論状況を確認したい。

1990年代の中盤以降，サブカルチャー研究に大きな変動期が訪れる。大きな転換期となるのが1990年代の中盤で，『新世紀エヴァンゲリオン』の流行やアニメについて語るアカデミック・ジャーナリズムが隆盛を極めた。こうした動向のなかの象徴的な事例として，1994年に東京大学で岡田斗司夫のオタク文化論という名の教養講義が行われたことがある。

こうした傾向は2000年代前半になっていっそう加速することになる。それはクール・ジャパンなどの文化政策・経済政策に伴い，マンガ・アニメが文化的な輸出財となったとされたことと大きく関連する。なかでもその大きな転機となるのは東浩紀（2001）の『動物化するポストモダン』を始めとした一連の仕事である。東大の表象文化論で博士号を取得し，現代思想の新たなスターであった彼がオタク文化やアニメについて論じたことがアニメをめぐる言論環境に及ぼした影響は大きい。こうした言論環境の変容と同時に日本国外でも日本文化研究としてマンガ・アニメは研究の対象となっていく。

制度化された学問の一領野として国外でアニメが地位を占めるようになることと連動して，日本国内でのサブカルチャー研究も教育などの重要性との関連から制度化していく。1998年の日本アニメーション学会をはじめ1990年代からマンガ・アニメ・ゲームに関連する学会が相次いで設立される。国外からの留学生の人数が増すなかで，大学教育の中にこうした議論を組み込むことを要請するものでもあった。そうであるがゆえにさまざまな分野での講義を行うというニーズを伴うことになり，歴史や文学，そして社会学の領域のなかでマンガ・アニメについて教育することが目指される。こうした状況への叛旗の意味も学会の設立はもつことになる。

このように学会の設立がなされるが，同時にこれはある対象に対して呉越同舟的に複数の分野が一つの専門として名乗りを上げるような形でなされざるを得なかった。そうした状況はマンガ・アニメの大学教育で用いられる教科書・入門書の代表的なものをみるとわかってくる。近年発売されたアニメに関して学術的に論じた教科書として『マンガ・アニメで論文・レポートを書く』（山田, 2017），『アニメ研究入門』（小山・須川, 2013）がある。一例としてその教科書の目次を紹介する。

前者は「語り」「形態」「教育」「政治」「近代性」「舞台」「メディアミックス」「海外展開」「少女」「食」「言語」などの形で，アニメを素材としてさまざまな議論が展開可能であることが示されている。後者の目次を参照すると「文学理論」「映像論」「ジェンダー論」「サウンド／ヴォイス研究」「ヒストリー研究」「オーディエンス研究」「アート研究」「コンテンツ研究」「オーディオ・ビジュアル研究」など，さまざまな手法に関して論考が執筆されている。これはアニメを独立した学問として描き，アニメ研究の間口の広さとさまざまな可能性を示してくれる点で重要である。だが，個々の論点が章ごとに分かれていることから自分の興味関心と合致するトピック・章以外への関心がもちにくい。こうした構成は導入としては有効だが，その後の学びや研究の発展可能性を示すための方策をつかむことが難しい。そこから踏み込んで学習者が研究を継続したり実際に論文を書いたりするために一定の体系のもとに議論が提示される必要がある。

本書では，「アニメ研究」において，社会学という一つの学問的な立場に一度限定し，文化産業論という視点の提示を行うことで上記の問題点の克服を試みる。学際的な乗り入れが行われたアニメ研究において，あえて一つの学術的な視点に留まることが本書の独自性となる。社会学はこうした対象を研究するニーズ自体は長らくもってきたが，既存のアニメ研究によって蓄積される知との間に葛藤を抱いてきた。そのため，既存のアニメ研究の多くの視点からは取りこぼされてきたのだ。

2-2　「アニメ」研究と社会学

本書の特徴を考えるうえで重要なのが，「アニメーション」と「アニメ」という語の使い分けである。アニメーションとアニメの使い分けについては「おおむね，海外の作品を含めた全般的な語を「アニメーション」とし，主に『鉄腕アトム』以降で日本のテレビや映画を媒介として商業ベースで制作された作品を「アニメ」と呼ぶことが多い」（津堅, 2005：20）といった用例が存在する。「アニメ」は日本における商業的なアニメーション，産業と強く結びついたアニメーションであるという性質が強い。

アニメーション研究においては映画学・映像学と連動しつつ重要な研究がなされている。それに対して「アニメ」が商業であることに注目した研究が存在する。特にアニメを社会学的に検討したものとして以下のような研究がある。

アニメ研究のなかでも近年大きな傾向として存在するのがアニメ産業というビジネスに対する着目である。クール・ジャパンの広まりによりソフトパワーに着目が集まるという背景から必然的に現れる動向の一つであるといえる。そうした議論のなかでソフトパワーと地方創生が結びついた可能性として聖地巡礼とよばれるコンテンツをめぐるツーリズムに対する研究群が盛り上がりをみせる（岡本, 2018 など）。そうした参加者の活動のもつ性質に着目した研究を始めとして，批評的な言論で展開されたファン像を批判的に検討し，実態の解明に迫るファン活動に焦点化した研究が蓄積されてきた（玉川ほか, 2007 など）。

また，経済規模や産業としての特性に言及されるものが必然的に多くなる。ビジネスに関する市場規模だけではなく，日本のコンテンツビジネスがもった特性に関して議論するようなものも現れ始めた。半澤（2016）や一小路（2017）など実証的な産業メカニズムを解き明かしていく研究の蓄積がある。初期の代表的なものが，『コンテンツ産業論』（出口ほか, 2009）で問題化された，日本サブカルチャーが欧米に比べ比較的にボトムアップ的な構造にあるという議論である。

アニメというジャンルに対する独自性の発見は，グローバルな展開を国外の目からみるなかでメディア研究を中心として展開されることになる。たとえば産業構造の問題を考えるうえでスタインバーグが問題化したような日本のキャラクターをベースとしたメディアミックス展開の特性は重要である（スタインバーグ, 2015）。こうした日本独自のアニメ産業の進展の大きな可能性として注目されるのが送り手と受け手の距離の近さだといわれている。イアン・コンドリーは受け手を意識して送り手が作品作りをしていることこそが日本の「アニメ」の独自の特徴であるとし，それがグローバルに日本アニメが広がっている誘因なのではないかと議論している（コンドリー, 2014）。このようにアニメというジャンルの独自な表現性へのこだわりは，日本学という領域をもつ海外の研究群のなかでとりわけ主題化されたのである。

このように，アニメはさまざまな形で社会学的に研究されてきた。しかし，これらは相互参照があまりなされてこなかった。こうした上記のような研究群に対して，本書が提案したいのは文化社会学のなかでも重要な一領域をなす文化産業論という枠組みである。それではアニメを文化産業として捉えるとはどのようなことなのだろうか。次節ではその視点を提示する。

3 「文化産業」の「楽しさ」を捉える「娯楽」と「技術」

本書ではアニメについて議論するにあたり，「文化産業論」という枠組みを用いる。文化産業論はとりわけホルクハイマーとアドルノの議論を基礎におく議論である。だが，この議論を基礎に論じることに，違和感を抱く読者もいるかもしれない。それはアドルノ（とホルクハイマー）がこれまで文化産業の可能性を論じるというよりは，その限界を批判的に描き出していると理解されてきたからである。

彼らは文化産業について，一般にこれまである種の作家性・現場性・一回性に依拠していた芸術作品が複製技術の普及によって，制作工程が集団的・産業的な活動になり，複製技術を通した表現の画一化と娯楽による受容の大規模化・画一化が並行して起こると議論している。この状況への批判というのが教科書的なアドルノらの文化産業論への理解である。文化産業論が一枚岩の文化論であり，現代的な意義はほとんどないと理解する一部の文化社会学的な研究も存在する。しかし，文化産業への否定的な非難のみではなく，文化の可能性についての議論も彼らの議論のなかには存在しているという指摘もある。

片上平二郎は，アドルノが文化産業論の可能性をみようとしていたという議論を展開している（片上, 2018）。片上はそれを，「娯楽」と「技術」の関係という点から展開している。「文化産業」という言葉は「文化」と「産業」という一見相反する言葉を融合させていくときのその仕方を批判する言葉であったと指摘している。そこでアドルノが「文化産業」のなかで「娯楽」を批判していた要因はある形式以外の「娯楽」のあり方は認めないという「狭量さ」にあると指摘している。それは「娯楽」の「楽しさ」がある決まった様式に縮減されることへの批判でもあった。こうした文化産業における「娯楽」を画一化するものとして「技術」があったことが指摘されている。しかし，「技術」は「娯楽」を画一化するだけでなく「娯楽」を多様にしていくような想像力を導き出すものでもある。片上はこれに関しても画一化させていくこととは別様の「技術」と「娯楽」の関係を読み取るような可能性があったことを指摘している。

アニメを文化産業論として読み返す際には，この「娯楽」と「文化産業」と「技術」の関係のあり方がいかなる多様性をもち，いかなる制約をもつものであったのかを議論することが必要になる。文化産業のなかでもアニメは特に送り手（産業側）と受け手（娯楽の享受者）の関係が緊密であることが指摘されている（コンドリー, 2014）。その結びつきが強固であることを踏まえたうえで本書の議論は組み立てられている。

本書は，第1部4章・第2部5章・第3部4章の三つの部と国外（中国と韓国）の日本アニメの受容を検討した二つの補章からなる。本書第1部においては「娯楽」の多様性に着目するために，その娯楽のあり方を多様なものへとつなげ，その「楽しさ」を追求しようとするファン活動に着目する。第2部においては文化産業の担い手となるアニメ（ーション）制作者に焦点を当て，その活動がいかなる外的要因と結び付き枠づけられてきたのかについて議論する。第3部においては，そうしたアニメーションというジャンルと結びつく「技術」や制度・その他のメディアとの関係とそれが可能にしていく想像力の変容などについて議論を展開する。

4　本書の概要

4-1　多様な「娯楽」としてのファン活動

第1部ではアニメファンのさまざまな実践について議論する。ヘンリー・ジェンキンズ以来，ファン集団の実践は，ただの受動的な消費者ではなく，多様な読み解きの実践であることに着目がなされてきた。ファン活動が空間的に定義できなくなったというメイロヴィッツの場所感の喪失などの議論に伴い，従来のような形であらかじめファン集団が確固としたものとして存在することを前提とした記述ができなくなるなかで，意味づけとしてのファン活動の重要性を捉えなおすことの重要性が増しているのである（大尾・鈴木, 2015）。このようにファン研究は文化産業としてのアニメの受容が，いかにして多様な形でなされているかを明らかにすることにつながる。

ファン活動を考えるうえで最も重要な起点となる活動は「語る」ということである。第1章の佐々木・池上論文では，ファン活動を特徴づけるうえで最も重要な活動の一つである「アニメについて語る」という日常的な活動がそもそもどういった特徴をもつ活動であるのかに関して，学術的に考えるうえでの視点を提供している。

「アニメについて語る」という際に「他人との会話をスムーズに進めていくやり方」と「自分に帰属させながら語るやり方」の双方があることに着目し，前者をエスノメソドロジー，後者をライフストーリーという方法論に依拠させながら分析がなされている。

第２章の瀬尾論文は，そもそもファン活動がどのようなものとして議論されてきたのかに関して，欧米のファン研究の国内外の古典を再読するという作業を行なっている。ファン研究がオーディエンス研究での議論を基礎に据えていること，とりわけファンの能動性を見出す参加型文化論が重要な位置を占めてきたことへの再注目を促している。さらに参加型文化論が取りこぼすものに批判的な潮流としてマルチパースペクティブなアプローチが起こり，ファンの実践そのものを捉えることに焦点を当てていることが紹介されている。これは第１部の議論全体とも共振するような議論となっている。

第３章の杉山論文では，アニメファンに対する研究においては一時の熱狂に焦点が当たりがちなのに対し，「長くファンでいつづけること」がいかなることであるのかに注目がなされている。1990年に原作がスタートし，1995年にテレビアニメ化した「スレイヤーズ」という作品のファン活動がどのように継続されていくのかに関して分析している。同作は現在までメディアミックスやリメイクなどが数年ごとに繰り返されつづけていることに特徴がある。こうしたコンテンツの事情と結婚や進学などのライフコース上の課題，そして地縁やメディア環境といった社会の事情といった複数の要素の交錯という観点から議論を展開しており，「長くファンでいること」についてそれがどのように，どのような意味で可能になっているかを豊かに描き出している。

第４章の高艸論文は，ファン活動の実践とはどういうことであるかについて再考を促す。ファン活動が多様な活動であり，ファンになる契機自体もまた多様であることを，声優でありアーティストでもある水樹奈々のファンとして活動する人びとへの聞き取りをもとに議論する。そこで注目されるのがどのような対象からの移行としてファン活動を語るのかという点であり，どういった（商品の）意味連関のもとで水樹奈々を捉えているのかということを，その多層性とともに生活史的な視点も踏まえつつ明らかにしている。

第１部では文化産業におけるファンの経験が上記のような形で，一人の活動のなかでも多様な経験をもつこと，それがその当時の社会状況，個人の生活史，コンテンツ自体やコンテンツをめぐる想像力がおかれた状況のなかで複合的に折り重なっていることを分析する可能性が提示される。それではそうしたコンテンツが作られる産業的な条件はどのようなものがあるのだろうか。

4-2 「産業」の特性を捉える

第2部ではアニメ産業がそれを支える多様なアクターとどのように関係しているか，とくに国家・企業・労働現場に着目しつつ議論する。労働社会学において，人びとが働く労働過程は自律した領域か，それとも国家の政策や企業の労務管理など外的な要因が決定するのかという立場の二者択一が古典的な議論として存在する。そうした二者択一に陥らない立場として，近年の労働研究では相対的自律性の重要性が指摘されてきた。トムプソンとヴィンセントは，産業を理解するうえでは，あらかじめ環境的な要因と労働の関係を前提して議論するのではなく，個々の労働実践・産業においてそれがどのような領域と関連しているかを具体的に記述することがより重要になることを示唆している。第2部では当時の政治的な状況と産業との関わりと形成される産業の状況を描き出し，そのうえでそのなかで生きる労働者の経験に着目する。

とりわけ商業向けアニメに限らずアニメーション制作は集団制作が中心であり，複合芸術であることも関係して戦争という主題と重要な関係をもっている。

第5章の萱間論文では戦中期に制作され，一方では反戦的な表象を含んでいるものとして議論されることもあるアニメーション『桃太郎 海の神兵』の中で描かれた「アイウエオの歌」に着目する。これまでこのシーンは視覚文化を中心として論じられてきた。しかし,「歌」に注目する以上アニメの聴覚的な側面も重要になる。この歌自体がそもそもどのような形で用いられた表現なのかということから本章では表現の再解釈がなされている。

第6章の雪村論文では，戦中のアニメーション制作者たちが国家総動員とどのように関わっていたのかを議論する。なかでも思想教育ではなく実践的な軍事教育プログラムのなかにアニメーションが組み込まれたことに着目している。そこでは実用性というだけでなく，視覚による表現で軍事が教育できるとされると期待されていたこと自体の意味についても踏み込んだものとなっている。

第7章の玉川論文では現代の文化政策とアニメ産業の関係を議論している。なかでもクール・ジャパン政策といわれる政策とアニメ産業の関係について政策全体との関連から議論している。とくに「クール・ジャパン」とよばれる文化政策的な動向が本来はどのような思想的な文脈におかれており，そうした動向が貫徹されなかったことで何が起こったのかを検討し，アニメのおかれた位置を照射している。

第8章の木村論文では，アニメーションの制作事業のもつ構造的性質を議論している。アニメ制作会社が制作本数を一定にして生産ラインを安定させることと，企画にフレキシビリティをもたせておいて将来的な事業の継続を図ることとの間にある構造的矛盾に着目し，それがどのように解決を図られてきたのかをあらかじめ理論的な外挿をすることなく歴史的なパースペクティブから検討するものである。

第9章の松永論文では労働者であるアニメーターの生活維持に着目している。アニメーション産業は短い期間にさまざまな技術的変革にさらされており，そうした変動速度に個人のキャリア形成・予測が追いつきにくい産業であり，フリーランスで働くことが主流の産業である。また，人は人生の段階ごとに生活を維持するのに必要な収入が大きく変わることがある。過酷な労働が報道されるアニメ産業のなかで，適切にライフステージを移行する際にアニメーターがどのような実践上の工夫を行い，生活を維持しようとしていたのかの複数の戦略を明らかにしている。

このように第2部では日本国内のアニメの産業的な編成がどのようになされてきたかを多層的に明らかにしている。それではアニメ産業とファンの受容の双方を支える技術的・想像力的な条件にはどのようなものがあるだろうか。

4-3 アニメ産業を支える「技術」と制度・メディア

アニメ産業を支える「技術」「制度」が作り出す想像力がそもそもどのようなものであり，どのように現在のアニメ産業を形づくってきたのかを議論するのが第3部である。なかでも1970年代から80年代において視聴者と作り手の関連が緊密になったと指摘されるアニメブーム（ラマール, 2013）がどのような条件の下で成立していたのかという点が重要になる。

第10章の永田論文では，アニメ産業の市場的な構造の変動を議論するために複数の媒体・受容空間でアニメが展開されることの意味について考察する。日本のアニメ産業は1970年代から80年代に量的・質的に変容したといわれる。質的変容を支えたのがビデオというメディアの登場である。ビデオの登場によって作りだされた「放送」が「購買」になる経験がもつ重要性を指摘し分析している。

第11章の森下論文は，児童向けコンテンツである『ドラえもん』の『コロコロコミック』誌上での展開を題材に，アニメという産業を支える想像力が，アニメ作品そのものだけでなく，当時のその他のコンテンツの文脈のなかにもおかれていることを明らかにする。当時の多様な商品の文脈のなかで展開されるパロディを中心的テーマに取り上げる。読者を巻き込む形で『ドラえもん』らしさと『コロコロコミック』らしさが相互に形成されていくプロセスを明らかにしている。

第12章の近藤論文は『機動戦士ガンダム』というアニメブームを象徴する作品の受容経験に着目する。現在では不動の人気を誇る『機動戦士ガンダム』も，当時一般の人気は芳しくなく，放映されている地域も限られていた。それにもかかわらず，アニメファンたちはガンダムを「共有知」としていた。「共有知」としてガンダムが用いられるうえで大きな役割を果たしたのがアニメ雑誌であった。近藤は，雑誌を利用することを通して作りだされた，作品の直接的な鑑賞を条件としないような受容経験がブームの一端をつくったことを描き出している。

第13章の足立論文では，マンガ・アニメを考える際に表現論と社会学的な議論が分断しているなかでそれを再度接続させてアプローチすることはいかにして可能かを議論している。その際に着目するのが「キャラクター」である。消費者が浮上することで一人の作者が一つの作品を制作するという状況が変化し，不特定多数の人がキャラクターのリアリティの担保に関わっていくなかで，表現を分析するためにも社会学的な分析が必要となる可能性を論じている。

補章ではこれらの複合的な視点を海外の事例をもとに展開している。三原・山下が発展する中国アニメと日本アニメの新たな関係を捉える視座について，金が韓国での日本アニメの受容の歴史について，それぞれ議論を展開している。

このように本書は多様な課題について議論しながらアニメを社会学的に検討するために「娯楽」「産業」「技術・想像力」の結びつき方について検討する文化産業論的な試みである。こうした視点を通して，本書ではアニメ研究と文化社会学的な研究双方の研究の拡がりと両者の接続を試みている。アニメ研究でも文化社会学でも，読者が研究を進め考えていくうえで本書がその一助となることを望んでいる。

【引用・参考文献】

東　浩紀（2001）．『動物化するポストモダン――オタクから見た日本社会』講談社
一小路武安（2017）．『ハイブリッド製品の開発戦略――日本アニメーション産業における新技術と既存技術の統合マネジメント』有斐閣
伊藤　剛（2005）．『テヅカ・イズ・デッド――ひらかれたマンガ表現論へ』NTT 出版
稲葉振一郎（1996）．『ナウシカ解読――ユートピアの臨界』窓社
大尾侑子・鈴木麻記（2015）．「近年のオーディエンス研究における「アイデンティティ」の位相――解釈学的図式に対する批判的視角の可能性と限界」『東京大学大学院情報

学環紀要 情報学研究』*89*, 51–65.

岡田斗司夫（1997）.『東大オタク学講座』講談社

岡本　健（2018）.『アニメ聖地巡礼の観光社会学――コンテンツツーリズムのメディア・コミュニケーション分析』法律文化社

片上平二郎（2018）.「愉しいアドルノ――「文化産業論」における「娯楽」と「技術」の可能性」『応用社会学研究』*60*, 123–133.

北田暁大（2005）.『嗤う日本の「ナショナリズム」』NHK 出版

北田暁大・解体研［編］（2017）.『社会にとって趣味とは何か――文化社会学の方法規準』河出書房新社

小山昌宏・須川亜紀子［編］（2013）.『アニメ研究入門――アニメを究める 9 つのツボ』現代書館

コンドリー, I. ／島内哲朗［訳］（2014）.『アニメの魂――協働する創造の現場』NTT 出版（Condry, I.（2013）. *The soul of anime: Collaborative creativity and Japan's media success story*. Duke University Press.）

スタインバーグ, M. ／大塚英志［監修］中川　譲［訳］（2015）.『なぜ日本は〈メディアミックスする国〉なのか』KADOKAWA（Steinberg, M.（2012）. *Anime's media mix: Franchising toys and characters in Japan*. University of Minnesota Press.）

玉川博章・名藤多香子・小林義寛・岡井崇之・東　園子・辻　泉（2007）.『それぞれのファン研究――I am a fan』風塵社

津堅信之（2005）.『アニメーション学入門』平凡社

出口　弘・田中秀幸・小山友介［編］（2009）.『コンテンツ産業論――混淆と伝播の日本型モデル』東京大学出版会

長谷正人（2010）.『映画というテクノロジー経験』青弓社

半澤誠司（2016）.『コンテンツ産業とイノベーション――テレビ・アニメ・ゲーム産業の集積』勁草書房

ホルクハイマー, M. & アドルノ, T. W. ／徳永　恂［訳］（2007）.『啓蒙の弁証法――哲学的断想』岩波書店（Horkheimer, M., & Adorno, T. W.（1947）. *Dialektik der Aufklärung: Philosophische Fragmente*. Querido Verlag.）

山田奨治［編］（2017）.『マンガ・アニメで論文・レポートを書く――「好き」を学問にする方法』ミネルヴァ書房

ラマール, T. ／大﨑晴美［訳］（2013）.『アニメ・マシーン――グローバル・メディアとしての日本アニメーション』名古屋大学出版会（LaMarre, T.（2009）. *The anime machine: A media theory of animation*. University of Minnesota Press.）

Meyrowitz, J.（1985）. *No sense of place: The impact of electronic media on social behavior*. Oxford University Press.（メイロウィッツ, J. ／安川　一・上谷香陽・高山啓子［訳］（2003）.『場所感の喪失（上）――電子メディアが社会的行動に及ぼす影響』新曜社）

Thompson, P., & Vincent, S.（2010）. Labour process theory and critical realism. in Thompson, P., & Smith, C.（eds.）*Working life: Renewing labour process analysis*. Palgrave Macmillan, pp.47–69.

目　次

Chapter 00 アニメを社会学する視点 —— i
永田大輔

1　社会事象としてのアニメ　i
2　アニメの「社会学」の可能性　iv
3　「文化産業」の「楽しさ」を捉える「娯楽」と「技術」　vii
4　本書の概要　viii

Part 1　アニメファンのさまざまな実践

Chapter 01 アニメについて語ること —— 2
エスノメソドロジーとライフストーリー法の視座から　佐々木啓・池上　賢

1　アニメを語ること　2
2　EM/CA：「みんなでジャンルを作る」ということ　4
3　ライフストーリー法：アニメのストーリーと個人のストーリーの関係　13
4　再び，アニメを語ること　21

Chapter 02 ファンカルチャーの理論 —— 23
ファン研究の展開と展望　瀬尾祐一

1　なぜファンに注目するのか　23
2　ファン研究の中核的アイデア　24
3　ファンへの参加型文化論的アプローチ　25
4　ファンへのマルチパースペクティブ・アプローチ　29
5　理論と経験の往還　33

Chapter 03 ファンとして歩むライフコース —— 39
「スレイヤーズ」ファンの事例から　杉山怜美

1　アニメファン／アニメ作品を通時的に捉える意義　39

2 通時的にファン経験を分析する視座 43
3 ファンとして歩むライフコースの経験 44
4 ファンのライフコースへの着目がひらく可能性 50

Chapter 04 ファン対象の推移からみる水樹奈々ファンの多様性 —— 52
商品の意味連関とアクセスポイントに着目して 高艸 賢

1 ファンの多様性の記述をめぐる問題 52
2 商品の意味連関とファン対象の推移 55
3 水樹奈々をめぐる商品の意味連関とファン対象の推移 57
4 ファンの社会学が取り組むべき課題 63

Part 2 アニメ産業を支えるさまざまなアクター

Chapter 05 「大東亜共栄圏」のための「アイウエオの歌」 —— 68
『桃太郎 海の神兵』の想定される観客をめぐって 萱間 隆

1 占領地におけるアニメーション上映 68
2 『海の神兵』の概要と先行研究 69
3 「日本語普及映画」としての『アイウエオの歌』 71
4 シンガポールでの収録と日本でのラジオ放送 75
5 日本語教室の場面の考察 78
6 占領地政策に関する研究の今後の課題 79

Chapter 06 軍事教育映画はいかにして制作されたか —— 82
視覚化の論理を手がかりに 雪村まゆみ

1 戦争と映像の不可分な関係 82
2 軍事教育映画の構成：『爆撃教育用映画取扱説明書』の発見 84
3 軍事教育映画の制作実態 87
4 視覚化の論理：機上する制作者と視聴する兵士 92
5 視覚の優位性が隠ぺいする支配 94

Chapter 07 非創造的なクールジャパン政策におけるアニメ産業 —— 97
創造産業とアニメへの無理解　玉川博章

1 社会変化とクールジャパン戦略　97
2 日本におけるコンテンツと政策：クールジャパン戦略　100
3 政策変化とソフトパワー論，創造産業論，国家ブランド論　106
4 文化のグローバル化，創造産業・ブランドとアニメの特質　109
5 結論：非創造的なクールジャパン政策　115

Chapter 08 アニメーション制作事業の不安定性とその対策 —— 118
歴史研究の視点から　木村智哉

1 アニメーション制作事業をとらえる視点　118
2 契約者制度とテレビアニメ制作　120
3 内製から外注へ　122
4 フレキシビリティへの対策　124
5 歴史研究の意義　130

Chapter 09 作り手の労働者像をめぐって —— 134
生活者としてのアニメーター　松永伸太朗

1 アニメーターの労働者像　134
2 フィールドワークから作り手の労働者像を描く　137
3 「月15万」という生活水準　139
4 スタジオにおける賃金交渉と育児　140
5 配偶者の出産・育児を契機とした海外転勤　142
6 生活者としてのアニメーター　145

Appendix 01 日本のアニメビジネスの海外展開と中国 —— 148
鍵概念としてのブローカー　三原龍太郎・山下一夫

1 世界の映像産業の「地殻変動」とアニメの日中関係　148
2 「地殻変動」を理解するためのケーススタディと「ブローカー」の分析視角　152
3 今後の方向性と課題　155

Part 3　アニメ産業を支える「技術」と制度・メディア

Chapter 10　OVAという発明 —— 160
「テレビ的なもの」の位置づけをめぐって　永田大輔

1　「オタク向けアニメ」とOVA　160
2　アクターのせめぎ合いの場としてのアニメ雑誌　162
3　OVAをめぐる環境的条件　163
4　「テレビアニメ」の可能性と限界　165
5　第三のメディアとしてのOVA　167
6　アニメの区分を捉える視点　173

Chapter 11　『ドラえもん』ブームにみるパロディー的想像力 —— 175
1970年代後半～80年代初頭の『コロコロコミック』（小学館）の分析を通じて　森下　達

1　『ドラえもん』を論じる視点　175
2　ブーム時の評論が捉えた『ドラえもん』　177
3　SFブームのなかの『コロコロコミック』　178
4　パロディーの方法論と読者共同体　182
5　児童向けコンテンツとホビー文化　186

Chapter 12　アニメブームのインフラストラクチャー —— 189
『機動戦士ガンダム』をめぐる放送格差と雑誌読者　近藤和都

1　アニメブームの経験　189
2　アニメブームの多様な時間性　190
3　アニメブームとトランスメディア環境　193
4　間接的／擬制的な映像経験　194
5　物語の過剰な読解　197
6　分解的なまなざし　199
7　一回性と反復性のあいだで　201

Chapter 13 人間の表象としてのキャラクターとファンのコンテクストとしてのキャラクター —— 204
消費者集団の社会活動が生み出すキャラクターの二面性　足立加勇

1 キャラクター論と社会学の間の断層　204
2 キャラクターの成立条件と拡張される同一性　205
3 消費者集団の社会活動と〈キャラ〉の強度の連動　211
4 社会学の対象としての現在のキャラクター表現　219

Appendix 02 メディア史の観点からみた戦後韓国社会の日本アニメ受容 —— 221
日本のアニメは韓国アニメーションをどのように枠づけたのか　金泰龍

1 はじめに　221
2 劇場から始まったアニメーション受容とその変化　222
3 TV を通じた日本のアニメ流入の始まり　223
4 ビデオを通じた日本のアニメの氾濫　227
5 1990 年代の韓国の文化産業論と日本アニメ　228
6 結　論　232

Chapter 14 「アニメの社会学」の可能性 —— 235
松永伸太朗

事項索引　239
人名索引　242

Part 1

アニメファンのさまざまな実践

Chapter 01
アニメについて語ること　佐々木啓・池上　賢
エスノメソドロジーとライフストーリー法の視座から

Chapter 02
ファンカルチャーの理論　瀬尾祐一
ファン研究の展開と展望

Chapter 03
ファンとして歩むライフコース　杉山怜美
「スレイヤーズ」ファンの事例から

Chapter 04
ファン対象の推移からみる水樹奈々ファンの多様性　高艸　賢
商品の意味連関とアクセスポイントに着目して

Chapter

01

アニメについて語ること

エスノメソドロジーとライフストーリー法の視座から

佐々木啓・池上　賢

1　アニメを語ること

1-1　なぜ「語ること」に注目するのか

本章では，アニメ視聴者による「アニメ（の内容や感想等）について語る」という行為を分析する。それにより，語るということがいかにして相互的に作り出されるのか，あるいは人びとのアイデンティティや社会のなかで共有される物語として位置づけられているのかを明らかにする。

この本の読者のなかにも，友人と視聴したアニメ作品について，物語の面白かった点や，キャラクターの魅力について語り合った経験をもつ人がいるだろう。インターネットの登場以前には，アニメについて語る場として，アニメ雑誌の読者投稿欄が一定の役割を果たしていた（永田, 2011；2015）。近年では，身近な他者だけでなく，さまざまな人とアニメに関する経験を語り合う機会は多い。インターネットの登場初期には，個人が設立したアニメ作品のファンサイト，近年では，ブログやTwitter，pixivのようなイラスト投稿サイト，あるいは動画配信サイトのコメント欄などさまざまな場所でアニメについて語ることが可能である。いずれにせよ，私たちの生活の一部にそうしたアニメに限らず「＊＊について語る」という行為が含まれていることは否定できない事実であろう。

社会学において語りは，多様な方法で取り扱われている。本章では，そのなかから二つの手法を用いて，アニメ語りを分析する可能性を示したい。本章の焦点となるのは以下の二つである。

第一に，「他者との会話の際にアニメ語りをスムーズに進めていくやり方」である。われわれの日常会話は何気なしに進行しているようにみえるが，実際にはお互いの知識や認識にずれがないか確認をしたり，相手に発話の順番をゆずったりするなどの行為のなかで行われている。では，アニメをめぐる会話のなかでは，どのような行為が行われているのだろうか。

第二に，「自分に帰属させながらアニメを語るやり方」である。アニメについて語るという行為は，実際にはアニメ“だけ”を語るという行為ではない。人びとは自分の好きなメディアコンテンツを語るときに，自分自身が何者であるのか，どのような価値観をもつのか，なども同時に語っている。では，アニメについては，何が同時に語られているのだろうか。本章では，それぞれの論点について，エスノメソドロジーとライフストーリー法の視座を用いて，座談会において収集されたデータを分析する。

1-2　大学生による座談会の概要

アニメに関する語りのなかで最も身近で基本的な語りは，オーディエンス（視聴者）同士でなされる会話である。本章では，アニメを語るという行為を分析するために，大学生による座談会を実施した。大学生を対象とした理由は，機縁法によるデータの収集が容易であるという理由に加えて，同世代同士でアニメについての日常的な会話を行う機会が相対的に多いと想定されることによる。調査にあたっては，都内の大学生を対象に調査協力者を募り，結果として男性 3 名，女性 2 名の協力を得ることができた。対象者には謝金として一人当たり 3,000 円を支給した。

調査の手順について説明する。本調査では，半構造化インタビューのように特定の質問項目を設定する必要はないが，後述するライフストーリー法の分析視座も用いるため，現在だけでなく，過去のアニメ視聴経験についても，語ってもらうことが望ましい。そこで，調査は前半と後半に分けて実施した。前半では，調査協力者に対して，「アニメについて自由に語ってください」と伝え，特にテーマを決めることなく話し合ってもらった。この部分においては，事前の説明や問い合わせなどへの応答を除き，調査協力者は会話には参加しなかった。次に，後半では，過去のアニメ視聴経験について語ってもらうため，「あなたの人生におけるアニメ視聴経験について語ってください」と伝え，同じく自由に話し合ってもらった。

いずれの調査も 30 分～ 45 分程度の予定であったが，実際の調査では，会話の盛り上がりなどから予定を変更し，前半が 1 時間半程度，後半が 30 分程度となった。前半の調査では協力者に対して，2019 年 4 月期に放送されたアニメが掲載された一

表 1-1　調査協力者一覧

アニメ作品名については，回答者の回答をそのまま記載している。

ID	性別	アニメ視聴頻度	もっともよく利用するアニメ媒体	最近 1 年間視聴したアニメで印象に残る作品	これまでの人生において視聴したアニメ作品の中で，印象に残る作品
A	女	5～6 本	テレビ（録画視聴）	メガロボクス	鬼灯の冷徹，銀魂
B	女	1～2 本	テレビ（録画視聴）	ハイキュー！	氷菓，ラピュタ，文豪ストレイドッグス，時をかける少女，暗殺教室，君の名は，千と千尋
C	男	全く見ない	テレビ（リアルタイム視聴）	フェイト UBW，かぐや様は告らせたい	D グレイマン，ハガレン，あの花，SAO
D	男	11 本以上	テレビ（録画視聴）	ワンパンマン，進撃の巨人，ハイキュー	NARUTO
E	男	1～2 本	テレビ（録画視聴）	コナン，進撃，ジャイアントキリング，あの花	君の名は，千と千尋，東京グール，ハガレン，No.6，残響のテロル，あの花，絶園のテンペスト，つり球，ナルト

覧表を参考資料として手渡した。また，前半と後半の間ではアンケート調査を実施し，後半の調査の際に参照した（表 1-1）。また，分析にあたりトランスクリプトを作成しているが，第 2 節と第 3 節それぞれで様式は異なっている。

2　EM/CA：「みんなでジャンルを作る」ということ

2-1　EM/CA の基本的方針

そもそも，語りにおいて（あるいは語ることを通じて）実際に何がそこで行われ，どのような形でそれが一つの「語り」として作り出されるのか。そして私たちはそれらをいかにして一つの「語り」として理解するのか。こうしたいわば「あたりまえ」の現象について，それ自体を分析の対象とした研究はあまり多くないといえる。その理由の一つとしては，そうした営みが日常的にありふれたものであり，人びとがそれらの現象に対して関心を寄せてこなかったことが挙げられるだろう。しかしながら，私たちが「語る」という行為がいかなるものであるかを明らかにすることは重要な意味をもつといえる。社会を研究対象とする社会学においてはなおさらであろう。しかし，社会学において「アニメについて語ること」が実際の行為としてどのように達成されるのかを論じた研究はこれまでほとんどなかったといってよい。

以上のような問題意識をふまえたうえで，まず本節では，「アニメについて語ること」がいかにして語りとして達成されるのか，そしてその一連のやりとりから何を見出すことができるのかを，社会学の一分野である「エスノメソドロジー／会話分析」（以下 EM/CA と表記）の立場から明らかにしていく。そのため，まずは EM/CA の基本的な概念と知見を簡単に説明し，その後，実際の会話データを分析することによって，人びとによる相互的な「語り」がいかにして実際の「語り」となるのかを分析することにしたい。

先ほど EM/CA と表記したが，そのうち EM（Ethnomethodology）は 1960 年代にアメリカの社会学者であるハロルド・ガーフィンケルによって創設された社会学の一分野であり，社会におけるさまざまな現象や相互行為を「人びとの絶え間ない協働によって／を通じて産出されるもの」として捉える。たとえば日常会話に代表されるような人びとのコミュニケーションは，その場でそのつど相互的に産出されるものとして EM は考える。そしてそのような相互行為を人びとはいかにして実際にその場で作り出していくのか，という「人びとの方法（やり方）」を EM は研究の対象とする。

ガーフィンケルは，人びとの相互的な協働による産出は「観察可能で報告可能（observable-and-reportable）」，すなわち「アカウンタブル（account-able）」（Garfinkel, 1967 : 1）な性質をもつとする。これは，人びとがそうした相互的な協働作業をその場で行なっていく以上，そこではお互いが何をやっているのかを「理解」でき，またそれに基づいてお互いがそれぞれの行為を行わければならないという前提から導かれる性質である。さらに重要なことは，こうした相互行為のアカウンタブルな性質は，行為を実際に行なっている当事者だけでなく，同じ社会の「成員（member）」にもまた同様の性質がもたらされるということである。すなわち，ある社会に所属している成員たち（そこにはそうした行為を分析する分析者も含まれる）によってアカウンタブルな性質は広く共有されており，またそうであるからこそ，私たちはそこで行われている行為を「見て言う」ことが可能になる。このように考えるならば，私たちが日常的に行うコミュニケーションは，常に一定の「開かれた」性質をもつことになり，したがってそれらを分析するための手がかりもまた相互行為のなかにあるものとしてみることができる。そして繰り返しになるが，そのような理解可能性は，行為の当事者たちだけでなく，それを分析する人びとにも同様にもたらされるのである [1]。

そして実際の行為を分析するための手法としてCA（Conversation Analysis）がEMではしばしば利用される。CAは，アメリカの社会学者であるハーヴィ・サックスやエマニュエル・シェグロフらによって発展・改良が加えられてきた分析手法の一つである。彼らはCAの技法を発展させていくなかでEMの研究方針に大きな関心を寄せるようになり，やがて両者は密接な関係をもつようになった。そのため，現在では前述したようにEM/CAという一つのまとまりとして表記されることもあるなど，EMにおける重要な分析手法の一つとしてCAは大きな役割を果たしている。

以下では，そうしたEM/CAの分析手法を用いつつ，実際の会話データを分析していくことにしたい。

2-2　アニメについて語ること：分類についての「人々の方法」

会話データにおいてはさまざまなトピックについての会話がなされていたが，本節ではとりわけ彼らのアニメの分類（アニメ映画）について語られた部分を中心に分析を進めていくことにしたい。そして，そこで行われた彼らの会話は，まさに日常

トランスクリプトの記号について

・(数字)　その秒数だけ沈黙があったことを示す
・(.)　ごく短い沈黙（0.5秒未満）を示す
・＝　前後の発話が切れ目なく続いていることを示す
・[　複数行で発話の重なり（オーバーラップ）があることを示す
・＜文字＞　記号で囲まれた部分の発話がゆっくりと発話されていることを示す
・＞文字＜　記号で囲まれた部分の発話が速く発話されていることを示す
・下線　発話が強調されていることを示す
・↑　声が高くなっていることを示す
・(文字)　はっきりと聞き取れない部分を示す
・—　途中で発話が途切れている，または言い直しが行われていることを示す
・⇒　注目すべき発話を示す

※以上のトランスクリプトの記号については串田ら（2017）に基づき，分析に必要と思われる箇所にそれぞれ使用している。

1) EMにおける「アカウンタブル」についてのより詳細な説明は，たとえば前田ら(2007)等を参照のこと。

的なやりとりにおける相互的な理解達成と，彼らの「ジャンル」[2] の分類方法に関するさまざまな「人びとの方法」の利用が関わっていることを明らかにする。以下は該当部分の会話データをCAで利用される「トランスクリプト」と呼ばれる転記法を用いて転写したものである[3]。

この会話が行われる直前において，彼らは新海誠や細田守らの作品についての感想をそれぞれ語っていたが，それらの話が一段落したあと，以下の会話が開始されている。

断片 1

C：さっきの話だけど，ジブリは，ジブリって，なんか，(1.0) えっと，確かにアニメ
⇒　映画だけど，ジブリはなんか別の物に含まれてるんじゃない？
D：うん。
C：別のカテゴリー。
D：ジブリは，もうそういうジブリっていうブランド，
C：そうそう＝
D：＝があるから，ブランド化されてるものの中で (.) 動いちゃってるから。
A：確かに『NARUTO』とかと並べてしゃべらないですね。
一同：ハハハハ
B：確かに。
D：しゃべんないね。
C：そ，だからアニメーアニメ映画といえばね。えっと，イメージだったら『NARUTO』
　とか『BLEACH』のそれとか『ONE PIECE』だけど，えっと，さっきの，えっと，
⇒　『君の名は。』でも，『サマーウォーズ』でも，なんか，アニメ映画より<アニメーシ
⇒　ョン>。あ，なんか多分，いや，わかんないけど
一同：うーん。
⇒C：そういうイメージ>なんかま<別の，キャテゴリー，[っていうことじゃない？
B：　[うんうん
　[確かに
D：[うん。カテゴリーはちょっと違う気がする。どうしても。

ここでまず注目すべきは，01 行目から始まる「ジブリ（の作品）はアニメ映画とは違うのでないか」という問題提起の部分である。とりわけ，ここではその違和感

2) ここでいう「ジャンル」とは，あくまで今回引用した会話を通じて彼ら自身による語りから得られたもののことを指しており，一般的な意味での「ジャンル」とは必ずしも一致しない点があることには注意してほしい。

3) 各断片に登場する登場人物のイニシャルは，表 1-1 にある人物表と一致させたものとなっているため，会話の順番に沿ってイニシャライズされてはいない。これは後節におけるライフストーリーの登場人物との一貫性をもたせたためである。

を02行目の「なんか別の物」や04行目の「別のカテゴリー」という言葉で表現していることがわかる。そしてさらに注目すべき点は，そうしたCの意見に対し，一連の発話の直後に彼らがそれを肯定し，さらにその意見を補うような形で会話を展開している部分である。たとえば，05行目のDの「ジブリっていうブランド」および07行目の「ブランド化されてるものの中で動いちゃってる」という発話や，08行目のAの「『NARUTO』とかと並べてしゃべらない」およびその直後の笑いと賛同（09-11行目）がそれに当てはまる[4)]。

これらの発話は，いずれもCの表明した意見（ジブリは「アニメ映画」に含まれないのではないか）に対して，ある種の同意を与えるものになっていることがわかる。すなわちジブリが一種の「ブランド」であることや「『NARUTO』とかと並べてしゃべらない」という発話は，とりもなおさず，ジブリの作品が通常のアニメ作品とは違う「別のカテゴリー」として位置づけられることを肯定し，なおかつその意見に対して「ブランド」や「『NARUTO』とは違う」といったことを付加することによって，ジブリ作品が「他のアニメ映画と違うこと」を際立たせる役割を担うような流れを産出しているのである。すなわち，ここでは「ジブリ」と「それ以外のアニメ作品」とのカテゴリー的な違いというものを，まさに協働的な実践によって，彼ら自身がその場を通じて生み出しているものとしてみることができる。

上述の流れを受けて，12行目以降ではさらなる「カテゴリーの精緻化」ともいうべき作業が行われている。たとえば12-15行目では『NARUTO』『BLEACH』『ONE PIECE』といった作品群と『君の名は。』『サマーウォーズ』という作品群を対比させ，とりわけ後者を「アニメ映画」ではなく「アニメーション」という別のカテゴリーへと帰属させる提案が行われていることがわかる。ただし，ここでの「アニメーション」というカテゴリー化の提案自体は，発話者にとってもそれが適切なカテゴリーであるかどうかあまり確信のないものになっている（たとえば15行目の「いや，わかんないけど」といった発話からそれをうかがうことができる）。そのうえで，17行目で改めて「別のキャテゴリー」という発話がなされ，19-20行目でそれが同意されるという流れになっている。いずれにせよ，ここでは新海誠や細田守の作品を「アニメ映画」ではなく「アニメーション」として位置づけることに対し，

4）CAにおいては会話の順番だけでなく「笑い」もまた会話の連鎖のなかで相互的に作り出される現象であることが論証されている。詳細についてはJefferson et al.（1987）等を参照のこと。

それらが「別のカテゴリー」であることは同意するものの,「アニメーション」というカテゴリー化が必ずしも適切なものでなかったこと，そしてCもまたそうしたカテゴリー化に確信がもてていないことが一連の流れから判明するのである。

では，彼らによるアニメに関するカテゴリーの分類はその後どのような展開をたどることになるのだろうか。以下ではその続きである断片2をみていくことにする。

断片 2

E：=でも，なんかアニメ映画っていったときに，指すのは，『君の名は。』とかそっちのほうだね。=
B：=そっちだね。
C：あー
⇒D：あの，もう，あの，『NARUTO』とかは，もうアニメの，映画化，[っていう
一同：[ハハハハ
C：↑あー！
[(確かに)
D：[あのーという言い方をするよね。
E：元がアニメっていうのがあって，[それが，映画も出したよねっていうのが，
D：[それね
E：そのジャンプとかの作品の，映画で，その『君の名は。』とかそういう系の (.) 夏とかに映画として公開するために作ったアニメがアニメ映画っていわれがちな気がする。
C：↑あー！
D：確かにね=
E：=うん。
D：[(そうだと思う)
B：[マンガ，とかじゃないよね。最初がね。=
E：=うんそうそう元がマンガがあってとかじゃなくて，結構その，元が小説発信とかのほうが，[多い気がする。
D：[うん　うん
C：うん。
⇒E：うん。ジブリは，[ジブリだよね。
⇒B：[ジブリ。ハハハ
一同：ハハハハ
B：ディズニーはディズニーでジブリはジブリ。フフ

断片2は，断片1の直後の会話をトランスクライブしたものである。詳しくみていくと，まず22-23行目では「アニメ映画」について前述の流れとは異なる定義が与えられていることがわかる。これまでの話では,「アニメ映画」とは『NARUTO』や『BLEACH』といった作品群を指すものであり,『君の名は。』や『サマーウォーズ』といった作品群はそれとは異なる（すなわち「アニメーション」）

という前提で話が進められていた。だがここではEの発話により，むしろ後者こそが「アニメ映画」と呼ぶにふさわしいものであり，前者は「アニメ映画」とは呼べないのでないかという提案がなされていることがわかる。それを受けてBとCは納得し，そしてさらに26行目で『NARUTO』や『BLEACH』は「アニメの映画化」ではないかというDによるカテゴリー分類が提案され，それに一同が賛同するというプロセスを見て取ることができる。

とりわけ26行目における「アニメの映画化」というカテゴリーの提案はその後の会話の流れを決定づける重要な働きを果たすものであるといえる。なぜなら，このカテゴリー分類はその直後に他の会話の参加者の賛同を得ている（すなわち適切なカテゴリー化として承認されている）というだけでなく，その後の31，33–35行目においてなぜそれらが「アニメの映画化」と呼べるのかという理由を引き出すための鍵として働いているようにみえるからである。つまり，26行目におけるカテゴリー化（「アニメの映画化」）の提案は，まだこの段階ではそれが彼らにとって「適切な」カテゴリーであることを示すだけの十分な理由が提示されていなかったことになる。そしてそれを補足する形で，31行目からEが「なぜそれが適切なカテゴリー化なのか」という理由の説明を開始している。そこでは「元からあるアニメ」（TVアニメとして既に放送されている作品）という概念が提示され，それとは別に「夏とかに映画として公開するために作ったアニメ」が「アニメ映画」なのではないかという説明がなされている。そしてこのことは，それまで断片1の会話中でなされていた「アニメ映画」に関する分類のいわば曖昧さを整理し，どのような基準によって二つの作品（たとえば『NARUTO』と『君の名は。』）を分類するのかという区分の方法を明確にしたものとしてみなすことができよう。事実，当初のカテゴリー化の提唱者であるCはこうした説明を聞くことによって28および36行目で強い同意を示している。またそれだけでなく，こうした分類の説明は40行目のBによる「マンガ，とかじゃないよね」という発話によって，前述の「アニメの映画化」カテゴリーに属する作品が，いわばマンガを原作としたTVアニメの映画を指す（さらにいえば，そのなかでも『週刊少年ジャンプ』のマンガを原作とするような）ものであり，それ以外のたとえば「小説」等を原作とする作品は，映画として単体上映される「アニメ映画」に多いのではないかという分類がなされている。まとめるならば，これまでの話の流れにおける一連のやりとりは，「アニメ映画」と「アニメの映画化」という二つのカテゴリーがいかなる属性をもつものであるのかを明らかにするということの相互的達成であるといえる。

だがそれだけではない。もう一つ見逃すことのできない点がある。それは，そのような分類が行われた後の45行目からはさらに「ジブリ」という別のカテゴリーが登場する点である。「ジブリ」については既に断片1の冒頭において「別のカテゴリー」に属するのではないかということが語られ，またそれについては一定の同意が得られていた。とはいえ，その段階では「ジブリ」はあくまで『NARUTO』等とは違うものとしてのみ認識されていたといえる。だが45行目の「ジブリ」というカテゴリーは，まさに「ジブリ」という，これまで述べられてきたものとは違う別のカテゴリーとして改めて分類されていることがわかる。

さらにいえば，この「ジブリはジブリ」というカテゴリー化は，これまでのカテゴリー化の形成とは異なる特徴をもつものとしてみなすことができる。それは46行目のオーバーラップ（発話の重複）から論証できよう。45行目のEの発話に対して，直後の46行目では同時にBの「ジブリ」という発話が重複しているのがわかる。そしてそれは，たまたま両者の発言がオーバーラップしたというよりは，むしろBにとって，Eの発話で次に何が来るのかということを予測できていたという事実を示すものとしてみることができる。すなわち，ここでのオーバーラップは，これまでの会話のなかで，「ジブリ」というカテゴリーが，今までの話に登場した「アニメーション」，「アニメ映画」，そして「アニメの映画化」といういずれのカテゴリーにも属さない，いわばそれ以外の独自のカテゴリーとして認識されていたことを示すものとしてみることができるということだ[5)]。なぜなら，BがEの発話とオーバーラップするようにして「ジブリ」と発話するためには，「ジブリ」がこれまでのカテゴリー分類とは異なるカテゴリーに属するものであることをあらかじめ認識していなければならないからである。つまり，彼ら自身のもつ「アニメのジャンル」に関する知識が少なくとも彼らの間で共有されていない限り，このような発話は出てこないだろうし，またオーバーラップすることもないといえるのである。そしてこうした事実は，一連の会話の流れのなかで，彼ら自身によってアニメのジャンルに関するさまざまな知識や前提が産出され，またそれが彼らの間で共有され理解されていたという事実を示すものにほかならないのである。

5）会話におけるオーバーラップに関するCAのより詳細な分析としては，たとえばゲイル・ジェファーソン（Jefferson, 1984）やジーン・ラーナー（Lerner, 2002）等の論文を参照のこと。これらにおいては，相手の発話と同じオーバーラップが発生するということのなかには，単なる偶然ではない，一定の合理的な秩序があるという事実が，さまざまな事例を通じて論証されている。

これまでの話を整理してみよう。一連の会話では，彼らの語りを通じてさまざまなカテゴリー化が行われていた。まず「アニメ映画」と「アニメーション」というカテゴリー化が行われたものの，「アニメーション」については結局合意を得られるような分類がなされなかった。ただし，「アニメーション」に関するカテゴリー化のなかで，「アニメの映画化」という新しい分類が提案され，それを受けて改めて「アニメ映画」と「アニメの映画化」がカテゴリー化され，最後に「ジブリ」というカテゴリー化が行われた。一連のカテゴリー化において重要なことは，こうした実践が，いずれも彼ら自身の会話による相互的な達成に基づくものだということである。またそれらのカテゴリー化は同時に，彼ら自身のもつアニメの「ジャンル」に関するさまざまなカテゴリーに関する知識や方法が会話を通じて現出し，また協働的に提案と取捨選択が行われた結果の産物としてみることができよう。こうした事実は，私たちの日常的な「語り」といったものから私たちが何を理解し，何を相互的に達成しているのかという行為に改めて目を向ける必要があることを教えてくれるのである。

2-3　アニメ語りにみる協働作業：「ジャンル」を作るということ

これまで分析してきたことは，アニメの「ジャンル」に関して，それがどのような形で行われるのかということを人びとの実践としてのアニメ語りから明らかにすることであった。そこで明らかになったことは，彼ら自身がもつ「ジャンル」の分類が実際に語りの場で理解され，またそれが彼らによって協働的に達成されるという事実であった。繰り返しになるが，日常会話にせよ SNS にせよ私たちはさまざまな「語り」を日常的に実践している。こうした事実は一見すると「あたりまえ」の現象であり，ことさら分析する必要もないものとしてみえるかもしれない。しかし，そうした現象そのものを詳細にみることによって，私たち自身の「語り」がいかにして「語り」になるのかということ，そして今回の場合アニメ視聴者にとってそれがどのような意味をもつのかということを考えるためのツールとなり得るのである。

3　ライフストーリー法：アニメのストーリーと個人のストーリーの関係

3-1　ライフストーリー法の視点

続いて，ライフストーリー法を用いて，アニメに関する語りを分析する。アニメについて語るとき，作品について語っているはずが，いつの間にか自分自身や自分のもつ価値観について語っていたという経験はないだろうか。たとえば，「自分はこの野球がテーマのアニメを見たのをきっかけに，野球を始めた」とか「このアニメを見て，やっぱり友情は大事だと思った」などと語っていた経験である。

このようなことが起こりうるのは，アニメが提供する物語，アニメに関する物語，あるいはアニメに関する経験が，個人の物語と関連づけられうるからである。筆者はこの点について拙稿（池上, 2019）において，マンガを事例としてライフストーリー法を用いた分析を行なった。ライフストーリー法とは，桜井厚によると，以下のような調査法である。

> ライフストーリーは，個人のライフ（人生，生涯，生活，生き方）についての口述（オーラル）の物語である。また，個人のライフに焦点を合わせてその人自身の経験をもとにした語りから，自己の生活世界そして社会や文化の諸相や変動を全体的（ホーリスティック）に読み解こうとする質的調査法の一つのことでもある。（桜井, 2012：6）

ライフストーリー法は，個人が語る物語を分析の対象とする。そして，この手法により，オーディエンスのアニメに関する語りを分析することで，アニメが提供する，あるいはアニメに関する物語とオーディエンスの物語との関係性を記述できるのである。

では，具体的に何を記述できるのか。本節の論点を三つ示したい。第一にアニメ経験とアイデンティティの関係性である。ニコラス・アバークロンビーとブライアン・ロンガーストは，メディアオーディエンス研究の分析視座として，スペクタクル／パフォーマンスのパラダイムという概念を示し，メディアとアイデンティティの関係性に焦点化した（Abercrombie & Longhurst, 1998：37）。

彼らの主張の概観は以下のとおりである。アイデンティティは個人に内在するものではなく，個人が自分自身の語りのなかで「自伝の解釈を繰り返し行うこと」（Abercrombie & Longhurst, 1998：95）によって構成される。この過程でメディアは，重要な役割を果たしている。つまり，アイデンティティを他者に示す「日常的なパフォーマンスは，スタイル，人格，服装，音楽などについての，メディアイメージの周辺において頻繁に組織される」（Abercrombie & Longhurst, 1998：104）のである。人びとは，メディアにおいて示された情報を前提にしたり，参照したりして，自分自身の物語を他者に提示し，アイデンティティを構成する。つまり，アニメに関わる経験が個人の自己物語の中で用いられる可能性がある。

第二に，現実社会での物の見方や価値観が，アニメが提示する物語と関連づけて語られる可能性である。アニメはフィクションのストーリー（あるいはナラティブ）を提示しているが，それは単純に娯楽として受容されているだけではない。ブルーナー（2007）の議論によると，われわれは現実についてのナラティブのモデルにすがり，そのモデルを用いてわれわれの日常経験を形作っている（ブルーナー, 2007：8）。たとえば，コンスタンス・ペンリー（1998）は，人気 SF 作品『スタートレック』シリーズについて，作中で使用されている概念や用語が，大衆言説で用いられていることや，NASA で働くスタッフが作品に浸りきっていること（ペンリー, 1998：32–34）を指摘する。そのうえで，「NASA がその人気絶大な未来の物語と共同歩調を取りたいと望むのも当然ではある」（ペンリー, 1998：37）と主張する。現実社会での物の見方や価値観が，アニメの提供する物語により形成されたり関連づけられたりする可能性は十分に考えられる[6]。

第三に，アニメそれ自体についての物語が語りのなかで用いられる可能性である。桜井はモデル・ストーリーとマスター・ナラティブという概念を提示する（桜井, 2002：36）。マスター・ナラティブとは，社会的に共有され支配的な位置を占めるストーリーである。モデル・ストーリーとは特定のコミュニティに共有されているストーリーである。桜井は被差別部落問題に関する調査のなかで用いられる「主要な生産関係から閉め出されている」というフレーズが，部落解放同盟の第 16 回全国大会において宣言された文言から借用されたものであると指摘し，「コミュニティ内で醸成されたモデル・ストーリーの一種」であるとしている（桜井, 2002：254–255）。拙稿（池上, 2019：189–231）においても，ある協力者が『週刊少年ジャンプ』に関する経験を 1980 年代における「普通免許」として位置づけ，それゆえにその

6）ただし，フィクションの物語が常に現実社会と結びつけられるわけではないことには注意が必要である。たとえば，森下達は戦後日本の SF・特撮映画に関する議論を検討するなかで，特撮がジャンルとして独立していく過程において，「外部」や「政治性」から切り離されていった点を論じている（森下, 2016）。

経験は特別なものでは“ない”としていた（池上, 2019：198）。このような語り方は，世代集団としての経験を位置づけるモデル・ストーリーであるといえる。では，アニメについてはどのようなモデル・ストーリーが存在するのだろうか。

次節からは，以上の3点について実際にグループインタビューでみられた語りを分析し，検証する。

3-2　アニメについて語ること：「ストーリー」を分析する

1）自己物語とアニメ経験

以下では，調査者が座談会後半においてライフストーリー法について簡単な説明（「ある個人の人生経験を聞いて，分析する方法」）を行なったうえで，これまでの人生におけるアニメに関する経験，すなわちライフストーリーにおけるアニメ経験を語ってもらった過程を分析する。ただし，一部座談会前半のデータも参照している。また，トランスクリプトの作成に当たっては，前節の記号は使用していないが，言いよどみなどを修正することはせず，聞き取れた発話をそのまま記載している。

まずは，アニメ経験とアイデンティティの関係について考察する。先述のとおり，オーディエンスは自分自身の物語を他者に提示し，アイデンティティを構成する。アニメ経験が具体的にアイデンティティに関連づけられた事例をみてみよう。Aさんは音楽をテーマとした『のだめカンタービレ』のドラマ，マンガ，アニメを受容したことがきっかけで，吹奏楽を始めたことを語っていた。

浅野智彦によれば「物語の形態上の特徴」の一つは，「時間軸にそった出来事の選択的構造化」である。物語では「時間軸の上で，いくつかの出来事が一定の基準にしたがって選び出され，相互に関連づけられる」（浅野, 2001: 62）。Aさんが語る内容はアニメを視聴した経験と，自身が現在も音楽を続けているという二つの事柄が時間軸上に並べられて，前者が原因となり後者が発生したというプロットが加わっているという意味で，「音楽を実践する人間」としての自己物語であるといえる。

このように，アニメに関わる経験は，「現在の自分に対して何らかの意味をもつもの」として位置づけられることで，個人のアイデンティティに関与する。しかし，アニメ作品が「なんらかの意味をもつ」といっても，それは必ずしも作品が取り上げているメインテーマ（本事例の音楽やスポーツなど）に限られるものではない。Bさんは A さんの高校時代の同級生でもあり，小学校時代にピアノ，中学校・高校時代にフルートを演奏していた。Bさんも音楽を好きになったきっかけの一つにアニメ作品が関わっていることを語った。しかし，経験において焦点化されたのは，作品を視聴したという経験ではなく，作中の劇伴音楽を聴いたという経験であった。

断片 3
B ：で，あと，人生的には，私，ジブリとディズニー，すごい好きで見てたんで，音楽とか好きになったのがそれなんで。影響大きいかなと。
（中略）
＊：なるほど。そうか。だから，ジブリとかの音楽が好きで，吹奏楽とかをやるようになったのは，大きいというか。
B ：ピアノが先ですけど，まあ。
＊：ピアノが先だけど。
B ：久石譲さん（ジブリ作品の音楽を担当することで知られた作曲家）の曲，聞いて。
＊：あー。
B ：そっちからピアノ始まってるかな。私も『のだめ』で，ピアノ曲知って，弾きたくなったのもあったんで。

B さんは断片 3 において「ジブリとディズニー」，すなわちスタジオジブリによる作品とディズニーによるアニメ作品の作中で流れている音楽について「影響が大きい」のではないかと語っている。また，ピアノを始めたきっかけについても，スタジオジブリの作品を担当することで知られる久石譲の作品や A さんと同じく『のだめカンタービレ』の作中で演奏されたピアノ曲がきっかけになった可能性を示唆している。この事例は，アニメ作品がきっかけになる際には，必ずしも取り上げられているテーマやストーリーといった要素だけでなく，作品を構成する映像・音楽・声優の演技などの個別の要素のみでもなんらかのきっかけとなりうる可能性も示している。なお，この場面では筆者による促しにより，より詳細な物語（久石譲の曲がきっかけでピアノを始めた）が示されている点も興味深い。アニメ語りのなかで行われる自己の構成は他者の参与により展開されることもあるのだ。

このように，アニメに関する語りに注目することで，アニメとアイデンティティの関係性について実証的に明らかにできる可能性がある。今回は限られた事例の分析であったが，たとえば，特定の職業の人びとを対象に，幼少期のメディア経験について語ってもらったデータを収集すれば，なんらかのアニメ作品が特定の職業的アイデンティティの形成に与えている可能性を明らかにできるかもしれない。

2）アニメ内のナラティブと現実の関係性

次に，アニメの提供する物語のなかで示された物語が，現実での物の見方や価値観と，関連づけて語られる事例を検討する。先に述べたとおり，アニメで提供されるのは，ほとんどの場合フィクションの物語である。しかし，そこで示される価値観や規範は，“絵空事”ではなく，現実と関連づけられる。たとえば，E さんは座談会のなかで，『それいけ！アンパンマン』（日本テレビ系列，1988 年〜）を視聴したことで，「悪い人を批判するだけじゃなくて，仲良くすべきという価値観」を学習したことを語っていた。マリチェッラ・マリオッティは，『アンパンマン』の内容や周辺状況の分析から，本作品について「アニメを通じて描かれている価値観・規範が，現代社会の一員を育てる幼稚園世界にふさわしいと認められている」と指摘する（マリオッティ，1999：31）。『アンパンマン』は擬人化された食品や動物がキャラクターとして登場するなど，ファンタジックなアニメ作品であるが，決して現実から乖離した作品ではないのだ。

このような特徴は，作品の物語により示される価値観を直接的に語るだけでなく，登場人物を自分自身の理想の人物として語るという形態でも現れうる。心理学者の家島明彦は「理想・生き方に影響を与えた人物」に関する調査を行なった（家島，2006）。そこでは，大学生を対象に「身近－メディア」，「こうなりたい－こうはなりたくない」という二つの軸を組み合わせた 4 分類それぞれに当てはまる人物を質問紙調査で質問している。結果，「メディアを通して知った人でこうなりたい」人物において「アニメ・漫画の登場人物」は「有名人・芸能人」の次に回答者数が多く，特に男子では 1 位となっていた（家島，2006：285-288）。拙稿のマンガに関する研究（池上，2019：216-220）でも，フランス革命期を舞台にしたマンガ作品『ベルサイユのばら』（池田理代子）の登場人物に対するあこがれを語るなかで，自身のナラティブアイデンティティを提示していた女性の事例がある。では，アニメについてはどうなのだろうか。

D さんは忍者の少年である主人公うずまきナルトの活躍を描いたアニメ作品『NARUTO』（岸本斉史）を幼少期から熱心に視聴していたことを語っていた。本作品は 1999 年から 2014 年まで『週刊少年ジャンプ』（集英社）で連載された。アニメ作品は，2002 年から 2017 年までテレビ東京系列で放映されていた[7]。インタビューのなかで D さんは本作品について，主人公が自分自身に「年齢も似て」おり，「憧れで，もうなんか，こういう根性あるやつになりたいみたいな」という感情をもったことを語っていた。

では，D さんにとってうずまきナルトというキャラクターはどのように位置づけ

7）なお，2007 年 2 月 8 日までの番組タイトルは『NARUTO－ナルト－』，2007 年 2 月 15 日以降の番組タイトルは『NARUTO－ナルト－疾風伝』である。

られるのであろうか。断片 4 を確認する。

断片 4

＊：なんかだから，『NARUTO』の人物像で，実際，主人公うずまきナルトだよね。で，人生でなんだろう。たとえば，実際に行動するときに，なんか意識してるとかあったりすんの？

D：なんか，それを言われるとちょっとあれなんですけど，ちょっとなんていうんだろうな。なんか，そこまでその，小学校時代に考えてたかとか，中学校時代に考えてたかっていうと，そこまで考えてはないと思うんですけど。

E：いや，まあ，そうね。

D：そのなんていうんだろう。あの，反骨心っていうんですか。あの，なんていうの，どんな逆境でも負けない感じのあれには憧れてたんで。

E：わかる。

D：その，その，あの，誰に対してもあ，っていう。あっていう。ちょっと。

＊・C：アハハハ。

D：一回，ちょっと逆境だったときに，なんていうの，それを乗り越えようというか，壁，砕こうみたいな，あの，気持ちはありました。

この事例において，D さんは作品から受けた影響について，「そこまで考えてはないと思う」としつつも，「どんな逆境でも負けない感じのあれには憧れてた」と述べる。そして，E さんの「わかる」という発話を挟み「誰に対しても」「ちょっと逆境だったときに」「それを乗り越えようというか，壁，砕こうみたいな」気持ちはあったと述べている。D さんにとってうずまきナルトというキャラクターは架空ではあるが，「逆境であっても，乗り越える」という現実でも通じる価値観を示してくれた人物として位置づけられている。

このように，アニメ作品の物語内で示された価値観や考え方は，架空の世界のものとしてだけでなく，現実世界においても適用可能なものとして受け入れられる可能性がある。場合によっては，E さんの事例で示したように，学習の契機になりえることもあるだろう[8]。

3）世代／ジェンダーのマスター・ナラティブ

最後に，アニメについて社会のなかで共有された物語，すなわち先述したマスター・ナラティブやモデル・ストーリーが，経験を枠づける際に用いられることがある点を指摘する。

8）ただし，このような“影響”をマンガ・アニメのいわゆる“悪影響”と同一視することはできない点には注意を払いたい。

今回の座談会は，参加者が同年代の大学生同士だったということもあり，同世代のオーディエンスに共通した作品経験があることが示唆されていた。たとえば，本節で対象としている座談会の後半部分ではなく，前半部分の会話になるが，Bさん，Dさん，Eさんの3人は，『家庭教師ヒットマンREBORN!』（2004–2012，天野明），『NARUTO』，『ドラゴンボール』（1984–1995，鳥山明），『ONE PIECE』（1997–，尾田栄一郎），『BLEACH』（2001–2016，久保帯人）などの作品を挙げ，「小学生男子」は「ジャンプ」を通ると位置づけていた。これは，同世代に共有されたモデル・ストーリーであるといえる。

さらに，マスター・ナラティブやモデル・ストーリーが参照される場面をとらえると，その背後にある社会的規範が相互行為のなかで析出されることもある。断片5の語りはインタビューの後半部分において，Aさんが中学生のころまではアニメを「あんまり見てなかった」とした事情を説明している部分である。

断片5
A：うーん。小学校までは。中学から自分で見始めるまでは，家の人，誰もアニメ見ないんですよ。
E：え，『ドラえもん』とかそういうのも一切，見ない。
C：そういう系のね。
A：いや。見ちゃ駄目とかではなかったんですけど，『ドラえもん』，『クレヨンしんちゃん』は，親があんまり好きじゃなくて見てなくて。これ，よくあると思うんですけど。『ドラえもん』は見てた。
B：女の子の家は特に。『クレヨンしんちゃん』，あんまり。言葉使いとか。
D：そうなんだ。
C：やっぱり男向けなアニメじゃない。
E：ちょっと下品なところあるからね。
B：そう。あんまり見てほしくないみたいな。
D：ああいう下品さが面白いと思っちゃうから。

Aさんは最初に「家の人」は誰もアニメを見ないことを述べている。そのうえで，『クレヨンしんちゃん』については，「親があんまり好きじゃなくて」見ていなかったとしている。注目すべきは，その後にAさんが「これ，よくあると思うんですけど」と述べている点である。

『クレヨンしんちゃん』は，臼井儀人により双葉社のマンガ雑誌において1990年から連載されている作品であり，2020年現在は臼井儀人&UYスタジオ名義[9]で，

9）原作者の臼井儀人は2010年に逝去している。

『新クレヨンしんちゃん』として『まんがタウン』に連載されている。アニメは1992年以降テレビ朝日系列で時間を変えながらも，2020年現在放送中である。

『現代漫画博物館』によると本作のアニメは，「下品なギャグが子どもに悪影響を与えると物議をかもした」（竹内ほか, 2006：308）。いわば，本作品をめぐる「『クレヨンしんちゃん』は内容が下品であり子どもに悪影響を与える」という評価は，アニメをめぐるマスター・ナラティブの一種である。A さんの語りをみると，A さんは自身のアニメ視聴が抑制された個人的な経験を「これ，よくあると思うんですけど」という言葉を用いて，より幅広い社会的文脈のなかに位置づけている。

興味深いのが，この A さんの発話に対して B さんが「女の子の家は特に」と付け足し，続く C さんが「男向けのアニメ」，E さんが「下品なところ」があるとしている点である。これらの発話は，単にマスター・ナラティブを参照しているだけでなく，それをよりどころとして，社会のなかの女子（の教育）に関する規範をも参照している。言いかえれば，A さんのアニメ経験に関する発話から，社会的な文脈が明らかになったのである。

このようにアニメに関する経験についての語りを，マスター・ナラティブやモデル・ストーリーという観点から分析することは，アニメについて社会のなかで共有された事柄を確認するだけでなく，自明視されている社会規範を問い直すきっかけにすることが可能である。

3-3　ストーリー・自己・社会的文脈

本節では，アニメの視聴者（＝オーディエンス）による「アニメ（の感想や内容など）を語る」という行為を，ライフストーリー法の視点から分析した。具体的には，アニメについて行われた座談会において得られた語りのデータを対象とした。分析では，「アニメ経験とアイデンティティの関係性」「現実社会での物の見方や価値観が，アニメの提供する物語と関連づけて語られる可能性」「アニメそれ自体についてのストーリーが語りのなかで用いられる可能性」という三つの論点を示した。

このようにアニメ経験に関する語りをライフストーリー法の視座により分析することは，アニメというメディアそれ自体はもちろんのこと，より幅広い社会的な

10）付言すれば，本節の分析は本来は長時間にわたるインタビューを分析対象とするライフストーリー法の視座が，日常的な会話や本章のような座談会で得られた語りにも応用できる可能性を示している。

文脈などについても分析することを可能にする[10)]。

4　再び，アニメを語ること

本章では，二つの視座からアニメに関する語りを分析する可能性を示した。両者は一見するとそれぞれ異なるアプローチを行うものとしてみなすことができる。しかしながら，人びとが何を語り，そこから何が見出せるのかといった根本的な問いにおいて両者の隔たりはそれほど遠くないように思われる。アニメに関する語りは，日常的な行為であっても（あるいは，そうであるがゆえに）それを分析することで，アニメに関連するさまざまな社会的な事柄を明らかにすることが可能な分析対象となり得るのである。

アニメに関する経験は，決して現実から切り離されたものではなく，現実社会を解釈する枠組みとなったり，社会規範を語る起点となったりする。また，人びとが語る知識の問題，たとえば今回取り上げたようなアニメのジャンルに関するカテゴリーの問題といったものは，人びとがさまざまな生活を送るうえで身につけた「知識」の問題としても考えることができる。人びとが「語る」といった行為からは，それを出発点としてさまざまな現象や人びとの営みといったものを分析することが可能なのである。

【引用・参考文献】

浅野智彦（2001）．『自己への物語論的接近――家族療法から社会学へ』勁草書房
家島明彦（2006）．「理想・生き方に影響を与えた人物モデル」『京都大学大学院教育学研究科紀要』*52*, 280-293.
池上　賢（2019）．『“彼ら”がマンガを語るとき，――メディア経験とアイデンティティの社会学』ハーベスト社
串田秀也・平本　毅・林　誠（2017）．『会話分析入門』勁草書房
桜井　厚（2002）．『インタビューの社会学――ライフストーリーの聞き方』せりか書房
桜井　厚（2012）．『ライフストーリー論』弘文堂
竹内オサム・米沢嘉博・ヤマダトモコ［編］（2006）．『現代漫画博物館――1945-2005』小学館
永田大輔（2011）．「「アニメおたく／オタク」の形成におけるビデオとアニメ雑誌の「かかわり」――アニメ雑誌『アニメージュ』の分析から」『社会学ジャーナル』*36*, 59-79.
永田大輔（2015）．「コンテンツ消費における「オタク文化の独自性」の形成過程――

一九八〇年代におけるビデオテープのコマ送り・編集をめぐる語りから」『ソシオロジ』*59*(3), 21–37.

ブルーナー, J. S.／岡本夏木・吉村啓子・添田久美子［訳］(2007).『ストーリーの心理学――法・文学・生をむすぶ』ミネルヴァ書房（Bruner, J. S. (2002). *Making stories: Law, literature, life*. Harvard University Press.）

ペンリー, C.／上野直子［訳］(1998).『NASA／トレック――女が宇宙を書きかえる』工作舎（Penley, C. (1997). *NASA/TREK: Popular science and sex in America*. Verso.）

前田泰樹・水川喜文・岡田光弘［編］(2007).『ワードマップ エスノメソドロジー――人びとの実践から学ぶ』新曜社

マリオッティ, M. (1999)「『それいけ！　アンパンマン』の社会学」『ソシオロジ』*44*(2), 19–35.

森下　達 (2016).『怪獣から読む戦後ポピュラー・カルチャー――特撮映画・SFジャンル形成史』青弓社

Abercrombie, N., & Longhurst, B. (1998). *Audiences: A sociological theory of performance and imagination*. Sage.

Garfinkel, H. (1967). *Studies in ethnomethodology*. Prentice-Hall.

Jefferson, G. (1984). Notes on some orderliness of overlap onset. in V. D'Urso, & P. Leonardi (eds.) *Discourse analysis and natural rhetorics*. Cleup Editore, pp.11–38.

Jefferson, G., Sacks, H., & Schegloff, E. A. (1987). Notes on laughter in the pursuit of intimacy. in G. Button & J. R. E. Lee (eds.) *Talk and social organisation*. Multilingual Matters, pp.152–205.

Lerner, G. H. (2002). Turn-sharing: The choral co-production of talk-in-interaction. in C. E. Ford, B. A. Fox, & S. A. Thompson (eds.) *The language of turn and sequence*. Oxford University Press, pp.225–257.

Chapter

02

ファンカルチャーの理論

ファン研究の展開と展望

瀬尾祐一

1　なぜファンに注目するのか

文化産業としてアニメを考える際，（プロデューサー，アニメーター，監督といった「送り手」ではなく）ファンという消費者に着目する意義はどこにあるのだろうか。

近年，マーケティングの領域では，高い購買意欲をもって継続的に商品を購入するとともに，それを口コミで広めたりするファンは，企業の存立に欠かせない存在と考えられている（たとえば佐藤, 2018）。だが同時に，ファンは産業側の意図をしばしば「裏切る」存在とも考えられた。ファンは強い愛情ゆえ過剰とも思われる形で対象に関わる。それだけでなく特異な消費形態を他の消費者に広めたり，自らの満たされない要求を実現するため企業へ揺さぶりをかけたりもする。ファンとは産業の想定を超える形で，種々の実践に及ぶ存在でもあるのだ。

このようなファンに着目することで，多様な消費実践を視野に入れるとともに，文化産業と消費者の新たな関係を構想するヒントが得られる。80年代末以降，欧米で存在感を高めてきた「ファン研究」は，まさにこうした角度からファンに注目してきた。

このような特徴をもつファン研究は，アニメの消費者についても，受動性や画一性とは異なる観点から考えていくうえで参考となるだろう。本章では，ファン研究という領域の見取り図を得るとともに，そこでの問題設定や概念が，アニメ現象を分析する際どのように有効かを検討する。具体的には，ファン研究の核となる三つのアイデアを確認したうえで，このアイデアを異なる形で引き受ける二つの潮流をみる。同時に，これらの潮流がアニメにまつわる現象に関してそれぞれいかなる研究テーマや論点を導くのかを明らかにする。

2　ファン研究の中核的アイデア

本章では「ファン研究」という言葉を，ファンに関する研究全般というよりも，もう少し限定的に，能動的オーディエンス研究[1)]の伝統に立ちつつ（Duffett, 2013），次の三つのアイデアを有する研究群を指すために用いる。ファン研究とは，①産業的に生産された対象を受容する人びとに注目し，②それらの人びとに対してネガティブなステロタイプとは異なる表象を与えようとする研究だ。さらにこの再表象にあたって，③商品の購買や番組の視聴を契機としつつも，そこにとどまらない多様な実践を行なっていることに焦点を当てる。①〜③それぞれについて，初期の代表的な研究者であるフィスクやジェンキンスの著作に触れつつ説明しよう。

第一に，ファンは，文化産業の供する商品やサービスの受容を不可欠な契機として成立する。能動的オーディエンス研究者のフィスクは，ファンを「産業社会のポピュラー文化において一般的に見られるもの」としたうえで，商品の意味を転覆させる存在と考えた（Fiske, 1992：30）。たとえば，マドンナのファンである少女たちは歌詞や歌手の振る舞いに独自の意味づけを行うことで，自らの楽しみやエンパワーメントを得ている（フィスク, 1998）。大学院時代の彼の弟子であり，ファン研究の開拓者とされることの多いジェンキンスも，人気SFシリーズのファンに関する著書で，自らの楽しみのため番組を盗用し改変する「テクストの密猟者」としてファンを捉えた（Jenkins, 1992）。彼はこうした盗用的実践が，文化産業に対する「不満と熱狂」（Jenkins, 1995：263）の同居した状態を起点として起こると考えた。つまり，作品を熱烈に受容する一方，何かしら物足りないところがあるからこそ，二次創作という形での改変や放送局への抗議に及ぶ。こうしてファン実践は，消費を不可欠な契機としつつ，それだけでは満たされないものを得ようとすることで，企業の知的財産権や意志決定と対立する可能性を秘めることになる。

第二に，ファン研究は，ファンに関して流布するネガティブなステロタイプを避け新たな表象を与えようとする。ジェンキンスは自らの学問的権威を用いてファン

1）ここでは，能動的オーディエンス研究を，テレビやラジオ番組，映画作品，フィクションなどに対して，製作者の想定や一般に予想されるものと異なる意味づけを人びとが行う可能性に注目するものとする。

へ新しい表象を与えようとする姿勢を隠さなかった（Jenkins, 1992）。背景には，ファンであることが非常にスティグマタイズされているという認識がある。ファンとは，たとえば現実から逃避して空想の世界に耽溺することで社会性を失っているとか，商品を従順に消費するため産業にとってよいカモであるとか，子どもじみた対象へ異常な熱意をもって関わろうとする非理性的な存在である，などというステロタイプが語られてきた（Jensen, 1992）。アカデミズムの語彙によりネガティブなステロタイプとは異なる表象を与えることこそ，彼の，そしてひいては後続のファン研究の，明に暗に意図するところだった。

第三に，ステロタイプを避けて再表象を行ううえで，ファン研究は商品の購買や番組の視聴にとどまらないさまざまな実践に注目する。たとえばフィスクは，ファンが番組の解釈のみならずミュージックビデオや小説といったテクストの生産・流通にまで足を踏み入れる存在であると述べる（Fiske, 1992）。同様にジェンキンスも，「頻繁に特定の番組を見ることによってではなく，視聴を他の種類の文化活動へと変換する」存在としてファンを定式化し（Jenkins, 1988：88），視聴からつながっていく活動のひとつとして創作実践（同人小説，ビデオ，替え歌の制作）に注目した。さらに彼は，創作が他者との協働によって成り立つゆえにコミュニティの参加や形成のきっかけになることを強調することで，家の中に閉じこもり漫然とテレビを見る孤立した視聴者という見方（Butsch, 2000）を抜け出した。このようにファン研究では，「視聴者や聴取者の日常生活における他の活動や楽しみのための触媒として，どのようにテクストが使われるかを探求する」（ロス & ナイチンゲール, 2007：180）という目標のもと，視聴を引き金とする多様な実践への注目が起こった。

この三つの核となるアイデアが，現在のファン研究においてどのように現れているのか，続く節では二つの研究潮流を対置させながら確認する。同時に，アニメにまつわる具体的な現象に触れることで，アニメ研究を行う際それぞれのアプローチからいかなる問いや分析の糸口を得られるのかを検討する。

3　ファンへの参加型文化論的アプローチ

3-1　参加型文化論的アプローチとは何か

インターネットの登場と，それが可能にした個々のサービス（フリーソフトウェア，SNS，ウェブログ，動画共有プラットフォーム等）をあげつつ，従来受動的に商品を享受するほかなかった人びとが生産や流通に関与している事態を捉え，それを新しい時代の証とみなす主張はありふれたものだ（キーン, 2008）。このような議論の代表的なものの一つに，2000年以降ジェンキンスが深く関わるようになる参加型文化（participatory culture）論がある。彼は「参加型文化」について「ファンやその他の消費者が，新しいコンテンツの生産・流通へ能動的に参加するように促される文化」（Jenkins, 2008：331）という説明を与えたうえで，ファンを参加型文化の典型と捉える。ここからわかるように，この議論は文化産業とオーディエンス，あるいは生産／消費の差異が縮んでいくという考えのもと，新たな製作ツールや世界規模のネットワークを通じて消費者が行う創作・流通の実践を詳述するとともに，それが文化産業に及ぼす影響を捉えようとする（Jenkins, 2008；Schäfer, 2011）。

ファンが生産・流通プロセスに直接的・間接的に関わることができるようになることで文化産業へ影響を及ぼす様を扱う一群のファン研究を，ここでは参加型文化論的アプローチと呼ぶ。重要なのは，次の二点だ。まずこの議論はインターネットの普及とともに注目されるようになったが，類似の現象は既にインターネット以前にも（複写機やビデオカセットなどの新技術の登場とともに）存在したという「前史」も明かされ，ジェンキンス自身が注目したSFファンなどもそうした観点から捉えなおされることになる（Jenkins, 2003）。第二に，ファン実践は既存の文化生産を革新するものという文脈で捉えられる。彼・彼女らは企業の外部にいながらも製品の独自改良や企業への意見表明を通じてイノベーションを担ったり，商品成功の鍵となるゲートキーパーやインフルエンサーといった役割を獲得したりする。このアプローチにおいて，ファンとは「オーディエンスの未来」を先取りした稀少な存在となる（Jenkins, 2007）。

以上の特徴をもつ参加型文化論的アプローチは，①産業的・商業的対象の受容に注目しつつも，同時に②少数ながらも先駆的に存在する実践を強調することで，ファンのネガティブなステロタイプを更新する。したがって③ファン実践についても，文化生産の革新を描くという目的に適ったものが選ばれやすい（たとえばフリーソフトを用いた二次創作，インターネット上でのピアな教授実践，クラウドファンディング，SNS上の動員）。

参加型文化論的アプローチは，メディア研究やオーディエンス研究の教科書においてファンを取り上げる際の代表的な視座であり（Benyahia et al., 2014など），さまざまなジャンルを対象とした著作や論文でみられる。たとえばアマチュア映画ファンが資金調達によってスタジオと互恵的関係を築いた事例から「ファン映画の未来」を見通そうとする議論（Barton, 2014），PCゲームファンのMOD製作の動機を明らかにしつつ，それがファンや産業にもたらす価値について分析した研究（Postigo, 2007）などがある（その他，Dena, 2008；Baym & Burnett, 2009；Mittell, 2013；Comeford, 2018 など）。

3-2 参加型文化論的アプローチとアニメファン研究

参加型文化論的アプローチは，アニメファンの分析に対してどのようなポテンシャルをもっているだろうか。

アニメをめぐっては，同人誌即売会の頻繁な開催，作品情報を草の根的に蓄積していく情報サイトの編集，アニメを素材とする二次創作動画（AMV）の制作など，いわゆる「メディアの生産者としてのオーディエンス」（毛利, 2003：225）の実践が多くみられる。したがって，まずはストレートに，こうした実践の実態を明らかにするとともに，それがいかなるかたちで従来とは異なる文化生産・流通の形として結実しているのか，またこれらがアニメ産業といかなる関係を築いているのか，という点を明らかにすることが考えられる。たとえばアニメへの愛ゆえにファンがアニメーターなど製作者の側へ越境するという現象，あるいはアマチュアとして創作した作品がアニメやマンガとして商業的に出版されるという現象が，アニメ産業の存立にどのような影響を及ぼしているのかという分析は，参加型文化論的アプローチが生きる題材となるだろう。

だがファンの存在感は，流通，マーケティング，ローカライゼーションといった局面でこそ高まるだろう。たとえばアニメのグローバリゼーションという現象の記述にあたっては，企業や投資家といった経済的プレイヤー以上にファンの活動が注目されてきた（Mihara, 2020）。特にファンによる非公式な外国語字幕の付与（ファンサブ）とオンライン上での公開は，著作権侵害という明確な違法性ゆえにやり玉にあげられつつも，アニメの国際的伝播を進める企業の取り組みを補完するものとして注目される（三原, 2010）。また，ファンサブそのものは，商業的制作と非商業的制作のいりまじった「ハイブリットモデル」（伊藤, 2014）や，新たな文化流通のモデルの先駆けとして注目されている（Lee, 2011）。また熱心なファンによるレビューや，作品をめぐるコミュニケーションの活発化が，番組の露出を高め視聴者数を増やし，結果としてニッチなアニメの成功に導いたという事例分析なども，このアプローチに近い（まつもと, 2012）。

3-3　参加型文化論的アプローチへの批判

他方，参加型文化論的アプローチはファン研究の内外からいくつかの批判も招いている。

第一に，消費者としての力を強調し企業に劣らない存在感を与えていく論調には，企業による管理や搾取を見逃しやすいという批判がつきまとう。たとえばファンの労働により利益を得た企業が対価を支払っていないとか，あくまで企業は自らの存続に有用な限りでの参加を称揚しているにすぎず従来ファンコミュニティで尊ばれてきたモラルやテーマは抑圧されがちであるといった事態が指摘される（Andrejevic, 2008；Bakioğlu, 2018）。

第二に，創作実践の不平等を看過しやすい点だ。インターネットへのアクセスが保障されても創作や協働的実践をめぐるリテラシーの不平等は存在し，これらが経済的・社会的要因に規定されていることは頻繁に指摘される（Hargittai & Walejko, 2008）。参加型文化論への痛烈な批判者であるフックスが述べるように，「プロサンプションの可能性を有することは，ユーザーが必ずプロシューマーであるということを意味しない」（Fuchs, 2017：74）という点は，参加型文化論が抱く未来像と現実との断絶を露にし，主張の普遍性に疑問を付すことになる。

第三に，より根本的な批判として，参加型文化論的アプローチがファンに関する知見を得るうえでどこまで有用かというものがある。このアプローチはゲーム，漫画，映画，音楽，テレビといったさまざまな産業における熱心な消費者に焦点をあてるものの，いずれにしろ文化生産の未来を透かしてみるという結論になりやすい。しかし，それがどの程度ファンについての理解を深めるだろうか。ファンと産業との関係は，新しい文化生産の展望を描こうとする研究者にとっては重要かもしれないが，ファン自身にとってはどうだろうか。ファンは「もっぱらパフォーマーや著者，物語，キャラクターとの間に感情的な結びつきを築くのであって，産業との間ではない」（Duffett, 2013：262）。このアプローチは，文化産業の革新といった未来像や，新技術によって可能になる状況からファンの実践を逆算的に述べるという語り口になりやすいため，その実践がどのような状況にいるファンにとって，どのような意味で重要なのかといった視点や，それらの実践はどれほど一般的なのかという視点を欠きがちになる。その結果，二番目の批判でみたように，一部のファン実践ばかり注目しがちになる。このような問題意識から，ダフェットは「選択的かつ部分的な表象」を示しがちな参加型文化論的アプローチと異なり，「ただ対象を，あるがままに理解すること」（Duffett, 2013：285，強調原文）を説いている。

次節では，この批判を念頭におきつつ，視点の多様性を積極的に確保しようとするアプローチを対置する。

4　ファンへのマルチパースペクティブ・アプローチ

4-1　ファン文化に対する多様な視座の確保

研究者にとっての理想的な像（産業と革新的な関係を結ぶ消費者）を先取りせず，多様なファン実践に注目するという意味で，参加型文化論的アプローチに対するもうひとつのアプローチを，マルチパースペクティブ・アプローチと呼ぶ。

マルチパースペクティブ・アプローチも，①産業的・商業的対象の受容を扱う。しかし，②ネガティブなステロタイプに対しては，参加型文化論的アプローチのように一面的表象を与えることでは応えない。代わりにこのアプローチは，ファン実践が特定のステロタイプに収まらない多面的で複雑なものであることを主張する。その結果，③購買や視聴以外の実践についても，産業的革新に必ずしもつながらないカジュアルなものを射程に入れようとする。たとえば多くのファンにとってありふれているのは，友達との何気ないおしゃべりの中で感想を共有したり，SNS上で他人の考察を読んだりといった実践だろう。こうしたカジュアルな実践は参加型文化論的アプローチで見逃されやすい（Bury, 2018）。

このアプローチは，ファン現象に対する多様な見方を提示することを主眼とするため，その全貌を捉えることは難しい。しかし多くの研究は，ファンであることが，日常のなかの，ありふれてはいるが重要なアイデンティティである，という前提を共有している。たとえばサンドヴァスは，メディアにより供される対象を通じて，自分であるという感覚を作り上げる経験をファンであることの重要な側面とみなし，日常生活におけるさまざまな自己のひとつとしてファンアイデンティティを捉える（Sandvoss, 2005）。通常のオーディエンスは，メディアを手放せばオーディエンスとしての役割を降りるが，ファンはメディア消費の現場を離れても，日常的なアイデンティティとして継続する（Cavicchi, 1998）。

アイデンティティへの注目は，アニメファンを探究するうえでも有効だろう。平日夕方や週末の朝に放送される数多くの子ども・家族向けアニメを思い起こしてみればわかるように，アニメもまた日常的なアクセスのしやすさゆえ，熱心なファン以外にとってもアイデンティティとなる余地がある。こうした視座は，第1章第3節に強く表れている（池上, 2014も参照）。

なお，こうした議論は「個人」としてのファンダムという視座と同一視され，コミュニティとしてのファンダムを扱う研究者と対置されるとともに（Harrington & Bielby, 2018 など），しばしばファン研究の潮流として後者から前者へという見取り図が描かれることがある。だが移行を強調する見方は，次の二点において注意を要する。まず，コミュニティという次元に即したファン研究は息をひそめたわけではなく，二つのアプローチのいずれにおいてもなお盛んである。次に，個人としてのファンダムという議論で参照される論者においても，コミュニティや共同性という観点が無視されることはない。前者の代表格とされるヒルズやサンドヴァスらは，コミュニティと個人という二つの要素を取り逃さないことの重要性を再三表明してきたし，個々の議論のなかでコミュニティの形成やメンバーによる教えあいといったテーマは頻繁に参照されている（Hills, 2002：180–181；Sandvoss, 2005：53–61 など）。したがってコミュニティより個人としての側面を重視するのではなく，「すべての実践は考察に値するもの」であり，「いいとこどり」（Dunlap & Wolf, 2010）をやめる視点の複数性にこそマルチパースペクティブの肝があると考えたほうがよい。ファンのある一面のみに焦点を当てがちな姿勢を徹底的に忌避する論調は，ファンにまつわるある現象を描くにせよ，そこに「個人性」と「集合性」，「理性」と「非理性」，「消費」と「生産」，「抵抗」と「共謀」など，解消されることのない二面性（あるいは多面性）が見出されることを強調することになる（Sandvoss et al., 2017）。

4-2　マルチパースペクティブ・アプローチとアニメファン研究

上記のような性格をもつマルチパースペクティブ・アプローチはさまざまな論点を扱いうる。ここでは紙幅の都合上，「ファン同士の関係」と「ファン対象との関係」という二つのトピックに絞って，代表的な議論を確認しつつ，これがアニメにまつわる現象を研究するにあたっていかなる問いや分析の糸口を与えることになるのかをみていく。

ファンアイデンティティの日常性を念頭におく議論は，アイデンティティを規定する要素の一つとして，「ファン同士の関係性やコミュニケーション」へ着目する。「ファンにとって…対象そのものよりもむしろ集団のメンバーであること自体がしばしば喜びとなる」（ロス & ナイチンゲール, 2007：157）ことは，よく指摘される。たとえばケヴィン・スミスのファンダムを調査したフィリップスは，オフ会に参加するファンが他のファンとの交流から得られる親密な感覚を楽しむ一方，その感覚を得るうえでスミスのファンであることはさほど重要ではないと報告している

(Philips, 2011)。

ここから，オンライン・オフライン問わずファン同士のコミュニケーションや関係はどのようなものか，それがどのような楽しみを生み出すのか，ファンたちの築く関係がファン自身にとってどのような意味をもっているのか明らかにする研究は多い。オンライン上の交流については，それが家父長制的ハイアラーキーを抜け出していないことや（MacDonald, 1998），ファン同士のトークが退屈な番組を楽しく見ることを可能にしたり，ファン同士が解釈リソースを提供したりすることが指摘されている（Baym, 1998)。他方，コンベンションのような対面的交流がファンアイデンティティを支える重要な場になっているともいわれる（Booth & Kelly, 2013)。先に引いたフィリップスはオンライン・オフラインという区別そのものが，ファン自身にとって重要ではないと述べる。彼が対象としたファンダムでは，掲示板でのやりとりによって形成されたコミュニティ感覚が，オフ会の交流を通じて強化され，さらにオンライン上の交わりとして継続するという循環的な性質が確認された(Philips, 2011)。

趣味に関する社会調査のなかで，アニメというジャンルは友人関係の形成や共同消費に高い効果をもつことが指摘されている（北田・解体研, 2017)。また佐々木・池上論文（第1章）が述べるように，アニメについての経験や感想を共有するというのは非常にありふれた実践だ。アニメファンの共同性の高さに注目し，ファンたちの協働的実践がいかに営まれているのか，それがアイデンティティのありようやファンであることの楽しみにどのように影響しているか，などを明らかにすることは興味深いだろう。たとえばアニメのライブビューイングでは，単身の参加者にとってもゆるやかな仲間意識が楽しまれていたという知見（山口, 2013）などは，こうした観点からのアニメファンを扱った研究といえる。また佐々木・池上論文（第1章）は，経験や感想を共有するという出来事のなかで生じるジャンルの協働的構築や，アイデンティティの提示といった実践を分析している。また杉山論文（第3章）は，長期的なファンアイデンティティの維持のうえで他のファンとの関係が重要だったと述べている。

他方，カジュアルなファンにとって重要なのは対象との関わりであってファン同士とのやりとりではないと報告されているように（Sandvoss & Kearns, 2014），ファンとしてのアイデンティティは，「ファンとファン対象の関係」によっても規定される。たとえばファン対象との関わりを，生きるうえでの困難や不安を和らげ自己を安定的に保つための方途としたうえで，対象を喪失したときファンがどのようにアイデンティティを再構築するかという議論は活発だ（Williams, 2016）。こうした議論においては，放送終了後に行われる種々の実践（DVD 購入，再放送の視聴，コレクションなど）が，ファンアイデンティティの構築，変化，持続を支える実践として注目される（Geraghty, 2014）。

こうした研究では，ファンと対象の関係の変化によって，どのようにファン実践やアイデンティティが変化するのか，という問いに注目が集まる。ファンの側の変化についてみると，ファンとしてのアイデンティティが一生を通じて採用され，その都度人生の危機的状況を支えるという側面に注目したり（Stevenson, 2009），加齢やライフイベントの発生に伴いファン実践がどのように変化するのかが探究されたりする（Bennett, 2006）。他方，老いや人気の凋落，キャラクターの死，スキャンダルの勃発といったファン対象の側の変化も，ファン実践やアイデンティティに影響する（van der Graaf, 2014）。特に，ファン対象が負の方向へ変化すると（たとえばあるスターが非倫理的言動をとると），愛好によってアイデンティを構築していたファンは，一転して否定的感情の発露やヘイト行為を通じて新たなアイデンティティを獲得するかもしれない（Gray, 2003；Click, 2018）。

アニメにまつわる現象を，こうした観点から取り上げる意義はなんだろうか。『宇宙戦艦ヤマト』以降，アニメは子どもや若者に限らず成人の趣味としても浸透するようになり（津堅, 2011），数多くの長寿番組やリバイバルが存在する。さらに同人誌即売会に代表される二次創作市場や，二次利用を前提としたビジネスモデルは，おびただしいアニメ関連商品を創り出す（スタインバーグ, 2015）。「アニメは映像作品の視聴のみが消費とはいえ」ず，「そこを一つのコンタクトポイントとして，グッズ購入，観光，コスプレ，同人誌と様々な広がりをみせる」（玉川, 2018：161）と言われるように，視聴後の新たな実践への拡がりが産業的規模で想定されているのだ。ここから，たとえば放送が終了した後も，コスプレや聖地巡礼などと関わりながらファンアイデンティティの消滅や浮沈，持続がどのように起きているのかを観察するうえで，アニメは格好の題材になるだろう（第３章の杉山論文も参照）。また視聴に続く実践が豊富にあるという事態は，アニメそのものが新たな趣味や職業へのアクセスポイントとして機能する可能性も示唆している（第１章第３節における A・B の事例も参照）。

なお，ここで注意すべきは，ファン対象とは固定的なものではなく，それ自体ファンにより作り上げられる可変的なものということだ（Hills, 2007）。ファン対象とは，一つの作品やシリーズといった産業的な区分と必ずしも一致しない。同じシリーズを愛好するにしても，あるファンは特定のエピソードを認めなかったりするし，あるファンは異なるジャンル同士の共通点を見つけて愛好したり，番組の関連商品や二次創作をファン対象に含めたりするだろう。この点で，関連商品の膨大さゆえ，アニメファンにとってファン対象の境界画定（なにをファン対象として含め，なにを除くか）そのものが重要なファン実践となるだろう。第4章の高艸論文は，まさにこの観点から，水樹奈々ファンの多様性を捉えている。

5　理論と経験の往還

ここまで，二つのアプローチからファン研究の見取り図を描き，それぞれの代表的な研究トピックに触れるとともに，それがアニメ研究にどのような論点をもたらすのかを確認した。参加型文化論的アプローチは，生産・流通へのファンの関わりという側面への注目から，二次創作や大規模な拡散といった現象を分析する際に有用だ。だがこのアプローチは，それが文化産業の革新という未来像の展望を目論むゆえ日常的に営まれるファン実践を視野の外に置きがちになる。マルチパースペクティブ・アプローチは，まさにこうした日常的なファン実践が生み出す楽しみのありようや，そうした実践がアイデンティティの形成に及ぼす影響を見極めていくうえで重要な視座となる。

本章ではマルチパースペクティブ・アプローチと対置させて批判的に取り上げる形になったが，参加型文化論的アプローチ自体は先述の批判を汲みながら概念やモデルを洗練させている（Schäfer, 2011 など）。二つのアプローチのうち一方が他方より優れているというわけではなく，いずれもがアニメファンについての重要な洞察を与えてくれるだろう。ウェブ2.0の言説が陳腐化しても，参加型文化論的アプローチが息をひそめたわけではない。それどころか，今や文化生産以外にも，市民参加や興味に駆動された学びといったテーマへの洞察を得るため，ファンは頻繁に取り上げられている。これらの議論で参加型文化という概念は頻繁に参照され，ファンもまた能動的な消費者という像に留まらず，政治的アクティビストや新たな学習者とみなされている（Jenkins et al., 2016）。参加型文化論的アプローチが目指したファンの再表象は，政治コミュニケーションや学習科学などの領域を巻き込みながら続いており，ファン研究の有力な視座であり続けていくだろう。

とはいえ，二つのアプローチを並べてみると，研究上のパラダイムに即して狭い範囲の実践へ注意を向ける参加型文化論的アプローチは，マルチパースペクティブ・アプローチに比べて研究対象への誠実さを欠くように思える（Duffett, 2013）。辻が述べるように,「ファン文化の分析には，目的に応じたアプローチを適宜選択する必要があるように思われる」（辻, 2007：250）。事実，第1部の他章はいずれも参加型文化論的アプローチをとらず，日常的に営まれる実践を描くことに注力している。

だがマルチパースペクティブ・アプローチは，論点の多様さゆえ，問いと分析枠組みの関係を自覚しなければ，先行研究を新しい現象にあてはめて終わるだけになりかねない。アニメ研究にあっても，アニメ現象のどのような側面に関心をもち，どんな問いのもとで，いかなる概念や視座を用いてファンを照らし出すことが正当化されるのか考えることが必要だ。

本章では，そのヒントとしてアニメにまつわる現象にいくつか触れたが，それでもファン研究とアニメ現象の交錯点の一部を扱えたに過ぎない。ジェンキンスをはじめとする優れたファン研究者の多くが，ファンとしての自らの経験と「理論」のギャップの違和感から研究を始めているように，読者もまた，自らのファンとしての経験を振り返ったり，他者のファン実践を観察したりすることを通じて，まず自分がどのようなトピックに興味をもったのかを言語化してみてほしい。そのうえでファン研究（やそれ以外の領域の著作）を紐解き，トピックに関する基本的な概念を手にしたうえであらためてアニメにまつわる現象を観察してみると，既存の理論や概念ではうまく捉えられていない部分が浮かび上がるだろう。「ファンカルチャーの理論」は，ファンとしての経験との往還のなかでこそ生きるものなのだ。

【引用・参考文献】

池上　賢（2014）.「オーディエンス研究 アニメ・オーディエンス（視聴者－消費者）の分析に向けて――ディコーディング・日常・アイデンティティ」小山昌宏・須川亜紀子［編］『増補改訂版 アニメ研究入門――アニメを究める９つのツボ』現代書館, pp.149-172.

伊藤瑞子（2014）.「製作者 vs 消費者のあくなきせめぎ合い――ファンサブ文化にみる「ハイブリッドモデル」」宮台真司［監修］辻　泉・岡部大介・伊藤瑞子［編］『オタク的想像力のリミット――〈歴史・空間・交流〉から問う』筑摩書房, pp.287-325.

キーン, A.／田中じゅん［訳］（2008）.『グーグルとウィキペディアとYouTubeに未来はあるのか？――Web2.0によって世界を狂わすシリコンバレーのユートピアンたち』サンガ（Keen, A. (2007). *The cult of the amateur: How today's internet is killing our culture and assaulting our economy.* Nicolas Brealey.）

北田暁大・解体研［編］（2017）.『社会にとって趣味とは何か――文化社会学の方法規準』

河出書房新社

佐藤尚之（2018）.『ファンベース――支持され，愛され，長く売れ続けるために』筑摩書房

スタインバーグ, M.／中川　譲［訳］（2015）.『なぜ日本は〈メディアミックスする国〉なのか』KADOKAWA（Steinberg, M.（2012）. *Anime's media mix: Franchising toys and characters in Japan*. The University of Minnesota Press.）

玉川博章（2018）.「ライツビジネス構想論――アニメ産業分析の検討と転換への試論」小山昌宏・須川亜紀子［編］『アニメ研究入門 応用編――アニメを究める11のコツ』現代書館, pp.143–173.

津堅信之（2011）.「アニメの歴史」高橋光輝・津堅信之［編］『アニメ学』NTT出版, pp.24–44.

辻　泉（2007）.「関係性の楽園／地獄――ジャニーズ系アイドルをめぐるファンたちのコミュニケーション」玉川博章・名藤多香子・小林義寛・岡井崇之・東　園子・辻　泉『それぞれのファン研究――I am a fan』風塵社, pp.243–289.

フィスク, J.／山本雄二［訳］（1998）.『抵抗の快楽――ポピュラーカルチャーの記号論』世界思想社（Fiske, J.（1991）. *Reading the popular*. Routledge.）

まつもとあつし（2012）.『コンテンツビジネス・デジタルシフト――映像の新しい消費形態』NTT出版

三原龍太郎（2010）.『ハルヒ in USA――日本アニメ国際化の研究』NTT出版

毛利嘉孝（2003）.「テレビ・オーディエンス研究の現代的地平」小林直毅・毛利嘉孝［編］『テレビはどう見られてきたのか――テレビ・オーディエンスのいる風景』せりか書房, pp.208–229.

山口晶子（2013）.「アニメイベントにおける体験の共有」（「ゲーム・アカデミクス」第4回）〈https://www.gamebusiness.jp/article/2013/04/09/7826.html（最終閲覧日：2020年8月1日）〉

ロス, K. & ナイチンゲール, V.／児島和人・高橋利枝・阿部　潔［訳］（2007）.『メディアオーディエンスとは何か』新曜社（Ross, K., & Nightingale, V.（2003）. *Media and audiences: New perspectives*. Open University Press.）

Andrejevic, M.（2008）. Watching television without pity: The productivity of online fans. *Television & New Media, 9*(1), 24–46.

Bakioğlu, B. S.（2018）. Exposing convergence: YouTube, fan labour, and anxiety of cultural production in Lonelygirl 15. *Convergence: The International Journal of Research into New Media Technologies, 24*(2), 184–204.

Barton, K. M.（2014）. Can't stop the sequel: How the serenity-inspired Browncoats: Redemption is changing the future of fan films. in K. M. Barton, & J. M. Lampley（eds.）*Fan culture: Essays on participatory fandom in the 21st century*. McFarland and Company, pp.9–22.

Baym, N. K.（1998）. Talking about soaps: Communicative practices in a computer-mediated fan culture. in C. Harris, & A. Alexander（eds.）*Theorizing fandom: Fans, subculture and identity*. Hampton Press, pp.111–129.

Baym, N. K., & Burnett, R. (2009). Amateur experts: International fan labour in Swedish independent music. *International Journal of Cultural Studies, 12*(5), 433-449.

Bennett, A. (2006). Punk's not dead: The continuing significance of punk rock for an older generation of fans. *Sociology, 40*(2), 219-235.

Benyahia, S. C., Gardner, A., Rayner, P., & Wall, P. (eds.) (2014). *Media studies: The essential resource (2nd ed.)*. Routledge.

Booth, P., & Kelly, P. (2013). The changing faces of doctor who fandom: New fans, new technologies, old practices? *Participations: Journal of Audience & Reception Studies, 10*(1), 56-72.

Bury, R. (2018). "We're not there": Fans, fan studies, and the participatory continuum. in M. A. Click, & S. Scott (eds.) *The Routledge companion to media fandom*. Routledge, pp.123-131.

Butsch, R. (2000). *The making of American audiences: From stage to television, 1750-1990*. Cambridge University Press.

Cavicchi, D. (1998). *Tramps like us: Music and meaning among Springsteen fans*. Oxford University Press.

Click, M. A. (ed.) (2018). *Anti-fandom: Dislike and hate in the digital age*. New York University Press.

Comeford, C. (2018). Participatory toolboxes: Franchise fan wikis as tools of textual production. *Participations: Journal of Audience & Reception Studies, 15*(2), 285-296.

Dena, C. (2008). Emerging participatory culture practices: Players-created tiers in alternate reality games. *Convergence: International Journal Research into New Media Technologies, 14*(1), 41-57.

Duffett, M. (2013). *Understanding fandom: An introduction to the study of media fan culture*. Bloomsbury.

Dunlap, K., & Wolf, C. (2010). Fans behaving badly: Anime metafandom, brutal criticism, and the intellectual fan. *Mechademia, 5*(1), 267-283.

Fiske, J. (1992). The cultural economy of fandom. in L. A. Lewis (ed.) *The adoring audience: Fan culture and popular media*. Routledge, pp.30-49.

Fuchs, C. (2017). *Social media: A critical introduction (2nd ed.)*. Sage.

Geraghty, L. (2014). *Cult collectors: Nostalgia, fandom and collecting popular culture*. Routledge.

Gray, J. (2003). New audiences, new textualities anti-fans and non-fans. *International Journal of Cultural Studies, 6*(1), 64-81.

Hargittai, E., & Walejko, G. (2008). The participation divide: Content creation and sharing in the digital age. *Information, Communication & Society, 11*(2), 239-256.

Harrington, C. L., & Bielby, D. D. (2018). Soap fans, revisited. in P. Booth (ed.) *A companion to media fandom and fan studies*. Wiley-Blackwell, pp.77-90.

Hills, M.（2002）. *Fan cultures*. Routledge.

Hills, M.（2007）. A review of: "*Fans: The mirror of consumption*, by Cornel Sandvoss *Media audiences and identity: Self-construction and the fan experience*, by Steve Bailey." *Popular Communication, 5*(2), 149–154.

Jenkins, H.（1988）. *Star Trek* rerun, reread, rewritten: Fan writing as textual poaching. *Critical Studies in Mass Communication, 5*(2), 85–107.

Jenkins, H.（1992）. *Textual poachers: Television fans and participatory culture*. Routledge.

Jenkins, H.（1995）. Out of the closet and into the universe: Queers and the Star Trek. in J. Tulloch, & H. Jenkins（eds.）*Science fiction audiences: Watching Doctor Who and Star Trek*. Routledge, pp.237–265.

Jenkins, H.（2003）. Quentin Tarantino's Star Wars?: Digital cinema, media convergence, and participatory culture. in D. Thorburn, & H. Jenkins（eds.）*Rethinking media change: The aesthetics of transition*. MIT Press, pp.281–313.

Jenkins, H.（2007）. Afterword: The future of fandom. in J. Gray, C. Sandvoss, & C. L. Harrington（eds.）*Fandom: Identities and communities in a mediated world*. New York University Press, pp.357–364.

Jenkins, H.（2008）. *Convergence culture: Where old and new media collide*. New York University Press（paperback）.

Jenkins, H., Ito, M., & Boyd, D.（2016）. *Participatory culture in a networked era: A conversation on youth, learning, commerce, and politics*. Polity Press.

Jensen, J. (1992). Fandom as pathology: The consequences of characterization. in L. A. Lewis（ed.）*The adoring audience: Fan culture and popular media*. Routledge, pp.9–29.

Lee, H.-K.（2011）. Participatory media fandom: A case study of anime fansubbing. *Media, Culture & Society, 33*(8), 1131–1147.

MacDonald, A.（1998）. Uncertain utopia: Science fiction media fandom and computer mediated communication. in C. Harris, & A. Alexander（eds.）*Theorizing fandom: Fans subculture and identity*. Hampton Press, pp.131–152.

Mihara, R.（2020）. A coming of age in the anthropological study of anime? Introductory thoughts envisioning the business anthropology of Japanese animation. *Journal of Business Anthropology, 9*（1）, 88–110.

Mittell, J.（2013）. Wikis and participatory fandom. in A. Delwiche（ed.）*The participatory cultures handbook*. Routledge, pp.35–42.

Philips, T.（2011）. When film fans become fan family: Kevin Smith fandom and communal experience. *Participations, 8*(2), 478–496.

Postigo, H.（2007）. Of mods and modders: Chasing down the value of fan-based digital game modifications. *Games and Culture, 2*(4), 300–313.

Sandvoss, C.（2005）. *Fans: The mirror of consumption*. Polity Press.

Sandvoss, C., & Kearns, L.（2014）. From interpretive communities to interpretative fairs: Ordinary fandom, textual selection and digital media. in K. Zwaan, L. Duits, & S. Reijnders (eds.) *The Ashgate research companion to fan cultures.* Routledge, pp.91-106.

Sandvoss, C., Gray, J., & Harrington, C. L. (2017). Introduction: Why still study fans?. in J. Gray, C. Sandvoss, & C. L. Harrington (eds.) *Fandom: Identities and communities in a mediated world* (*2nd ed.*). New York University Press, pp.1-26.

Schäfer, M. T. (2011). *Bastard culture!: How user participation transforms cultural production.* Amsterdam University Press.

Stevenson, N. (2009). Talking to Bowie fans: Masculinity, ambivalence and cultural citizenship. *European Journal of Cultural Studies, 12*(1), 79-98.

van der Graaf, S. (2014). Much ado about Keanu Reeves: The drama of ageing in online fandom. in L. Duits, K. Zwaan, & S. Rejinders (eds.) *The Ashgate research companion to fan cultures.* Routledge, pp.35-48.

Williams, R. (2016). *Post-object fandom: Television, identity and self-narrative.* Bloomsbury Publishing.

Chapter

03

ファンとして歩むライフコース

「スレイヤーズ」ファンの事例から

杉山怜美

1　アニメファン／アニメ作品を通時的に捉える意義

1-1　アニメファンで「あり続ける」人びと

現在の日本では，電車の広告，テレビコマーシャル，コンビニの店頭など，さまざまな場面でアニメに関する宣伝や商品を目にすることができる。アニメは，だれしもが好むものではないにしろ，大人が好きでもあまり珍しくはない，そんな対象になりつつあるといえる。そうしたアニメを好む人びと（アニメファン）のなかには，リアルタイムで放送されている作品のすべてを視聴するなどアニメ作品全般が好きな人もいれば，とくに気に入った作品に強い関心を向ける人もいて，アニメファンとアニメとの距離感には個人差がある。

そのなかでも本章で着目するのは，子どものころから大人になるまで長く特定作品のファンを続けている人びとである。そうした人びとの多くは，並行して複数の作品を好きになったり，作品への関心の強さに時期によって濃淡があったりと，その作品だけに関心があるわけではない。しかし，一時的な熱狂をみせるファンとも異なり，長い期間その作品自体や作品をとおして出会った人びとと接点をもつなかで，「ファンであること」を人生の重要な要素として位置づけている。

その一例として，「スレイヤーズ」という特定作品のファンを長期間続けている人へ筆者が実施したインタビューにおいて自身にとっての作品の位置づけを尋ねた際，次のような語りが得られた。

私にとって「スレイヤーズ」はもう，ライフワークだってみんなに言ってて，そうですね，もう，切っても切り離せない。よく説明するときに使うんですけど，おじいちゃんになっても，切手集めてたりとか，瓶のフタ集め続けてるおじいちゃんとおんなじ感じで，もう「スレイヤーズ」（の二次創作）を書けてることは，もうライフワークなんで，ほかの作品に，たぶん，流れたりとかすることは，たぶん，個人的にはないんだろうなと思ってます。[1)]

近年は，こうした「好きなもの」がもつ人生の拠り所としての重要性が増加する傾向にあると考えられる。ハリントンとビールビーは，ファン研究へライフコース研究の観点を取り入れる必要性を論じた論文のなかで，現在，規範的な成人期というものが不安定化していることにしたがい，成人期や老年期まで人生の軌跡を方向づける基準点を文化的なものがいっそう提供するようになっていると指摘している（Harrington & Bielby, 2010：445）。先ほどの引用からも，アニメファンにとって特定の作品がこうした基準点としての役割を果たしている可能性を読み取ることができる。しかし，アニメファンがもつ通時的側面に着目した研究はこれまで十分に行われてこなかった。

幼いころにある作品と出会い，大人になってもファンであり続けている人びとは，自身の人生の変化とともに，もしくは無関係に，ファンとしてどんな経験を積んできたのか。それらの経験のうち自身がファンであり続けることに寄与したのは，いかなる経験だったか。本章ではこの２点の問いについて考察を進めていく。

1-2　事例としての「スレイヤーズ」シリーズ：ファンが経験した作品展開

本章では，ライトノベルの黎明期[2)]の作品として知られる神坂一の小説『スレイヤーズ』シリーズと，そこから派生した作品群のファンを対象に実施したインタビュー調査を扱う。その議論の前提として，本項で作品について概説していく。

この作品は，強力な魔道士である主人公の少女リナ＝インバースが旅の道中でさまざまなトラブルに見舞われながら，仲間の協力を得つつ敵と対峙していく，ファンタジー調の物語となっている。

1）本章でのインタビュー引用にて，筆者の補足は（）内，注釈は〔〕内に記す。
2）ライトノベルの誕生については，山中（2018）が〈ライトノベル雑誌〉が果たした役割について，『スレイヤーズ』の刊行元である富士見書房のライトノベル雑誌『ドラゴンマガジン』を事例に詳述している。

リナも含めたキャラクターたちは，強烈な個性をもつ人物として描写されている。物語にはギャグが随所にちりばめられている一方で，シリアスな場面も多い。魅力的なキャラクターとメリハリの利いたストーリーの面白さから，これまで数多くのファンを獲得してきた。

図 3-1　リナ＝インバース
出所：神坂（2008）

「スレイヤーズ」シリーズは，メディアミックスと呼ばれるメディア横断的な商業展開の成功例としてもしばしば言及される。川崎・飯倉は，当時多くの読者を獲得していた『スレイヤーズ』がメディアミックスによってメガヒット作となって以降，ライトノベル・マンガ・ゲームなどの作品の送り手たちが，アニメを中心とするメディアミックスを積極的に実施するようになったことを指摘している（川崎・飯倉，2009：26–28）。山中が実施した『ドラゴンマガジン』創刊責任者の小川洋のインタビューによると，『スレイヤーズ』のアニメ化以降，ライトノベルからデビューした作家は自作のアニメ化を期待するようになり，多くの人材が流入したという（山中，2018：63–64）。「スレイヤーズ」は今も続くメディアミックスの興隆に先鞭をつけた作品の一つであり，現在ライトノベルと呼ばれている小説ジャンルの興隆にも大きく寄与しているといえよう。

もう一つ，「スレイヤーズ」シリーズは時期によって量的・質的な変化がありながら，商業展開が約 30 年間継続されている点も特筆に値する。このことは長期にわたるファンの経験にも少なからず影響を与えてきたと考えられる。そこで以下では，とくに変化の大きかった 2000 年以前・以後に分けて商業展開の状況を整理する。同時に，作品展開やファンと作品の関係性と切り離せない，メディア環境の変遷も記述していく。

まず，2000 年以前は，メディアミックス的展開の最盛期として整理できる。「スレイヤーズ」シリーズの「原作」である神坂一による小説は，1990 年から長編シリーズの，1991 年から短編シリーズの刊行が開始された。その後，1994 年のゲーム化を皮切りに，1995 年からはテレビアニメ，劇場版アニメ，ラジオドラマ，マンガ，OVA など複数のメディアにおいて次々と作品が展開された。なかでも 1995

年から97年のテレビアニメ放送期には，人気作品として多くのアニメファンに受容された。具体的には，アニメ雑誌『アニメージュ』誌上で実施された第20回アニメグランプリで，3作目のテレビアニメ『スレイヤーズTRY』が作品部門で第2位となり[3)]，女性キャラクター部門でリナが第1位[4)]，男性キャラクター部門で登場キャラクターのゼロスが第2位を獲得して，サブタイトル部門でも第1位を獲得した（『アニメージュ』1998年6月：26-30）。

次に，2000年以後は，既存のファン向けの展開が中心の時期と位置づけられる。2000年の原作小説の長編シリーズの完結[5)]後，発表される作品数は大幅に減少した。2008年の新作テレビアニメ放送で一時的に盛り上がりをみせたが，その動きは継続せず2年程度で落ち着く。2010年代には，パチンコとのタイアップ（2013年）や，原作小説のイラストの原画展（2015年）のように，これまで築いてきたコンテンツの活用に軸足が置かれた商業展開が目立った。筆者が「スレイヤーズ」ファンへのインタビュー調査を実施した2016年も，こうしたファン向けの商業展開が実施されている状況であった。なお，作品を初めて知ったのが10代だとすると，原作小説からのファンは現在40代，テレビアニメからのファンであれば35歳前後となることから，「既存のファン」としては主に30-40代の人びとが想定されていると考えられる。

2000年以前，「スレイヤーズ」の商業展開がひときわ盛り上がっていた時期のメディア環境の大きな変化としては，インターネットの普及が挙げられる。総務省「通信利用動向調査」によると3作目のテレビアニメ『スレイヤーズTRY』が放送されていた1997年のインターネット普及率は約6%だったが，1999年に約19%，2001年には約60%と数年で大きく伸長した。「スレイヤーズ」シリーズの大々的な

3）1996年から98年のグランプリは『エヴァンゲリオン』シリーズが3年連続で獲得していた（『アニメージュ』2008年6月：89-90）。

4）リナの声優を担当している林原めぐみは，1990-94年，1996-2002年までの合計12回にわたって声優部門の第1位を獲得して（『アニメージュ』2008年6月：89-90），圧倒的人気を誇っていた。作品やキャラクターと声優の人気は，相互に影響を与えていたと考えられる。声優ファンについては第4章を参照。

5）2018年になって，第二部で完結だとされてきた原作小説の長編シリーズの続編が18年ぶりに発売された（神坂，2018）。2019年には次巻の発売と，第三部開始のアナウンスがなされていて（神坂，2019），「スレイヤーズ」シリーズの展開は，引き続きファン向けのものが中心でありながら，新規のストーリーやキャラクターを伴うものに変化しつつあると指摘できる。

商業展開は，インターネットの急速な普及時期と重なっていたといえる。

2000年以後の目立ったメディア環境の変化としては，マンガ・アニメなどのファンの行動を支えるインターネットサービスが開始して[6]，ファン内に広がったことが挙げられる。日本において2010年前後に普及したTwitterは，現在に至るまでファンの活動の重要なプラットフォームとして機能している。

本章では，「スレイヤーズ」シリーズが，インターネットを中心にメディア環境が大きく変遷していた時期にこのような経緯で展開されてきた作品であることを踏まえたうえで，長期間ファンを継続してきた人びとの経験を分析していく。

2 通時的にファン経験を分析する視座

アニメファンを通時的視点から考えるにあたって，本章ではライフコース研究の概念を活用する。ライフコース研究の第一人者であるエルダーとジールによると，ライフコースとは，個人が時間の経過のなかで演じる社会的に定義された出来事や役割の配列（sequence）のことを指す（エルダー & ジール, 2003：70）。人びとは自身のライフコースを，社会的な時間経過，世代としての経験，個人の加齢といった複数の時間軸が重なったものとして経験する。

前節でも引用したハリントンとビールビー（Harrington & Bielby, 2010）は，これまでファン研究の領域では，論点として年齢や加齢の問題を扱ってきているが，発達心理学や社会学，老年学などの領域で探究されてきたライフコース研究での系統的な知見の活用が不十分であることを指摘している[7]。そのうえで，年齢や加齢を扱った先行研究について，ライフコース研究の概念を用いて研究成果の体系化を図っている。

本章での分析に関連しては，ファンダムと人生の節目（life milestones）を扱った研究に，ライフコース研究によって明らかとなった，人びとの人生軌跡（life trajectory）の安定性を妨げ，人生における役割や生活に変化をもたらす三つの要因

6）mixiが2004年，ニコニコ動画とpixivが2007年にそれぞれサービスを開始した（ばるぼら・さやわか, 2017）。mixiは他のファンとの交流，ニコニコ動画は動画形式の同人作品の発表やアニメなどの映像作品の流通，pixivはイラストや小説形式の同人作品の発表を中心に利用されていった。

7）ファンとライフコースの関わりは，近年のファン研究で注目が高まっているテーマである。ファン研究の動向については，第2章を参照。

を分析概念として導入することを提案している（Harrington & Bielby, 2010：435）。

その三つの要因とは，思春期や更年期，老いによる認知機能の低下など心身に表れる「生理的変化（physiological changes）」，運転免許の取得，学校から職場への生活環境の変化，妊娠，退職など年齢で段階づけられる「生活移行（life transitions）」，年齢とは関係なく人生を大きく変化させる「ターニングポイント（turning points）」である。

本章では，ライフコース研究の知見を実証的なファン研究へ導入することで新たな分析が可能になるというハリントンらの立場を踏襲する。ただし，生理的変化に該当する語りが得られなかったことから，生活移行と，ターニングポイントの概念を分析に用いる。次節では，生活移行が起こった時期に着目してファンとしての経験を整理するとともに，ファンとしての経験が人生を変容させるターニングポイントとなっていたかどうかをみることで，ファンの長期にわたる入り組んだ経験を明確に示すことを試みる。

くわえて，調査対象者である「スレイヤーズ」ファンたちのライフコースには，第1節で述べた作品の商業展開の状況やメディア環境からの影響もみられると想定されるので，適宜その視点からも分析を進めていくこととする。

3　ファンとして歩むライフコースの経験

3-1　調査の概要

本節では，2016年7月から10月にかけてインタビュー調査を実施した7名の「スレイヤーズ」ファンのうち，BさんとFさんの2名を取り上げて分析を進めていく[8)]。調査では，「スレイヤーズ」シリーズと出会ってから現在に至るまでの調査対象者のライフコースについて，作品と関連してどのような変化があったのかを中心に聞き取りを実施した。

BさんとFさんの属性について述べると，ともに性別は女性，年齢は30代で，Bさんは既婚で子どもはおらず，Fさんは未婚だった。現住所はBさんが東京都，Fさんは沖縄県で，最終学歴はBさんが大学卒，Fさんが専門学校卒であった。

また，本調査でとりわけ重要なファンとしての特徴である「スレイヤーズ」シリーズのなかで最初に出会った作品と，ファン歴，同人活動への関わりを整理してお

8）本章の調査対象者に関する情報はすべてインタビュー当時のものである。

くと，両名とも1作目のテレビアニメ「スレイヤーズ」放送（1995年）をきっかけに作品を知り，ファン歴は21年であった[9]。Bさんはコスプレと小説での二次創作，Fさんは小説での二次創作を実施していて，ファンを継続するなかで別の形式に乗り換えたことはなかった。BさんとFさんはほぼ同世代として年齢を重ねており，作品を知ったきっかけや時期も似通っているが，異なる生活移行を経て，ファンとしての経験も異なっていることから，分析対象として取り上げた。

今回の調査対象者と筆者は，インタビュー調査以前に1回以上，お互いが「スレイヤーズ」ファンだと認識したうえでオフ会や同人誌即売会などで対面したことがあった。そのため，調査対象者は「スレイヤーズ」ファンであれば知っているはずの知識を共有していることを前提にインタビューに答えている。その一方で，筆者は調査対象者よりも10歳程度年下であり，作品と出会った時期に差があると認識されていたことから，調査対象者の作品受容の経験は共有していない前提で語られていた。

3-2　ファンとして歩むライフコースの2つの事例

それでは，BさんとFさんは，自身のライフコースにおいて「スレイヤーズ」ファンとしてどのような経験を経て現在まで「ファンであること」を継続させてきたのだろうか。生活移行やターニングポイントを明示しながら整理していく。

1）Bさんのライフコース

まず1人目は，Bさん（1984年生まれ，インタビュー当時32歳）である。出身は茨城県で，15歳時点での家族構成は，父，母，兄，祖父との5人家族だった。現在は東京都内で夫と2人暮らしをしている。

Bさんが「スレイヤーズ」シリーズを知ったのは，1作目のテレビアニメを「ちょうど6時の，一番アニメタイムだったとき」に偶然見た，小学5年生（1995年）のことだった。当時は，学校で「同級生の子とおしゃべりをしたのと，絵は描いた」。家庭では「お兄ちゃん関係の友達が家でテレビゲームとかしてるのを見て育ってきて」いて，両親からアニメやゲームを制限されることもなく，「自由だった」という。

その後中学生ぐらいまではテレビCMで知った原作小説や，マンガ，ゲームなどをお小遣いを貯めて収集していった。とくにゲームは「98〔Windows98搭載パソコ

9）ファン歴は，調査対象者の認識を尋ねて，継続の有無を判定している。

ン〕がたぶん，家には転がってた」ことから，「攻略サイトか何かを見て，最後までクリアは全部させた」。しかし，クラスメイトとキャラクターの好みが「通じない」と「子どもながら察する」経験を経て，徐々に「スレイヤーズから離れて，他の，違う作品を見」るようになった。結果的に，中学在学中の1999年から2015年までの約16年間，ファン活動の中心だったのは「スレイヤーズ」ではなく，「ファイナルファンタジーⅦ」，「遙かなる時空の中で」などゲーム作品で，インターネットの掲示板で知り合った友人らと熱心にコスプレに取り組んでいた。

それでも，「たまにこう（原作小説イラストの）画集見る」，「すごく好きな（二次創作）サイトがあって，めっちゃ通ってた」，2008年の新作アニメは「まとめてDVDを買った」など，「スレイヤーズ」への関心は途切れずもち続けていて，「捨てきれない好きなものっていうような感じ」があり，「細く長くずるずる」とファンであったという。しかし，「好きだけど，一緒に（「スレイヤーズ」のコスプレを）やれる仲間うちがいない」ため，ほかの「スレイヤーズ」ファンと関わる経験はなかった。

この約16年の歳月のなかで，Bさんは複数の大きな生活移行――高校・大学への進学，就職，結婚――を経験している。大学時代（2003-07年）は，「時間が作りやすいのと，バイトしてるから懐もそれほど（厳しくない）」，「大学から徒歩何十分のところに，布を買いに行け」たことから，精力的にコスプレを実施していた。

その後，2007年に保険会社の事務職の正社員として働き始めてからも，「完全カレンダー通りのお休み」があり，有給休暇が取得しやすい環境で，実家暮らしで家事分担がなく「帰ってからが，自分の時間として使えた」ことから，「大学のころと変わりはない気がする」頻度でコスプレを継続していった。

就職から2年後の2009年にBさんは結婚し，茨城県内の実家から東京都内への移動と，経済的な独立を経験した。それ以降は，「家のことをやらなきゃいけない」ため「仕事して帰ってきてってやってると，なかなかこう，自分の時間が取れない」状況となり，「ファン活動的な意味では，ちょっとしんどくなった」。それでも，Bさんの場合は夫の理解があり，とくに忙しいときには家事を任せられるなどの協力体制があることから活動を続けられているが，大学時代などに一緒にコスプレをしていた友人は，結婚などによって「（コスプレの活動に）出なくなって，一緒にはやらなくなっちゃってる」という。

そういった状況にあった2015年の夏，「スレイヤーズ」ファンとして大きなターニングポイントが訪れた。その数年前からアカウントをもっていたTwitterで，偶然原作小説のイラストの原画展が開催されるという情報を知ったBさんは，「懐かしいなっていうのと，やるんだーって思って」，あらためて「スレイヤーズ」に関心をもったという。原画展自体は訪れることができなかったが，「(読みたい二次創作が) ないなら作るしかない」との思いから二次創作活動を開始して，インターネット上のSNS（pixivなど）に小説を投稿するようになった。それ以降は，同人誌即売会への参加や，ほかのファンとともに「スレイヤーズ」シリーズのキャラクターのコスプレをする機会もできた。

現在では，主にTwitter経由で「スレイヤーズ好きっていう方々とのつながりができて，オタクサイドの友達が，増えたというか，戻ってきたっていうか」な状態であると同時に，「自分がそっち〔Bさんの言うオタクサイド〕に戻ったのかなっていうような感じもする」という。

2）Fさんのライフコース

本節で取り上げるもう1人のファンは，Fさん（1982年生まれ，インタビュー当時33歳）である。出身は沖縄県の離島で，子どもの頃の家族構成は，最も多いときで父（出稼ぎのため大半は不在），母，祖母，兄2人，姉2人，弟の9人家族だった。現在は沖縄本島で，両親，下の兄と4人で暮らしている。

FさんもBさん同様，「スレイヤーズ」シリーズで最初に出会ったのは1作目のテレビアニメで，中学1年生（1995年）のことだった。

当時は兄弟の下3名（下の姉，Fさん，弟）がアニメを好きで，その姉が購入していたアニメ雑誌『アニメディア』に掲載されていた小さな紹介記事を読んだことがきっかけで視聴を始めた。その後，近所に住む同級生から原作小説を貸してもらい，読むようになった。「アニメ雑誌の，後ろのほうに（ある），同人のやつ」として二次創作を目にすることはあったが，高校の途中までは「普通に視聴したりするだけのファンだった」という。

その状況に変化をもたらしたのは，高校2年生（1999年）でインターネットの利用を開始したことであった。当時Fさんの高校では，僻地の学校に対してインターネット導入を支援する制度を活用して，「健全なものだったらオッケー，っていう感じ」で，比較的自由にインターネットを利用できる環境が整備されていた。Fさんは原作小説を貸してくれた友人の誘いで利用して，偶然「スレイヤーズ」シリーズの二次創作の投稿サイトの存在を知った。そこにある作品を読み漁るようになると，「それまでは普通にノートで，自分でオリジナル（小説を）書いてた延長」で，間もなく二次創作活動を開始したという。

それ以来Fさんは,「スレイヤーズ」との「距離感」が「ずーっと変わってない」との認識でいる。Fさんは現在まで大きな生活移行として,進学,就職および転職を経験している。具体的には,高校卒業後2001年に沖縄本島の専門学校に入学し,その2年後の2003年から本屋,銀行でのアルバイトを経て,コールセンターでの業務に従事するようになった。その後も3度の転職を経験しながらインタビュー時までコールセンターに勤めており,生活環境はたびたび変化していると考えられる。それでも「スレイヤーズ」ファンとしては「(自身の生活とは) 切り離して考えるタイプだから,(影響が) ない」という。

ただし,専門学校を選ぶ際には,「高校時代に,この,(インターネットに) 触れたっていうのがきっかけの一番」でパソコン関連の知識を学ぶ学科を選択している。さらに「専門学校入って,ホームページの作り方とか,さらっと習って」いたことが「今のホームページ作りの素地としてはある」ことから,ファンとしての経験が自身の進路選択へ影響をもたらして,そこで得た知識がファン活動に再度活用されていることを指摘できる。

くわえて,20歳 (2003年) で専門学校を卒業して働き始めてしばらくは,「ホームページっていうのがだんだん縮小傾向に入ってた時期」で「スレイヤーズ自体も,一回落ち着いてたような時期だった」ことから「スレイヤーズ」の二次創作を「やめて」いた。とくに2004年から2007年までは二次創作の対象を松井優征のマンガ『魔人探偵脳噛ネウロ』に完全に移していて,「スレイヤーズ」の二次創作は「見てはいたけれども,特定の人だけとかそんな感じで,新規開拓っていうのがなかった」。

その後は,二次創作のファンサイトへの投稿を通じて知り合ったほかのファンたちに,「スレイヤーズ」の二次創作を「また書くよって約束してた」ことから,「スレイヤーズ」の二次創作活動を再開して,2007年に半年間ブログサイトを運営して,2010年には個人サイトを立ち上げ,現在まで継続している。

このようにFさんの「スレイヤーズ」ファンとしての活動量は時期によって差があるが,「(作品を) 見返さなくなったっていうのは血肉になったっていうのが,自分のなかの印象ではある」こと,その言い換えとして「スレイヤーズ」を「実家みたいなもの」と考えていることから,自身は「一貫してファン」だという認識に至っているという。

3-3　ファンで「あり続ける」ことに寄与した経験

前項では2名の「スレイヤーズ」ファンの事例から,一つめの問いであるファンとしての経験の内実を明らかにしてきた。同じ作品のファンとして同じ年数を過ごしていても，それぞれが大きく異なるライフコースを送ってきていて，ファンとしての経験に限定しても，個人内・個人間ともに多様性がみられた。

本項では，前項で記述してきた生活移行とターニングポイントを束ねて，二つめの問いであるファンを継続することに寄与した経験について分析していく。

まず，生活移行に着目すると，Bさんは進学，就業，結婚を経験していた。（対象は「スレイヤーズ」ではないが）コスプレの実践に変化が生じたのは進学（とくに大学）と結婚であった。Fさんは進学，就業を経験したが，直接的にはファン実践への変化をもたらさなかったという。これらのことから，生活移行そのものではなく，それによって生じる変化が，ファンとしての経験に影響を与えると指摘できる。

Bさんの事例からは，自由に使える時間の増減が重要で，とくに結婚は時間の減少につながりやすいことから，ファンであり続けることの大きな妨げとなりうると考えられる。それでもBさんは，夫の「理解」から結婚後もファンであり続けられているという。

> Bさん：んー，なんだろうね。周りの協力体制なのかな。（中略）私はまだ子がいないので，その分，お互いに自由な時間が多いから。で，こっちも自由にするし，向こうも自由にするしっていう，お互い，なんだろうね，いい意味であんまり束縛しないっていうのかな。自分が自由にしたいから，どうぞ自由にしていいよっていうようなスタンスをお互いもってるので，適当に遊ばせてもらってますね。
>
> 杉山：あの，旦那さんは別にこういったこと〔コスプレ〕がお好きということではないと。
>
> Bさん：えっと，理解はしてもらってる。

一方のFさんは，「結婚はあんまり，っていうか，もう，全然興味がなくって。もう，ずーっと独身でいるよっていう宣言をちっちゃいころからしてたんです」と述べており，独身でいるという選択が，ファンの継続を後押しする方向に働いている可能性があるといえる。

つづいて，ファンとしてのターニングポイントとなった経験としては，Bさんの2015年にTwitterで原画展の情報を見た経験，Fさんの1999年に高校2年生でインターネットを利用し始めた経験が挙げられる。これらは，ほかのファンとの交流に変化が生じる契機となった点で共通していると指摘できる。

Bさんは，Twitterで原画展の情報を見たあと，それに触発されて開始した二次創作を通じてほかのファンの存在に気づいたことを，大きな変化として認識していた。

杉山：それでじゃあ，（二次創作を）上げ始めて何か，変化というかございましたか。「スレイヤーズ」のジャンルで，すごくここから，つながりというかをもち始めた？
Bさん：意外にこれ好きな人，いるじゃん，っていう。（中略）実は潜ってたのかな。

Fさんは，高校時代のインターネットとの出会いから，ほかの「スレイヤーズ」ファンとの交流が始まった。一時期実施していなかった二次創作を再開する際にも，そういった人びととの継続的な関わりが重要な役割を果たしていた。

Fさん：自分がもともとホームページもってなくて，あちこちに（二次創作を）投稿してたような人間だったから，この，その人たちに，（2004年に）離れるときに，また書くよって約束してたんですよ。（中略）で，（2007年に）半年だけ，ブログサイトをやったんです。

ここまでの分析から，ファンを続けるにあたっては，①さまざまな生活移行を経ても，自由に使える時間が確保できたこと，②ほかのファンとの交流が可能になる経験ができたこと，この2点がとくに重要であったと指摘できる。

くわえて，第1節で整理した作品の商業展開やメディア環境の変化は，それぞれファン同士で交流する際のきっかけやコミュニケーションのツールとして，おもに②に関連してファンであり続けることを支えていたと考えられる。

4　ファンのライフコースへの着目がひらく可能性

最後に，本章で実施したファン個人のライフコースに着目する研究がもつ可能性に触れておく。

ここまで対象として取り上げてきた「スレイヤーズ」シリーズは，第1節で述べたように，小説（ライトノベル）の人気作品のメディアミックスが成功した事例として位置づけられることが多い作品である。しかし，今回の分析をとおして，テレビアニメから「スレイヤーズ」と出会ったファンが，後から原作小説を知り，長きにわたって作品を愛好している事例を示すことができた。

このことから，個人のファンの事例の積み重ねから作品を捉えることで，作品への固定化した評価に収まらない，受容の実態を明らかにできる可能性があるといえよう。多くのアニメ作品がメディアミックスされた作品総体の一部となっている現在においては，作品自体の位相はもちろんのこと，ファン経験の多様さも射程に入れた分析が重要になっていくといえる。

本章の分析で取り上げた人びとは，メディア環境が変遷するなかで時期ごとに異なる作品展開を受容しながら，ファンとして幼少期から成人期までの自身のライフコースを歩んできていた。今回の分析からは外れてしまったが，徐々に現れてくるはずの「老い」がその愛好とどのように相互に影響を与えるのか，今後の課題としたい。

【引用・参考文献】

エルダー, G. H., & ジール, J. Z.／正岡寛司・藤見純子［訳］（2003）.『ライフコース研究の方法――質的ならびに量的アプローチ』明石書店（Giele, J. Z., & Elder, G. H.（1998）. *Method of life course research: Qualitative and quantative approaches.* Sage.）

川崎拓人・飯倉義之（2009）.「メディアミックス――ラノベキャラは多重作品世界の夢を見るか？」一柳廣孝・久米依子［編］『ライトノベル研究序説』青弓社，pp.18–32

神坂　一（2008）.『スレイヤーズ 1』富士見書房

神坂　一（2018）.『スレイヤーズ 16――アテッサの邂逅』KADOKAWA

神坂　一（2019）.『スレイヤーズ 17――遥かなる帰路』KADOKAWA

総務省「通信利用動向調査報告書平成13年世帯編」〈https://www.soumu.go.jp/johotsusintokei/statistics/pdf/HR200100_001.pdf（最終閲覧日：2020年8月8日）〉

徳間書店（1998）.『アニメージュ』*21*(6)

徳間書店（2008）.『アニメージュ』*31*(6)

ばるぼら・さやわか（2017）.『僕たちのインターネット史』亜紀書房

山中智省（2018）.『ライトノベル史入門『ドラゴンマガジン』創刊物語――狼煙を上げた先駆者たち』勉誠出版

Harrington, C. L., & Bielby, D. D.（2010）. A life course perspective on fandom. *International Journal of Cultural Studies, 13*(5), 429–450.

Chapter

04

ファン対象の推移からみる水樹奈々ファンの多様性

商品の意味連関とアクセスポイントに着目して

高艸　賢

1　ファンの多様性の記述をめぐる問題

1-1　アニソンをめぐるファンの多様性[1]

アニソン（アニメソング）[2] は，いまやアニメに関係する産業として無視できない位置にある。『アニメ産業レポート 2017』（日本動画協会, 2017）によれば，2016 年の「アニソンライブ」のチケット売上総額は約 247 億円，観客動員数は約 310 万人であった。また，「アニソン」はすでに 1 つの音楽ジャンルを形成するに至っている。2005 年に始まった「Animelo Summer Live」は，毎年のべ約 8 万人を動員している。他にも「ANIMAX MUSIX」「リスアニ！LIVE」など，大規模なライブイベントが多数開催されている。この盛況ぶりは，「アニソン」という音楽ジャンルの存在を抜きにして語ることはできないだろう。

アニソンという対象がアニメの社会学のなかでもつ意義はなんだろうか。一見すると，アニソンの消費はアニメ文化の特殊な消費様式の一つのようにみえる[3]。

1）本項の内容は高艸（近刊）と一部重なる。

2）本章における「アニソン」は，「アニメ作品に関連する歌」を指している。また，本章ではアニメ作品に関連する歌を頻繁に歌っている歌手を「アニソン歌手」と呼んでいる。ただし，アニメ作品に関連する歌を歌った歌手全員がアニソン歌手とみなされるわけではなく，またアニソン歌手が歌った楽曲すべてがアニメ作品と関係しているわけでもない。

3）石田（2018）は，アニメの音楽としてのアニソンについて，映像と音楽との同期，オープニング曲とエンディング曲の役割，特定のアニメ作品のファンにおけるアニソンの消費，といった観点から検討している。

つまり，アニソンとは「アニメの音楽」なのだから，アニメが好きな人はアニソンも好き，アニメに関心がない人はアニソンにも関心がないだろう，というわけである。そういう面もないわけではないだろうが，しかし単純にそうとも言い切れない部分がある。たとえばアニソンの愛好者のなかには「曲を聴いて好きになったからアニメも見る」という形でアニソンとアニメの関係を逆転させている人がいる（高艸，近刊）。アニソンの聴き手たちは，アニメに付随する音楽としてのアニソンにばかりこだわっているわけではないのである。むしろアニソンは，アニメと音楽の交差点で経験されるものであるがゆえに，それをアニメの側に引きつけて意味づけるか，音楽の側に引きつけて意味づけるかは，受け手に委ねられている[4]。それゆえ，アニソン消費は消費のあり方の多様性が顕在化する局面であるといえる。

そこで本章では，アニソン歌手として知られる水樹《みずき》奈々《なな》のファンを扱いつつ，ファンの多様性という主題について考察する[5]。水樹奈々はアニメ声優・歌手・ナレーション・吹き替えなどの活動を行なっている人物であり，雑誌等では「アニソン女王」などと呼ばれることもあるが，本人は「声優アーティスト」（声優兼歌手の意）を自称している。水樹奈々のライブコンサートには多数の観客が集まる。『日経エンタテインメント！』2018 年 12 月号によると，コンサートの年間観客動員数の推定値は 23.7 万人とされている。公式ファンクラブののべ会員数は 70,000 人を超えており，ファンクラブイベントには 1 日あたり約 17,000 人が参加している[6]。また一方で水樹奈々は，『シスター・プリンセス』『ハートキャッチプリキュア！』『魔法少女リリカルなのは』『戦姫絶唱シンフォギア』など多数のアニメ作品に声優として出演している。声優として初めて「NHK 紅白歌合戦」に出演したことでも知られている。本章の主題にとって水樹奈々ファンの事例が適しているといえるのは，水樹奈々自身の活動が，アニメと音楽の交差点としてのアニソンという先の特徴づけに合致しているからである。

4）1990 年代中盤の時点でアニソンは，プロモーションを行う人びとの側では既に「アニメに付随する音楽」を超えた意味をもつものだったことが，放送作家の今村良樹の語りや対談からうかがえる（今村，1996：141, 153）。

5）ただし，すべての水樹奈々ファンが「アニソン」というジャンルに特別な意味を見出しているわけではない。くわえて，水樹奈々ファンが「アニソン」というジャンルに結びつけている観念は非常に多様である。

6）http://nana-tabi.hatenablog.com/entry/2017/11/20/205009（最終閲覧日：2019 年 11 月 17 日）。

1-2 ファンの多様性を分析するには

ファンの多様さをすくい上げるのは，社会調査の仕事である。ファンたちがどんなファン活動をしており，何を思っているかは，調査を行なって初めて具体的に明らかになるのである。こうした方針は，社会学者・人類学者がファン研究を開始して以来掲げてきた，ステレオタイプではないファン理解という目標にも沿っている（これについてはJenkins（2013），玉川ら（2007）を参照）。筆者自身これまで，フィールドワークとインタビュー調査によって水樹奈々ファンたちの活動を調べてきた。水樹奈々ファンの主なファン活動としては，個人的なファン活動（CDやDVD・Blu-ray等の購入，ラジオ番組やテレビ番組の視聴，雑誌の購読など），ファン同士のコミュニケーション（インターネットを通じたコミュニケーション，イベントのチケットのやりとり，ファンコミュニティの形成など），ファンダムの場への参加（コンサートへの参加など）が挙げられる。

だが研究を進めるなかで，筆者は水樹奈々ファンの多様性の分析には一定の困難が伴うということに気づいた。たとえば，インタビューで「水樹奈々のどこが好きか」と尋ねると，「歌が上手いのが好き」と答える人もいれば，「ライブの盛り上がりが楽しい」と答える人もいる。「見た目がかわいい」と述べる人や，「ナレーションの声が落ち着く」という点を挙げる人もいる。しかし，ファンが語る愛着は，必ずしも明確に言語的に分節化されて調査者に伝達されるわけではない。「どこが好きか」と尋ねても，それだけでは消費の仕方を分類する以上の分析が難しいのである。

さらに重要なのは，こうした消費の多様性の記述のなかで描かれるのは特定の商品の受け手としてのファンである，ということだ。これに対し筆者は，個々のファンが「水樹奈々ファン」という属性には還元されない人間であるという当たり前の事実に，研究者は一旦立ち戻るべきであると考える。彼ら／彼女らは，毎日仕事や学校に行き，友人や家族と関わり合いながら生活し，余暇時間には各々の好きな娯楽・趣味を楽しんでいる。水樹奈々ファンとしての活動は，彼ら／彼女らが日々行なっている活動のひとつにすぎない。そうであるから，彼ら／彼女らにとってファン活動は他の諸活動との関連において意味をもっていると考えられる。たとえばH. ジェンキンスが指摘した「週末だけの世界」（Jenkins, 2013）とは，平日の労働との関連においてファン活動が週末の余暇としての意味をもつ，という議論として解することができる。このように考えると，ファンの多様性の背後には，ファン活動が他の諸活動に対してもつ関係の多様さがある。

2　商品の意味連関とファン対象の推移

そうした多様さをすくい上げるための視座はいろいろと考えられる[7)]。そのなかでも本章が試みるのは，ファン対象の推移に関する分析である。ファン対象の推移については，M. ヒルズの重要な先行研究（Hills, 2014）が存在するので，まずはこれを検討しておきたい[8)]。

ヒルズの問題提起を一言でまとめると，「ファンになること」に関する語りをファン研究者はもっと注意深く研究すべきだ，ということである。ヒルズの考えでは，ファン研究は主に既成の共同体としてのファンダムを取り上げて論じてきたが，「人々が最初にどのようにしてファンになるかについてはあまり論じてこなかった」（Hills, 2014：9）のである。この問題提起は次のように表現されている。

> 困難は次の点にある。すなわち，ファンを堅固な共同体と対象に基づくカテゴリーへと「固定」することで，学者はしばしば，人びとがいかにして同時に複数のテクストのファンでありうるか，ならびに人びとがいかにして通時的に異なるファンダムの間を移動しうるか，を考察する能力を失ってしまうのである。（Hills, 2014：9）

ファンである彼ら／彼女らは「○○のファン」という属性に還元されることはなく，常に複数の対象のファンでありうるし，「前は××のファンだったが今は○○のファン」という通時的変化もありうる。それゆえファンに「なる」という時間性をヒルズは強調する[9)]。

7）ひとつには，日常生活（特に労働）とファン活動との関係性を検討するという方向性が考えられる。これについては陳（2014）を参照。もうひとつには，ライフコースとファン活動の関係性を検討するという方向性が考えられる。これについては，Harrington & Bielby（2010）および本書所収の杉山論文を参照。マンガ読者の生活史を主題的に扱った池上（2019，特に第9章）もこの点で参考になる。

8）以下で検討するヒルズの2014年の論文については，瀬尾祐一氏からご教示頂いた。記して感謝申し上げる。

9）ヒルズは別の論文でも，1人のファンがファン対象を次々と変えていくという事例を取り上げながら，ファンの時間性に言及していた（Hills, 2005：819）。また，M. A. クリックの論文（Click, 2017）は，本章と同様にHills（2014）を踏まえて「ファンになること」に注目している。

そのうえでヒルズは「ファンになること」の語りに関して「変革的対象」と「対象移転」の２つの類型を提示している。「変革的対象（transformational objects）」とは，「ファンになることで人生が変わった」といった類の語りであり，これは宗教的な「改宗」に喩えられる（Hills, 2014：10）。これに対し「対象移転（transferring objects）」は，あるファン対象から別のファン対象への「間テクスト的な延長」（Hills, 2014：16）である。例としてヒルズが挙げているのは，あるテレビドラマのファンが放映終了後に同じ脚本家が手がける別のテレビドラマのファンになった，という事例である。あるファン対象から別のファン対象への移行の際につなぎ目となるものを，ヒルズは「アクセスポイント」と呼ぶ（Hills, 2014：16）。こうした移行において生じているのは，既に獲得されたファンとしての能力を別の対象へと「再方向づけ」「再接合」（Hills, 2014：18）することなのである。

本章では，ヒルズの提出しているこれらの概念を利用して，水樹奈々ファンにおけるファン対象の推移を分析する。ただし，分析にあたり，ヒルズの概念や問題提起をどのように引き受けているかを明確にしておきたい。

第一に，本章が扱うファン対象の推移はヒルズのいう「移転」にあたるものなので，ファンになることをめぐる「変革」と「移転」の二類型のうち，本章では基本的に「移転」のみを扱う。第二に，本章の分析はヒルズ自身よりもファンの社会的次元を強調する。ヒルズはファン活動の社会的次元に言及することもあるが，「周期的ファンダム」に関する論文（Hills, 2005）のように，きわめて個人的になされる特殊なファン活動に注目することが多い。対照的に，本章の分析はファン対象の推移がいかに社会的世界と結びついているかを明らかにする。第三に，ヒルズの「間テクスト性」という概念を本章の分析ではそのまま用いることはしない。間テクスト性というのは作品や商品の相互連関・相互参照性を意味する概念であるが，これはテクストを参照する人間の存在を不可視化しかねない概念である（cf. トインビー，2004：24–25）。これに代えて本章では「商品の意味連関」という概念を用いることにしたい。「テクスト」に代えて「商品」というのは，ファンたちが享受しているものは生産－消費の構造のなかで生み出された商品だからである。本章で注目する商品の網目は，実体的な商品の流通網ではなくファンの側で意味づけられた連関を指すため，ここでは「意味連関」という言い方をしている。

「商品の意味連関」という概念と「アクセスポイント」という概念の関係についても，一言述べておこう。商品の意味連関とは，ファンがもっている日常的知識の一種である。たとえば水樹奈々ファンは，文化放送のラジオ番組「水樹奈々 スマイルギャング」で声優の福圓美里と共演していることや，音楽制作チーム「Elements Garden」が数多くの楽曲を水樹奈々に提供していることを知っている（そしてElements GardenがアニメBanG Dream!』の楽曲を制作していることも知っているかもしれない)。そうした知識の網目によって成り立つのが商品の意味連関である。他方，知識としての商品の意味連関のうち，ファン対象Aからファン対象Bへの推移が生じる際につなぎ目の役割を果たすものが，アクセスポイントである。当然，すべての商品の意味連関がアクセスポイントとして機能するわけではない。AとBが意味連関のうえで結びつけて理解されていたとしても，その結びつきがアクセスポイントとして機能しファン対象の推移を引き起こすかどうかは，AとBの結びつきがどれほど重要視されているかにもよるし，AとBの結びつきをレリヴァントなものとして際立たせるような経験に出くわすかどうかにもよる。

3 水樹奈々をめぐる商品の意味連関とファン対象の推移

以上を踏まえて，本章では水樹奈々ファンがさまざまな商品の意味連関のなかでファン対象をいかに推移させているか，そのなかで「水樹奈々のファンになること」がどのような意味をもっているか，を明らかにする。なお，本章の焦点はあくまでもファンの多様性という一般的主題にあるので，本章では水樹奈々ファンの活動の全容を解明することはできない。

ファン対象の推移を主題的に扱ううえで，声優・歌手としての活動期間が約20年にわたる水樹奈々を事例とすることには，一定の利点がある。1998年発売のゲームで声優デビューを果たした水樹奈々は，歌手活動，ラジオ番組出演，「Animelo Summer Live」出演，「NHK紅白歌合戦」出演と，徐々に活動範囲を広げていった。活動範囲が広がるにつれて，それぞれの個人がファンになる契機も，ファンが措定する商品の意味連関も多様になるのであるが，そうした多様さは活動期間の長さに由来している面がある。

本章で取り上げるのは，Jさん（36歳男性，2018年2月23日実施），Kさん（50歳男性，2018年7月8日実施），Iさん（27歳男性，2018年2月12日実施）のインタビューである。年齢はいずれもインタビュー実施時点のものである。ファン対象の推移について把握するため，中学生・高校生・大学生・就職後のそれぞれの時期における趣味と交友関係について尋ねた[10)]。

3-1　J さんの場合：交友関係とファン対象の推移

J さんは 1981 年生まれ，36 歳の男性である。J さんは水樹奈々ファンになる前，声優・歌手の椎名へきるのファンであった。中学 1 年のときに知り合った友人が「完全なオタク」であり，「徐々に洗脳された」のだという。中学に上がって小遣いをもらうようになった J さんは，その小遣いでライトノベルを買って読み始めていた。中学 3 年生から高校生になる頃には，自分用のビデオデッキと自室のテレビでアニメを撮って観るようになっていた。J さんによると，当時，椎名へきるといえば，林原めぐみ，國府田マリ子，丹下桜などと並んで「アニラジ［アニメ関連のラジオ番組］ではトップ中のトップ」だった[11]。椎名へきるのライブに初めて参加したのは 1998 年，高校 3 年生のときであり，チケットはその友人が取ったものだった。「それまでも何回かライブは誘われてたんだけど，小遣いもないしって思ってたんだけど，まあ大学に入ってから 1 人で行くよりは，1 回連れて行ってもらったほうがいいかな」と思い，そのタイミングでライブ初参加となった。大学時代は，アニメ好きの友人はいたものの一緒にイベントに行く人はおらず，椎名へきるのライブに参加する際も「ほとんど単騎」で参加していた。J さんは 2003 年に就職し，2007 年に転職した。

J さんが水樹奈々のことを知ったのは，転職してからである。仕事の同期の仲間に 8 人ほど，声優・アニメ・マンガ等を趣味にしている人たちがおり，転職して間もない頃の研修期間に「毎晩飲みに行ってた」という。この頃に J さんは水樹奈々のことを初めて知った。2009 年，水樹奈々のライブに初参加。仲間 8 人のなかに水樹奈々公式ファンクラブの会員が 2 人いたため，4 枚ずつチケットを用意することができた。このとき音頭をとっていたのが C さんである[12]。ライブ初参加の際に公式ファンクラブに入会した。その後，C さんから「地方遠征面白い，食べ物とかも美味しいし」と誘いを受けた J さんは，2010 年からは地方公演にも参加するようになった。地方で行われるライブに出向いて参加することは「遠征」と呼ばれるが，それまで「遠征するっていう概念がなかった」J さんは，それ以後次々と参加するようになった。J さんは C さんの影響で 2012 年頃からは声優・歌手の田村ゆかり

10）本節の以下の記述では，インタビューデータから引用した箇所は鉤括弧を用いて表している。

11）この時代の「アニラジ」については，村上（2019）に詳しい。

12）筆者は C さんには 2013 年 7 月 20 日にインタビューを行なっている。筆者が J さんと知り合ったのは 2012 年頃であり，これは C さんの伝手であった。

のファンクラブにも入っている。J さんは，1998 年から 2006 年の間に椎名へきるのライブに 30 公演程度，また水樹奈々のライブ・イベント等には 2009 年からインタビュー時点までで 70 公演程度，田村ゆかりのライブ・イベント等には 2012 年からインタビュー時点までで 30 公演程度参加している。

このように，J さんは「椎名へきるから水樹奈々へ，そして田村ゆかりへ」というファン遍歴をたどっている。第 2 節で説明したように，ヒルズはファン対象の推移を，既に獲得されたファンとしての能力を別の対象へと再方向づけ・再接合することとして説明していた（Hills, 2014：18）。この説明は J さんにもあてはまる。J さんは水樹奈々の好きなところとして，「ライブでいえば，揃うのがいいよね，応援が」と話している。この「応援が揃う」というのは，楽曲ごとに決まったコールと呼ばれる掛け声や，ライブ中に観客が振るペンライトという蛍光棒の色が揃うことを指している。J さんによると，この「応援が揃う」という特徴は，田村ゆかりのライブに関しては「あっちの方が揃う」，椎名へきるのライブに関しては「［親衛隊が］すさまじかった」とのことである。J さんは椎名へきるファンの頃に培った「応援を揃える」という能力を，水樹奈々や田村ゆかりのファンとして行使・実践している。

他方で，J さんの事例からは，ヒルズの論文で十分触れられていない論点を二つ汲み上げることができる。第一に，ファンになることの社会的次元である。椎名へきる，水樹奈々，田村ゆかりはいずれもアニソン歌手・声優という特徴をもっており，J さんにおいては一つの意味連関のもとで捉えられているといえよう。しかし J さんの場合，この意味連関が新たなファン対象の発見のアクセスポイントとして機能する前提には，C さんとの交友関係があった。椎名へきる，水樹奈々，田村ゆかりのいずれの場合でも，J さんは友人のすすめをきっかけにしてファンになっている。

第二に，ファン対象を変えることとファン対象を増やすことの違いを指摘できる。J さんの場合，椎名へきるファンから水樹奈々ファンへの推移は，ファン対象の変更，つまり前者をやめて後者になるという変更であった。J さんは「やわらかい曲が中心だったのが，本人がロックが好きだっていうことがあって，そっち方向に曲調を変えた時期」を境に，椎名へきるのライブには行かなくなった。「ライブの時の応援も，PPPH［ライブにおける応援のやり方の一つ］とかそういうのが中心だったのがヘッドバンギングとかが中心になっちゃったから，雰囲気ががらっと変わったな」と感じたという。これに対し，2012 年以降は水樹奈々ファンから田村ゆかりファンへ変わったわけではなく，ファン対象が増えただけである。なぜこうした違いが生じるのかについては一概には説明できないが，ひとまず「変える」ことと「増やす」ことの違い，あるいは「ファンをやめること」の意味は，留意されてよい論点だろう。

3-2　K さんの場合：ロックファンを経由してアニソンファンになる

次に K さんの事例を検討する。K さんもまたファン対象の推移を経て水樹奈々ファンになった人だが，その遍歴は J さんとはまったく異なる。

K さんは 1968 年生まれ，50 歳の男性である。K さんは高校時代からメタル系のロックミュージックの熱心な聴き手だった。大学時代には関東圏在住になったこともあり，少しでも知っているバンドのライブには「片っ端から行きまくってた」「バイトして稼いだ金全部 CD とライブに消えていってた」という生活だった。K さんはアニメ愛好者でもあり，1990 年代頃にはプラモデル（ガンプラ）制作を熱心に行なってはいたが，林原めぐみや椎名へきるなどを筆頭とする 90 年代のアニソンブームは経験していない。K さんが声優やアニソンのライブに行き始めたのは，2009 年頃である。

こうした趣味遍歴をもつ K さんの水樹奈々に対する着眼点は独特である。K さんは，水樹奈々という名前自体は『テイルズオブシンフォニア』（2003 年，ナムコ）や『強殖装甲ガイバー』（2005-06 年，オー・エル・エム）の声優として知っていたが，「当時はまだ声優さんが音楽やるっていうことに対しては，アイドルになれなかった子が音楽やって CD 出してるみたいな，そういうイメージしかもってなかった」ため，積極的に音楽を聴いてはいなかった。K さんが水樹奈々に注目するようになった契機は，2007 年発売のアルバムに収録されていたロックテイストな曲「Bring it on!」を聴いたことであり，その際に K さんは「やっぱこの子違うわ」と感じた。その後，2009 年のライブに参加した[13]際に，「まずドラムセットが 2 つあるっていうところに驚き，ギターも 3 本 4 本とか」といった点で「すごいライブ」だと思ったという。K さんは現在では水樹奈々のほかにアニソン歌手の黒崎真音のファンでもあり，「ロック系の曲が多い」ことを良さの一つとして挙げている。

13）K さんは初めて水樹奈々のライブ映像を購入して視聴したとき，「ドン引きした」「入る自信がなかったっすね。正直。色が統一されたところもあるし，そこに光る棒を持って入り込むっていう自信なかった」のだという。「応援が揃う」という点についても，K さんは J さんの場合とは異なる遍歴をもっている。

Kさんの事例で興味深いのは，ロック音楽（ヘヴィメタル）ファンの視点から水樹奈々を語っているという点である。水樹奈々に注目するきっかけになった楽曲にせよ，ライブで演奏される音の重厚さにせよ，Kさんの語りの参照点は基本的にロック音楽である。ヒルズの導入した概念に即していえば，Kさんが水樹奈々ファンになる際にアクセスポイントとして機能したのは，ロック音楽という特徴であった[14)]。

したがって，ファンになる際のアクセスポイントは，その人が商品の意味連関をどのように捉えているかによって異なる。Kさんの場合，ロック音楽（ヘヴィメタル）と水樹奈々の音楽との間に共通点を見出したことが，水樹奈々ファンになるきっかけになった。Kさんは確かにアニメ好きではあったが，そのことはレリヴァントな意味連関としては語られていないのである。その意味でKさんの事例は，ロックファンを経由してアニソンファンになった事例である。Kさんはロック音楽（ヘヴィメタル）のファンとしての感性に基づいて水樹奈々という歌手を発見したのである。

3-3　Iさんの場合：ファン対象の推移がないとはいかなることか

3-1，3-2では，ファン対象の推移がファンの消費のあり方とどのように結びついているかを検討してきた。ファンになる契機として，一方では「アニメ－アニラジ－声優－アニソン」という意味連関が，他方ではロック音楽をめぐる意味連関が前提となっていたという点で，Jさんの事例とKさんの事例は好対照をなしている。

最後に，これら二つのいずれとも異なる事例として，ファン対象の推移を経由しなかったファンの事例を取り上げたい。

Iさんは1990年生まれ，27歳の男性である。Iさんが水樹奈々に興味をもったのは2002年頃である。Iさんは3歳上の兄と一緒に，水樹奈々や林原めぐみのCDを聴いたり，声優が出演するアニラジを聴いたりしていた。ファンになったきっかけについて尋ねられたIさんは，「いつからかフェードインしていって気がついたらファンになってたみたいなパターンなんで，強い出会いみたいなものが無いんです」「なんとなく生活の一部になってった感じ」と語っている。また，Iさんがこの頃観ていたアニメは「年に2，3本」であり，熱心なアニメファンというわけではな

14）Kさんは水樹奈々のファンになったのと同じ頃に『けいおん！』（2009年，京都アニメーション）のライブに参加しており，一緒に行った友人はどちらも同じ「アニメ好きかつメタル好き」の友人であったが，『けいおん！』のライブへの参加がきっかけになったとは語られていない。

かった。Iさんが水樹奈々のライブに初めて参加したのは2006年。イベント参加は地元近辺で開催されるものに限られ，年1回程度であった。中学時代は「一人二人，仲良くなった子で興味もって聴いてた人がいたので，一人二人だけとはそういう趣味を共有していたけど，その程度でした」という。だが高校時代はアニメに興味をもっている人が周囲に多くおり，Iさんは「それなりに熱心に布教活動」をしたり，仲の良い友人と一緒にライブに参加したりした。

その後2010年に大学に入学して一人暮らしを始め，「自分の好きに時間を使えるように」なったことで，Iさんの水樹奈々のイベントの参加回数は「爆発的な増え方」をしたという。水樹奈々が単独で出演するイベントやライブのみならず，「細かいイベントにも大体いた」。水樹奈々つながりの交友関係もこの頃から広がっていったという。またこの時期から，Iさんはアニメ・ラジオ・ゲームなど多方面にわたる水樹奈々の活動のすべてをチェックするようになり，いつしか「生活に水樹奈々に関係ないものはほとんどない」状態になっていた。「とにかく全部知っていたい」「データ厨」[15]と自己規定するIさんは，たとえば，食事の時間を使って水樹奈々が出演するアニメを（たとえ「観てて全然面白くないアニメ」であっても）観ている。このようなライフスタイルは，大学院を経て2016年に就職して会社員になってからも変わっていない。

Iさんが水樹奈々ファンになった経緯は，ヒルズの提示した二つの類型（変革と移転）のいずれにも合致しない。兄と一緒に家でCDやラジオを聴く日常生活から水樹奈々ファンになることまでは，シームレスな移行であった。このことは，Iさんが水樹奈々に興味をもち始めた年齢が相対的に低いことと関係しているだろう。

ファン対象の推移を経由せずに水樹奈々ファンになったという点が，JさんやKさんの事例と比べた際のIさんの事例の特徴である。Iさんにとって，水樹奈々ファンとしての活動は「生活の一部」である。こうした形でファン活動を位置づけている人は，筆者がインタビューした人のなかには他に存在しなかった。また，アニメ産業ないし音楽産業における他の商品に水樹奈々が結びつけられているところの意味連関が，Iさんの場合は重要視されていない。Iさんは「他に聴くとしたらいわゆるアニソンの類いばっかり」だとしつつも，アニソンというジャンルにこだわりがあるわけではなく，水樹奈々とそれ以外という区別を最も重要視している。したがってライブやイベントには，「水樹奈々の出ないものには行かない」「水樹奈々の

15)「○○厨」とは，○○に固執する人を意味するスラングである。

出るものは基本的に何でも行く」という基準で参加している。商品の意味連関がアクセスポイントとして機能していないために，I さんにおいてはファン対象の推移が生じないのである。

4　ファンの社会学が取り組むべき課題

本章では，3 人の水樹奈々ファンへのインタビューに基づき，ファン対象の推移とその背後にある意味連関について論じてきた。それぞれの事例は，アニソンをめぐる商品の意味連関に基づきファンとしての能力を移転した事例（J さん），ロック音楽（ヘヴィメタル）のファンとしての感性に基づいて水樹奈々を新たなファン対象として発見した事例（K さん），そうしたアクセスポイントが不在であるがゆえにファン対象の推移が起こっていない事例（I さん），とまとめられよう。3 人がファンになった際の経緯の違いは，既に述べたように，水樹奈々の活動期間の長さと活動範囲の広さに起因している側面がある。たとえば K さんが言及しているロック音楽としての側面は，水樹奈々の声優・歌手としての活動の初期からみられたわけではなく，音楽活動の拡大とライブイベントの大規模化のなかで前景化してきたものである。さらに，「NHK 紅白歌合戦」への出演など水樹奈々は（キャラクターではなく）個人名義の歌手活動で広く知られているがゆえに，ファンへのインタビューではアニメに結びつけた語りが比較的出づらいという側面もある。一口に「アニソン」といってみても，他のアニソン歌手のファンからはまったく異なる語りが得られるであろうことは想像に難くない。

最後に，本章の主題である「ファンの多様性」という論点に立ち戻って考察を行う。本章におけるファン対象の推移への着目は，ファンたちの意味づけの多様性を特定の商品の受け手という属性に還元しない形で記述するためであった。ある個人が特定の対象のファンになるのは，その個人とその対象（商品）との間の 1 対 1 の関係においてではなく，複数の対象（商品）が織りなす意味連関においてなのである。また翻ってファンの側に目を向けてみると，商品の意味連関だけでなく人間同

16）ここで筆者はアルフレッド・シュッツ（1996）の「レリヴァンス」概念に基づいて議論している。シュッツの考えを敷衍すれば，個人の解釈において前提される知識は個人に還元できないものであり，そうした知識に基づいて何がレリヴァントであるか・何がレリヴァントでないかがつねに選定・分節化されている。

士の社会的なつながりもまた，ある個人がファンになる際の重要な契機になりうるとわかる。商品のつながり（意味連関）と人間のつながりという二種類のつながりを前提として，ファン対象の推移が生じている。

ファンの多様性の把握にあたってファン対象の推移に注目する視座が一定の有効性をもちうるということは，本章の議論で示された。このように把握される「多様性」は，「いろんな人がいる」という陳腐な事実を含意するものではない。むしろ逆だ。あるファンの意味づけにおいて前提とされているのは，そのファン個人に還元されないコンテクスト（文脈＝連関）である。ファンの多様性は，複数のありうるコンテクストのうちのいずれが当該の個人にとって関連性をもっている（relevant）かに由来するのだ[16]。それゆえ，ファンたちの意味づけのコンテクストにまなざしを向けることこそ，ファンについての社会学的研究が取り組むべき課題なのである。

【引用・参考文献】

池上　賢（2019）．『“彼ら”がマンガを語るとき，――メディア経験とアイデンティティの社会学』ハーベスト社

石田美紀（2018）．「アニメソング論――アニメと歌の関係」小山昌宏・須川亜紀子［編］『アニメ研究入門 応用編――アニメを究める 11 のコツ』現代書館，pp.69–92.

今村良樹（1996）．『君にSAY・YOU！――アニラジ・ステーションより愛をこめて』角川書店

シュッツ, A.／那須　壽・浜日出夫・今井千恵・入江正勝［訳］（1996）．『生活世界の構成――レリヴァンスの現象学』マルジュ社（Schutz, A.（1970）. *Reflections on the problem of relevance.* Yale University Press.）

高艸　賢（近刊）．「「アニソン」の経験と意味づけにおける文脈の複数性――水樹奈々ファンへのインタビュー調査から」『コンテンツ文化史研究』*12.*

玉川博章・名藤多香子・小林義寛・岡井崇之・東　園子・辻　泉（2007）．『それぞれのファン研究――I am a fan』風塵社

陳怡禎（2014）．『台湾ジャニーズファン研究』青弓社

トインビー, J.／安田昌弘［訳］（2004）．『ポピュラー音楽をつくる――ミュージシャン・創造性・制度』みすず書房（Toynbee, J.（2000）. *Making popular music: Musicians, creativity and institutions.* Arnold.）

日本動画協会［編］（2017）．『アニメ産業レポート 2017』日本動画協会

村上謙三久（2019）．『声優ラジオ“愛”史――声優とラジオの 50 年』辰巳出版

Click, M. A.（2017）. Do all “Good Things” come to an end? Revisiting Martha Stewart fans after ImClone. in J. Gray, C. Sandvoss, & C. L. Harrington（eds.）*Fandom: Identities and communities in a mediated world（2nd ed.）*. New York University

Press, pp.191–204.

Harrington, C. L., & Bielby, D. D. (2010). A life course perspective on fandom. *International Journal of Cultural Studies, 13*(5), 429–450.

Hills, M. (2005). Patterns of surprise: The "aleatory object" in psychoanalytic ethnography and cyclical fandom. *American Behavioral Scientist, 48*(7), 801–821.

Hills, M. (2014). Returning to 'becoming-a-fan' stories: Theorising transformational objects and the emergence/extension of fandom. in L. Duits, K. Zwaan, & S. Reijnders (eds.) *The Ashgate Research Companion to fan cultures.* Ashgate, pp.9–21.

Jenkins, H. (2013). *Textual poachers: Television fans and participatory culture.* Routledge.

Part 2

アニメ産業を支えるさまざまなアクター

Chapter 05
「大東亜共栄圏」のための「アイウエオの歌」　萱間　隆
『桃太郎 海の神兵』の想定される観客をめぐって

Chapter 06
軍事教育映画はいかにして制作されたか　雪村まゆみ
視覚化の論理を手がかりに

Chapter 07
非創造的なクールジャパン政策におけるアニメ産業　玉川博章
創造産業とアニメへの無理解

Chapter 08
アニメーション制作事業の不安定性とその対策　木村智哉
歴史研究の視点から

Chapter 09
作り手の労働者像をめぐって　松永伸太朗
生活者としてのアニメーター

Appendix 01
日本のアニメビジネスの海外展開と中国　三原龍太郎・山下一夫
鍵概念としてのブローカー

Chapter

05

「大東亜共栄圏」のための「アイウエオの歌」

『桃太郎 海の神兵』の想定される観客をめぐって

萱間　隆

1　占領地におけるアニメーション上映

アジア・太平洋戦争期，日本国内では戦意高揚を目的にプロパガンダ映画が制作されていた。さらに，政府は外地においても映画を製作・配給する体制を整えていた。特に，東南アジアでは日本が占領する前に，アメリカやオランダによる反日・抗日映画が上映されており，それらを排除するカウンター・プロパガンダを必要としていたのである（加藤, 2003：210–211）。

このような情勢下，アニメーション映画もまた占領地で上映されていた。海軍省が後援し瀬尾光世（1911–2010）が監督を務めた『桃太郎の海鷲』（1943 年日本公開）は，真珠湾攻撃を桃太郎の鬼ヶ島征伐に見立てた物語であり，上海での上映記録が残されている（秦, 2015）。これが占領地の人びとにどの程度影響を与えたかは不明だが，日本では人気を博し，同じく瀬尾が監督した『桃太郎 海の神兵』（1945 年，以下『海の神兵』と記す[1)]）が公開されるに至る。本作はオランダ領東インド（現・インドネシア）のセレベス島への侵攻作戦を主題に，落下傘部隊の活躍が描かれている。その際，先遣部隊のウサギの隊員は南方のある島で原住民に対して前線基地の建設を指揮し，後からやって来た桃太郎一行はそこで侵攻作戦の準備を整えながらも原住民と交流している。戦時下のアニメーションにおいて，ここまで具体的に占領地の様子が描写される作品は類例がない。ここから本作は，南方映画工作の一環とし

1）一般的には『桃太郎 海の神兵』として知られる作品であるが，劇中のクレジットは『海の神兵』のみの表記である。

て占領地への輸出が考慮に入れられていたとみなされている。

ただし，『桃太郎の海鷲』とは異なり，『海の神兵』が占領地で上映されたという記録は今のところ見つかっていない。本作は戦時末期に公開されたこともあり，日本ですらほとんど上映されておらず，占領地への輸出なども困難であったと考える方が妥当であろう。そのため，評論家の大塚英志は『海の神兵』と占領地でのプロパガンダを結びつけることに対して否定的である。確かに，「プロパガンダが外地の現実のなかでどう受け止められるか，あるいは届き損ねるか」（大塚, 2018：292）という脱コード化の問題を『海の神兵』で扱うことは難しいかもしれない。しかし，占領地でも上映された『桃太郎の海鷲』の続編として製作され，南方の島の描写を多分に含んでいる本作は，作り手が外地の人びとに対して何を読み取ることを期待していたのかというコード化の問題を分析するのにふさわしい素材である。

そこで，本章では南方映画工作と『海の神兵』を関連づけながらそこで想定されていた観客とそのテクストに込められていたメッセージを考察する。その際，手がかりとなるのは挿入歌として用いられた「アイウエオの歌」である。この曲は日本語の五十音にメロディがつけられただけのものであり，海軍兵が原住民に言語を教える日本語教室の場面で歌われている。この曲について実際に南方の占領地で日本語教育のために歌われていたとする証言もあるが，その実態は不明な点が多かった。そこで，この曲が用いられるようになった背景を整理したうえで，『海の神兵』と占領地政策の関係について考察することにしたい。

2 『海の神兵』の概要と先行研究

まずは，『海の神兵』のあらすじを簡単にまとめる。海軍所属のイヌ，サル，キジ，クマは故郷へと帰り，家族と再会したり，戦場の様子を子どもたちに話したりする。一方，南方のある島では，ウサギによる先遣部隊とサイやゾウといった原住民が協力して前線基地を作る。その島に降り立った桃太郎の一行は戦闘の準備を進めながら，「アイウエオの歌」を歌い原住民に五十音を教える。そこから回想となり，鬼ヶ島という島を鬼が姑息な手段を用いて占領していたことが明らかになる。桃太郎達はその鬼ヶ島に攻め込み，上層部に降伏を迫る。そこから場面が切り替わり，日本で海軍兵の帰りを待つ子どもたちが軍事訓練を行うところで幕を閉じる。

このうち，原住民に日本語を教える日本語教室の場面は中盤に据えられている。公開当時に本作を鑑賞した漫画家の手塚治虫（1928–1989）は 1945 年 4 月 12 日付の日記でその日本語教室の場面に言及しながら，「まず第一に感じたことは，この映画が文化映画的要素を多分に取り入れて，戦争物とは言いながら，実に平和な形式をとっている事である」（手塚, 2008：57）と論じ，本作が時局性から距離をとっていることを強調している。しかし，近年の研究では「平和の形式」の背後に潜む植民地主義の思想が問題視されている。

木村（2008）は日本語教育によって集団作業の規律を身につけさせられており，宗主国と植民地との間で「文明」の階層化が明瞭に行われているとしている。また，雪村（2010）は日本人とアジア・太平洋の諸民族が協力し合いながら共存する場面として描かれることで，前者が後者を支配する構造を隠ぺいしていると論じている。しかし，これらは現代の視点で本作を分析した際に得られる解釈であり，そのようなメッセージが誰に向けて発せられているかという点は不明瞭である。

そこでその点を考察するにあたり，音声に着目したい。先の研究では，主に視覚的表象を元に議論を進めていたが，作り手はこの映画で音楽にもこだわりをみせている。瀬尾によると，「ともかく録音がよくなくてはアニメーションは駄目」と一般には考えられていたので，製作主体である松竹に無理を言って，日本で唯一ウェスタン・エレクトリック製の録音機械を有していた東亜発声のスタジオを借りたとしている。さらに，録音に際しては戦時歌謡で数々のヒット作を産み出していた古関裕而（1909–1989）を中心に，30 人ほどのオーケストラが編成されている（秋山, 1976：143）。

このように音楽に力を入れた理由の一つとして，南方への輸出を挙げることができる。当時，南方の民族は音楽が好きなので，輸出を想定してアニメーションにもそれを取り入れるべきだという議論が存在していた。以下は，映画雑誌に掲載された座談会の記録である。

今村　南方進出なんかはまづニユース映画と漫画でやるべきぢやないかと思ふ。

稲田　僕もさう思ふ。

今村　それに南方の民族は音楽が好きなんでせう。

稲田　大藤信郎氏は漫画ではなく，影絵を南方に向けようといつてゐる。「蘭印探訪記」にも出てゐましたやうにジヤバあたりには古くから影絵芝居がある位ですから，影絵がいちばんいいといふのです。

（三橋ほか（1942：19)。筑紫は内閣省検閲官の筑紫義男，稲田は東日映画部の稲田達雄，今村は映画評論家の今村太平の発言をそれぞれ表す。）

ここで言及されている「漫画」とは「漫画映画」のことであり，現在でいえば「アニメーション」にあたる[2)]。既に指摘があるように，ここで議論されている技法は『海の神兵』で用いられている。鬼がある島を占領する場面では影絵に似せた表現になっており，日本語教室の場面では「アイウエオの歌」を用いてミュージカル調の演出を行なっている（大塚，2013：278）。よって，占領地政策の視点から『海の神兵』を論じるにあたり，音楽は必要不可欠なものなのである。

では，ここで「アイウエオの歌」が使用される場面をより詳細にみていきたい。海軍兵のイヌは，さまざまな動物で表現された原住民に対して，黒板に書かれたカタカナを指して日本語を教えようとする。しかし，原住の動物たちがその話を聞かずに騒がしくし，授業は一向に進まない。それを見かねたサルが「アイウエオの歌」を歌い始めると，それにつられて原住民が合唱する。また，日本語教室の場面から切り替わり占領地での労働の様子が映るようになってもこの曲はBGMのように繰り返し流れつづけ，その長さは6分半（本編74分）にも及んでいるのである。

この「アイウエオの歌」については，『海の神兵』のために作られたオリジナルではなく，それ以前から占領地で日本語教育のために教えられていたとされてきた。実際にこのようなことが行われていたとすれば，外地での上映を想定して，外地の人びとに馴染みのあるこの曲が採用されたとも考えられるだろう。このように挿入歌を分析することで，当時，想定された観客やそのメッセージがより明瞭になるのではないだろうか。そこで，本章では「アイウエオの歌」がどのように利用されてきたか，同時代史料を元に検証していきたい。

3 「日本語普及映画」としての『アイウエオの歌』

ここからは，「アイウエオの歌」と宣撫工作の関係性について議論する。『海の神兵』における日本語教室の場面は手塚治虫が感銘を受け，戦後に『ジャングル大

2）「アニメーション」と「漫画映画」を同じものとみなすことは，厳密には問題がある。その詳細は西村（2018）を参照のこと。ただし，『海の神兵』をはじめとしたこれらの作品は，現在ではアニメーションというカテゴリの範疇に入ると考えられ，なおかつアニメーション史の一シーンに位置づけられることも多いため，本章では便宜的に「アニメーション」で統一している。

帝』の第3話「動物学校」(1965) でオマージュしているほどアニメーション史の研究者にとっては有名な場面である。しかし，その挿入歌と占領地政策の関係については，前田均の「日本語教育用「アイウエオの歌」数種」(2004) という論文が存在する程度でほとんど研究がなされてきていない。その原因の一端として，戦時下の東南アジア地域の研究が参照されてこなかったことが挙げられる。この分野については，研究者の松岡昌和によって日本統治下のシンガポールの実態が明らかにされたり，『ジャワ新聞』など占領地で発行されていた新聞の復刻版が出版されたりと，ここ10年で大きく進展を遂げている。そこで，これらの知見や史料を参照しながら，「アイウエオの歌」について分析を行うことにしたい。

まず，瀬尾は「アイウエオの歌」について以下のように述べている。

> 僕はニュース映画の中に入る中国や南方からの現地便りで「アイウエオの歌」をうたっているのを聞いて，それを取り入れたんです。
> 向うでは宣撫映画の中でうたっていたのが流行したらしいですよ。まったく宣撫だけのために作られた映画だったから日本では上映されてなくて，観た人もいないわけです。(瀬尾, 1986：228)

整理すると，「アイウエオの歌」を使用した「ニュース映画」と「宣撫映画」がそれぞれ存在しており，前者は占領地の様子を伝えるために日本で上映されたとしている。1940年4月以降，ニュース映画は『日本ニュース』に一元化されており，瀬尾が見たのは『日本ニュース』の一コーナーである〈共栄圏だより〉ではないかと考えられている (小野, 1984：156)。しかし，『日本ニュース』などの映像をまとめた「戦争証言アーカイブス」(http://www2.nhk.or.jp/archives/shogenarchives/) では該当する映像を見つけることができなかった。ただし，後者の「宣撫映画」については，インドネシアのジャワ島で上映されたという記述もあり (小野, 1984：156)，より詳細に検討する必要があるだろう。そこで，外地向けに作られたこの映画についてみていく。

インドネシア史の研究者である倉沢愛子は，「日本で南方向けに制作された映画」のリストの中に『アイウエオノウタ』を挙げている (倉沢, 1992：691)。この件について，実際に本作を鑑賞した倉沢にメールで問い合わせたところ，この映画『アイウエオノウタ』の主題歌は『海の神兵』の挿入歌である「アイウエオの歌」と同一の曲であり，「日本の小学校児童が，音楽の先生のピアノ伴奏にあわせて歌あうかたちになっており，学校生活のいろいろな場面が背景に出てきます」と回答が返ってきた（萱間隆宛私信 2019 年 11 月 18 日）。また，『玉川学園五十年史』によるとこの映画は情報局から委託を受けたもので，1942 年 9 月に『愛国の花』『我等《〔ママ〕》の団結』と合わせて「日本の唄」シリーズとして，玉川学園で撮影が行われている（岩渕, 1980：128）。ここから倉沢の見た学校の風景は，玉川学園だったと考えられる。つまり，『アイウエオの歌』（ここからは楽曲を「アイウエオの歌」，占領地向けの映画を『アイウエオの歌』と記す）は，宣撫工作の一環で日本で制作され占領地で上映されていたことがわかる。

では，その内容についてより詳細にみていくことにしたい。

> ジャワの小学生に日本語を教えるために上映された「アイウエオノウタ」などはナレーションはいっさいなく，その主題歌のみを流し続け，それをもって語りかけている。その際に日本語の歌詞を字幕で入れ，カラオケのようにメロディーにあわせて歌う箇所が表示されるという，当時としてはかなり高度なテクニックが使用されている。（倉沢, 1992：306）

さらに，映画評論家の津村秀夫の評価を引用する。

> （引用者注：インドネシアで）日本映画社製作の音楽短篇「愛國の花」（中略）が非常に歓迎され，観衆は映画の歌に唱和したといふ。この作はマニラでも同じく成功を収めた。同じく音楽短篇「僕等の団結」「アイウエオの歌」もその後に公開された。これらの映画形式は音楽を通じて片仮名を教へ，且つ日本の歌を滲透させる目的で，音楽の好きな南方原住民には適切な方法であるといつてよいであらう。（津村, 1944:168, 169）

倉沢（1992）は本作に日本語字幕がついているとしており，津村（1944）はおそらくその字幕をとおして片仮名を教えることを期待していたのだろう。このように，当時の日本人は『アイウエオの歌』を通じて日本語教育を行うことを期待していたのである。

では，占領地向けに制作された『アイウエオの歌』はどの程度上映されていたのだろうか。ここで，ジャワ島で発刊されていた『ジャワ新聞』の上映欄を調査すると，度々上映されていたことが確認できる（表 5-1）。

表 5-1　占領下のジャワにおけるニュース映画『アイウエオの歌』の上映実態

注：作成にあたっては「模型慕情」(https://tokyostory.exblog.jp/)
を参考に，『復刻版 ジャワ新聞』を独自に調査した。

年	月日	都市	劇場	タイトル（原文ママ）
1943	8月19-25日	バンドン	双葉映画劇場	『アイウエオの歌』
1943	9月2-8日	スラバヤ	クランガン映画劇場	『アイウエオの唄』
1943	9月2-8日	スラバヤ	南明座	『アイウエオの唄』
1944	3月2-8日	バンドン	銀座映画劇場	『アイウエオの唄』
1945	5月17-23日	スラバヤ	南明座	『アイウエオの歌』
1945	5月17-23日	ジャカルタ	日本劇場	『アイウエオの歌』
1945	5月24-30日	バンドン	富士映画劇場	『アイウエオの歌（爪哇）』
1945	5月24-30日	スマラン	日本劇場	『アイウエオの歌（爪哇）』
1945	5月31日－6月6日	ヨグヤカルタ（ジョクジャ）	富士映画劇場	『アイウエオの歌（爪哇）』
1945	6月7-13日	スラカルタ	日本劇場	『アイウエオの歌（爪哇）』

この映画がどの程度，インドネシアの日本語教育に役立てられていたかは不明であるが，ダバオ（フィリピンの都市）では『アイウエオの歌』の上映を機に「アイウエオの歌」が流行していたという記録もある。

> 過日当地で上映された日本語普及映画「アイウエオの歌」などは非常な人気で子供達の間に流行してを《(ママ)》り年頃の娘たちまでが大きな声で「アーイーウーエーオー」と唱《(ママ)》つてゐるなど全く微笑ましいものがある。（「ダバオの文化工作 日本語の普及と芸能」，『同盟通信 映画・芸能』第3055号，1944年5月13日）

ここまでの分析をまとめると，「アイウエオの歌」を主題歌とした映画『アイウエオの歌』は，日本人の児童が歌う様子を日本で撮影した「日本語普及映画」であった。この映画は，インドネシアやフィリピンで宣撫のために上映され，現地の観客に一定の影響を及ぼしていたと考えられる。

ただし，この映画は瀬尾が証言していたように日本では上映されなかったようである。だからこそ，瀬尾はそれとは異なる国内向けの「ニュース映画」で「アイウエオの歌」を知ったと述べていた。けれども，この「ニュース映画」の実態は不明である。では，当時の日本人にはこの曲を知る術はなかったのだろうか。次節からは日本国内で「アイウエオの歌」が受容されていた可能性を探ることにしたい。

4 シンガポールでの収録と日本でのラジオ放送

日本での受容を考えるにあたり，映画とは別にこの曲が収録された媒体を取り上げる。国立国会図書館の音声データベースである「歴史的音源」（http://rekion.dl.ndl.go.jp/）で「アイウエオの歌」と検索をかけると，「斉唱：アイウエオの歌」（02'47"）と「昭南港に於ける日本語の普及状況 アイウエオの歌」（02'32"）の2件が表示される。録音時間に15秒ほどの開きがあるが，これは後者の前奏部分が短くなっているからであり，同一の音源とみて間違いない。より詳細な書誌情報が記載されている「斉唱：アイウエオの歌」によると，この音源は1942年11月に日本コロムビアからレコード発売されているとされていることがわかる[3)]。さらに，「昭南市」（シンガポール）の児童が歌ったものとされており，その歌声は日本語に不慣れな外国人が歌っているようであった。『アイウエオの歌』は，「日本の小学校児童」の歌う姿を撮影したものだったので，別の音源と考えられる。

では，なぜシンガポールの児童が「アイウエオの歌」を歌った記録が残されているのだろうか。それを考えるにあたり，シンガポールでの日本語教育に焦点を当てることにしたい。

1942年2月15日，日本軍はシンガポールを統治していたイギリス軍を降伏させ，その地を「昭南」に改め植民地とした。すると，シンガポールにおける軍政の実務的最高責任者となる渡辺渡（1896-1969）は，天皇制を基盤とした原住民の「皇民化」を日本の使命と考え，西欧式のカリキュラムの全廃，八紘一宇に基づいた日本精神の涵養，共通語としての日本語の普及を唱えた。そして，4月11日に「小学校再開ニ関スル件」を通達し，教育政策が始動する。こうしたなかで，軍政開始当初にシンガポールにおける宣伝に従事したのが，徴用された「文化人」であった。中島健蔵（1903-1979）は「日本語普及宣伝」（4月29日）を発表し，占領地の人びとが日本語を話すことで大東亜共栄圏が確立されると論じている。さらに，神保光太郎は昭南日本学園を開設し（5月1日），自ら園長となって日本語を教えて，日本そのものを教えることを天命としていた（松岡，2009：49-51）。このように日本語教育は，占

3）「斉唱：アイウエオの歌」は，市販のCD『軍歌戦時歌謡大全集（八）映画主題歌（二）』（1995，日本コロムビア）に収録されている。

領地の人びとを日本人化させる手段と考えられていたのである。

日本語普及運動を行う際，重視されていたのは歌であった。神保が刊行の中心的な役割を果たした子ども向け新聞『サクラ』（1942年6月10日創刊）が副教材の役割を担い，そこで紹介された歌がラジオで流され，それを歌唱指導に利用していたのである[4]（松岡, 2009）。

このような歌唱指導に「アイウエオの歌」も用いられていた。『読売新聞』1942年6月13日号の「“アイウエオ歌”流行 街には絵と文字と発音のポスター マレーに漲る日本語熱」という記事には「（引用者注：五月）廿七日の海軍記念日に海軍軍楽隊が作曲したアイウエオ・ソングが正しい日本語の発音を歌を通じて覚えられるといふので目下盛んにうたはれている」と記されており，「海軍軍楽隊が作曲したアイウエオ・ソング」が日本語教育に利用されているとしている[5]。

さらに，1942年7月5日の21時台に「現地録音「昭南島の日本語普及運動」昭南島軍宣伝班録音班」というラジオ番組のプログラムが組まれている（『読売新聞』1942年7月5日号）。ここで放送された歌の楽譜（図5-1）が後に誌上に掲載されていて，調査対象としている「アイウエオの歌」と同一のものと確認できる（『読売新聞』1942年8月19日号）。なお，ここでも先の記事と同じく海軍軍楽隊の作曲としていた[6]。

作家の平岩弓枝の夫で，代々木八幡宮で神主を務める伊東昌輝は当時，このラジオ番組を聞いていたと思われる。伊東によると，アナウンサーが「この歌は，南方の兵隊さんたちが子供たちにアイウエオを教えるために作ったもので，今日は，その歌を現地の子供たちに歌ってもらいます……」と前置きした後で，「外国人特有の

---

4) 松岡（2009）は，『サクラ』を網羅的に調べそこに掲載された歌の一覧表を作成しているが，そこに「アイウエオの歌」は含まれていなかった。

5) 本願寺の従軍僧は，昭南日本学園の開園前からシンガポールで日本語普及運動を行なっていた（中島･神保, 1943：29）。この『読売新聞』の記事でもその成果が強調されており，ここで言及されている「アイウエオ・ソング」も「宗教を通じての宣撫工作」（柴田, 2007：137）として歌われていた可能性も考えられる。なお，この記事は『本願寺新報』第966号（1942年6月25日）に転載されている。

6) ただし，『海の神兵』の作曲者については不明な点が多い。一般的には本作の音楽監督である古関裕而によるものと考えられており（たとえば刑部, 2019：134），瀬尾と交流のあった小野（1984）もそのように述べている。一方，「隣組」（1940）で知られる飯田信夫を支持する史料もあり（川名, 1944：30），作曲者については引き続き調査が必要である。

図 5-1　「アイウエオの歌」の楽譜
（『読売新聞』1942 年 8 月 19 日号）

面白い節回し」で歌われる「アイウエオの歌」が流れた。そして，その感想を以下のように述べている。

> 南の赤道に近い島で，日本のアイウエオを学ぶ子供たちがいるということが，小学五年生くらいだった私にとっては，実に大きな驚きだった。（中略）今にきっと，その子供たちと一緒になってアイウエオの歌を歌うことがあるかもしれないと思った。／当時は八紘一宇とか，大東亜共栄圏などという言葉が毎日のように，また，いたる所で使われている時代だった。（伊東, 1977：49）

つまり，このラジオ放送は外地での日本語教育の様子を内地に伝えることで，顔も知らない占領地の人びととの「大東亜共栄圏」を意識させていたと考えられる。さらに，1977 年にシンガポールへ旅行をした際，「アイウエオの歌」を「シンガポールの国民学校で習った」（伊東, 1978：13）という現地の人と一緒にこの曲を歌ったと証言しており，日本語教育の現場で歌われていたことも示唆している。

なお，前述した『読売新聞』の記事によれば，放送された「アイウエオの歌」に「宮様」が興味を示し，それを知った日本放送協会が「アイウエオの歌」の楽譜と録音盤を高松宮家に献上している。宣仁親王は 1942 年 8 月 3 日付の日記に「浜田中佐（引用者注：興亜院調査官の浜田祐生のこと）ニタノメル昭南デ放送シタ「アイウエオ」ノ歌ノ譜，放送局デ再成シタラシクモツテ来タ」（高松宮, 1996：340）と書き残しており,「アイウエオの歌」の譜面を受け取っていたことがわかる。録音盤に関する記述はなかったが，現在，聴取可能な音源はこの記事で高松宮家に献上したとされるものと同一と考えられ，それが1942年11月に日本コロムビアから発売されたのだろう。

議論を整理すると，日本軍はシンガポールを統治した際に，日本語教育をとおした皇民化を目標としており，その一環として「アイウエオの歌」が利用されていた。さらに，現地の児童が歌った音声が日本国内でラジオ放送され，その音源がレコードとして発売された。そうすることで，日本人に対し，遠く離れた南方の地で日本語を学ぶ子どもの存在を認識させ,「八紘一宇」や「大東亜共栄圏」を印象づけたのである。

5　日本語教室の場面の考察

ここまで「アイウエオの歌」は,『海の神兵』以前に二つの文脈で利用されていたことが確認された。一つは映画『アイウエオの歌』であり，これは日本語の普及を目的に日本で制作され南方で上映されていた。この点については，これまで引用されてこなかった史料を参照して論じたものの，今までも論じられていたことではあった。その一方で，もう一つの文脈についての言及はほとんどなかった。それがラジオ・レコードであり，これは占領地で録音が行われて日本で発表された。その目的は，占領地での日本語教育の様子を伝え，日本人に「大東亜共栄圏」を意識させることにあった。つまり，同じ曲にもかかわらず，想定される受容者やそこに向けてのメッセージ内容が文脈によって異なっていたのである。

このような二重性は,「アイウエオの歌」が挿入歌として使用された『海の神兵』にも引き継がれている。まず，本作が南方での上映が検討されていたと考えると，この場面は観客に日本語を普及させて皇民化を目指すものだったのだろう。これは映画『アイウエオの歌』の議論から導出されたものと同様であるが，人物とその声が原則として紐づいている実写映像とは異なり，アニメーションではあるキャラクターに対し任意の声優が声をあてるため，より複雑な様相を呈している。

従来，日本海軍はイヌやサル，南方の住民はサイやゾウなどで描かれており，日本人に馴染みのある動物であるかないかの区別がありつつも，同じ動物のキャラクターとして描かれることでその身体的差異が曖昧になっていると指摘されていた（雪村, 2010：60-61）。それに付け加えるのであれば，両者の声優はどちらも日本人であり，その点で日本人に均一化させられている。南方の原住民はその多民族性を示すかのように多様な種類の動物で描かれ，それぞれに異なる鳴き声を出していた。それが「アイウエオの歌」を歌い始めるやいなや，あらゆる動物が流暢に五十音を発するようになる。これが占領地の人びとに向けられたことを考慮に入れれば，誰でも訓練次第でこのような日本語を発することができるというメッセージとも受け取れるのである[7]。

つぎに，日本人の観客について考えてみる。南方での皇民化教育の現状を伝える「アイウエオの歌」のラジオ放送とレコード販売は，「大東亜共栄圏」が構築されつつあることを伝える目的で行われている。このことは『海の神兵』全体において日本人と原住民が何の不和もなく共存しているように表現されていることとつながりがある。その一方で，終盤に桃太郎達が降伏を迫る場面では，桃太郎ら海軍兵が日本語を話す一方，鬼たちは英語のような言語を話している。このように違う言語を話す相手を敵とみなし，同じ言語を話す相手を仲間とみなしているのである。

さらに，伊東は「アイウエオの歌」のラジオ放送を聞いて，南方の人びとと一緒に歌う想像をすることしかできなかった。日本語教室の場面ではそれがアニメーションで実現されており，「大東亜共栄圏」という「想像の共同体」（ベネディクト・アンダーソン）を強く印象づけさせようとしたと考えられる。

6　占領地政策に関する研究の今後の課題

「アイウエオの歌」は『海の神兵』公開以前に，映画やレコードで使用されていた。前者は占領地の人びとに向けて日本人による正しい日本語の発音を教えるために，後者は日本人に向けて占領地での日本語教育の実態を知らせるために制作された。『海の神兵』の日本語教室の場面はこのような背景をもつ「アイウエオの歌」が

7）瀬尾は朝鮮の鉄道局のアニメーションを制作した際，「朝鮮語」で音声を収録し，それが「台詞では僕がやったものではいちばんいい」と述べており（瀬尾ほか, 1978：34），占領地で話す人びとの言語に興味をもっていたことがうかがえる。戦時末期の情勢下でそのような手間をかけることは困難であったろうが，この手法がもし『海の神兵』でも導入され南方の人びとの言語が収録されていたなら，この映像テクストはより重層的なものになっていたかもしれない。

使用されることで，占領地の人びとと日本人に異なるメッセージを発していた。前者に対しては訓練次第で流暢な日本語が身につけられるとし，後者に対しては遠い南方の地で日本海軍と占領地の人びとが平和的に共存し「大東亜共栄圏」が築かれつつあるとしている。本作では映像と音声が別々の工程で制作されるアニメーションが用いられることで，それらを特異な表現で結晶化している。

ここ10年の間に，戦時下のアニメーションに関する研究は大きく進展している。しかし，占領地政策との関連性についてはまだわからない部分が多い。本章でも占領地へのアニメーション輸出の実態については，充分に論じることができなかった。また，参照しているのは国内に所蔵されている史料のみで，旧占領地での現地調査は行なっていない。これらは今後の課題であり，日本統治下の東南アジアを専門とする研究者と連携して，当時の文化政策について議論を深める必要があるだろう。

【引用・参考文献】

秋山邦晴（1976）．「日本映画音楽史を形作る人々 45 アニメーション映画の系譜6 〈王様のしっぽ〉転末」『キネマ旬報』*681*, 142–147.

アンダーソン, B.／白石　隆・白石さや［訳］（2007）．『定本 想像の共同体――ナショナリズムの起源と流行』書籍工房早山（Anderson, B.（2006）. *Imagined communities: Reflections on the origin and spread of nationalism*. Verso.）

伊東昌輝（1977）．「アイウエオの歌 南蛮かんぬし道中記（八）」『大衆文芸』*37*(10), 44–50.

伊東昌輝（1978）．「アイウエオの歌（二）南蛮かんぬし道中記（九）」『大衆文芸』*38*(1), 8–13.

岩渕文人（1980）．「戦時下の学園」玉川学園五十年史編纂委員会［編］『玉川学園五十年史』玉川学園，pp.126–134.

大塚英志（2013）．『ミッキーの書式――戦後まんがの戦時下起源』角川学芸出版

大塚英志（2018）．『大政翼賛会のメディアミックス――「翼賛一家」と参加するファシズム』平凡社

刑部芳則（2019）．『古関裕而――流行作曲家と激動の昭和』中央公論新社

小野耕世（1984）．「アニメ（桃太郎の海の神兵）映画事情。――戦時中の国策」『潮』*305*, 152–159.

加藤厚子（2003）．『総動員体制と映画』新曜社

川名完次（1944）．「日本語教育と映画」『日本語』*4*(9), 28–30.

木村智哉（2008）．「アニメーション映画『海の神兵』が描いたもの――戦時期国策映画の文脈から」乾　淑子［編］『戦争のある暮らし』水声社，pp.131–158.

倉沢愛子（1992）．『日本占領下のジャワ農村の変容』草思社

柴田幹夫（2007）．「シンガポール本願寺と日本語学校」『環日本海研究年報』*14*, 127–145.

秦　剛（2015）．「上海租界劇場アニメーション上映史考――『ミッキー・マウス』，『鉄扇公主』，『桃太郎の海鷲』を中心に」大橋毅彦・関根真保・藤田拓之［編］『上海租界の劇場文化――混淆・雑居する多言語空間』勉誠出版，pp.204–221.

瀬尾光世（1986）．「四十年目の再会」尾崎秀樹『夢をつむぐ――大衆児童文化のパイオニア』光村図書出版，pp.209–230.

瀬尾光世ほか（1978）．「日本漫画映画の興隆（再掲）」『FILM1/24』*35* & *36*, 33–40.

高松宮宣仁親王（1996）．『高松宮日記 第4巻』中央公論社

津村秀夫（1944）．『映画戦』朝日新聞社

手塚治虫（2008）．『手塚治虫大全 1』光文社

東京国立近代美術館フィルムセンター［監修］（2014）．『映画制作関係（劇映画・文化映画）（映画公社旧蔵戦時統制下映画資料集第9巻）』ゆまに書房

中島健蔵・神保光太郎（1943）．「マライの日本語特輯」『日本語』*3*(5), 27–47.

西村智弘（2018）．『日本のアニメーションはいかにして成立したのか』森話社

前田　均（2004）．「日本語教育用「アイウエオの歌」数種」『外国語教育』*30*, 131–148.

松岡昌和（2009）．「日本軍政下シンガポールにおけるこども向け音楽工作」『アジア教育史研究』*18*, 48–64.

松岡昌和（2014）．「娯楽か日本化教育か？――日本占領下シンガポールにおける音楽」『植民地教育史研究年報』*17*, 98–123.

松岡昌和（2016）．「「昭南島」における日本映画――「近代化モデル」のメディアとしてのフィルム」『植民地教育史研究年報』*19*, 65–85.

三橋逢吉ほか（1942）．「漫画・影絵・ホームグラフ・相撲映画を語る」『映画旬報』*54*, 18–22.

雪村まゆみ（2010）．「戦争とアニメーション――文化の制度化をめぐる一考察」関西学院大学博士学位論文

『ジャワ新聞 復刻版』（2013–2017）．全8巻総9冊，龍渓書舎

Chapter

06

軍事教育映画はいかにして制作されたか

視覚化の論理を手がかりに

雪村まゆみ

1　戦争と映像の不可分な関係

第二次世界大戦下，日本初の長編アニメーション『桃太郎の海鷲』(1943) が制作されたことに加え，手塚治虫にアニメーション制作を決意させた『桃太郎 海の神兵』(1945) が上映されるなど，アニメーション作品史において特筆すべき作品が生み出された。戦意高揚のためのプロパガンダとして長編アニメーションの制作を政府が支援することにより，その制作を可能にする組織的な制作体制が確立した。なかでも，動きを構成する絵を連続的に描くアニメーターという専門職が誕生し，これが組織的制作を下支えし，アニメーションの大量生産に必要不可欠な存在となるのである (雪村, 2007)。

戦争とアニメーションの関連については，劇場上映のプロパガンダアニメーションの制作に着目されがちである。しかし，それだけでなく，兵士の技術訓練のための軍事教育映画[1]にもアニメーション技術が積極的に活用された。戦前からアニメーションを制作していたアニメーターの多くは，戦争に動員され，プロパガンダアニメーションはもとより軍事教育映画制作に従事せざるをえなかったのである。

海軍省で報道部門に従事していた米山忠雄は，「目下，教材映画の立派な製作が要望されているに鑑みても，線画，描画の技術的な推進は国家的な意味における一大必要事」とし，劇場用アニメーションのみならず，「線画，描画を含めた映像にお

1) 軍事教育映画は，技術訓練映画 (佐藤, 2006)，教育術科映画 (ヨコシネディーアイエー, 1995) とよばれる場合もある。

けるこの一分野の真剣な研究機関を一日も早く確立」することを提言していた（米山, 1942：85）。軍事教育映画の制作と，それに従事する線画を描く「線画要員」が強く求められたのである。後述するが，軍事教育映画の制作を契機として，特撮や線画といった撮影技術に関してもさまざまな進展が要求された。

実は，アメリカアニメーション界に転機が訪れたのは，第一次世界大戦期における兵士の訓練を目的とした軍事教育映画（animated training film）への活用であった。漫画家のジョン・ランドルフ・ブレイ（John Randolph Bray）は，アニメーション制作の分業化を進め，さまざまなアニメーション制作の技術を開発し，特許をとった[2]。娯楽映画の作り手として名高いディズニーも，1941年12月8日，日本による真珠湾攻撃ののち，バーバンクにあるディズニースタジオは政府や陸海軍と緊密な関係をもつようになった。第二次世界大戦期において，生産物の90–95%が陸海軍通信部隊等の軍事教育映画となった。国家と結びつくことで，ディズニーは戦時期も会社を閉鎖することなく，スタジオの有能なアニメーターを働かせ続けることができたのである（Nater, 1944：170）。

ポール・ヴィリリオが指摘しているように，映像技術の革新と戦争は不可分の関係にある。「戦争は，人の眼を欺く見せ物と切り離せない」（ヴィリリオ, 1999）と述べているが，戦時期におけるニュース映画やプロパガンダ映画のみならず，軍事教育映画の制作は，いずれも視覚の優位性を前提としたものである。とりわけ，軍事教育映画で用いられた映像技術は，シミュレーション技術や立体を捉えるコンピュータグラフィックスに通じる表現となっていく。こうした映像技術は，実際に機上体験を行うことなく，視覚的に軍事技術を追体験するための教材であり，戦争に国民を動員する装置となっていくのである。つまり，アニメーションの軍事教育映画に関わる技術開発について考察することは，単にアニメーション史を記述するに留ま

2）ブレイはアニメーション制作の分業化を進め，さまざまなアニメーション制作の技術を開発し，特許をとったという功績から，アニメーション制作のヘンリー・フォードともよばれた。当時は，コンピュータグラフィックスやシミュレーション映像は開発されていなかったため，その技術は，軍事教育映画に必要不可欠であった。戦時下，陸軍士官学校に委託された兵士の教育映画を軍の資金で制作した。その映像では，ルイス・ブローニング機関銃，小銃擲弾，迫撃砲等さまざまな軍需品の装置の操作，軍用地図の読み方，騎馬隊等を示していた。ここでは，マックス・フライシャー（Max Fleischer）の開発したロトスコープというアニメーション制作の装置が，さまざまな装置の動画をつくる事ができるという点で，活用された。そして1919年以降，スタジオには，政府，産業界，教育機関からの注文が殺到した（Crafton, 1984：158）。

らず，より広範な視覚を通じた大衆動員について，批判的に捉えることにも繋がる。

そこで本章では，日本における軍事教育映画に焦点をあて，軍部や国家がいかにしてアニメーション技術を活用したのか，軍事教育映画の制作実態を明らかにすることで，映像を介した視覚の支配について批判的に検討することを目的とする。ただ，現存する資料において，兵士のための軍事教育映画に多くの技術者が動員されたことがわかっているが，詳細な記録はほとんど残されていない。戦時期における軍事教育映画の制作を中心に行なっていた東宝航空教育資料製作所においては，「ネガやプリントは敗戦後の8月27，28日と二日間かけてすべて関係者によって燃やされ」たとされている（佐藤，2006：65）。東宝航空教育資料製作所に焦点をあてたClementsとIpによる論考“The shadow staff: Japanese animators in the Toho Aviation Education Materials Production Office 1939–1945”（影のスタッフ：東宝航空教育資料製作所1939–1945の日本人アニメーター）において，軍事教育映画は軍部が集中的に投資したものではあるが，軍事用に制作され，限られた人びとにしか視聴されなかったものであるため，アニメーション史において，忘れられた存在であることが強調されていた（Clements & Ip, 2012：193）。

次節では，軍事教育映画の映像自体やそれに関係する資料はほとんど現存していないため，まずは，唯一残っているシナリオである『爆撃教育用映画取扱説明書』を参照し，どのような内容が映像化されていたのかを推察する。続く第3節では，これらの映像がいかにして制作されたのか，その制作実態を明らかにする。日本においては，軍事教育映画を制作していた機関は，東宝映画株式会社，横浜シネマ，理研の3社が中心であった（ヨコシネディーアイエー，1995：39）が，社史や，そこで軍事教育映画制作に従事していたアニメーターの回想録などを資料として制作の実態を明らかにする。そして，第4節では，視覚の優位性を追求することを批判的に捉えたアンリ・ルフェーヴルの「視覚化の論理」（ルフェーヴル，2000）を通じて，制作実態を考察する。本章の最後で視覚の優位性に基づいた映像のわかりやすさがはらむ危うさについて問題提起したい。

2　軍事教育映画の構成：『爆撃教育用映画取扱説明書』の発見

『爆撃教育用映画取扱説明書』（以下，『説明書』）は，終戦直後，アメリカがドイツと日本から運び出した軍用機の技術に関する資料の一部で，1946年4月頃よりオハイオ州デイトン（Dayton）のライト・フィールド（Wright Field）基地で，整理・

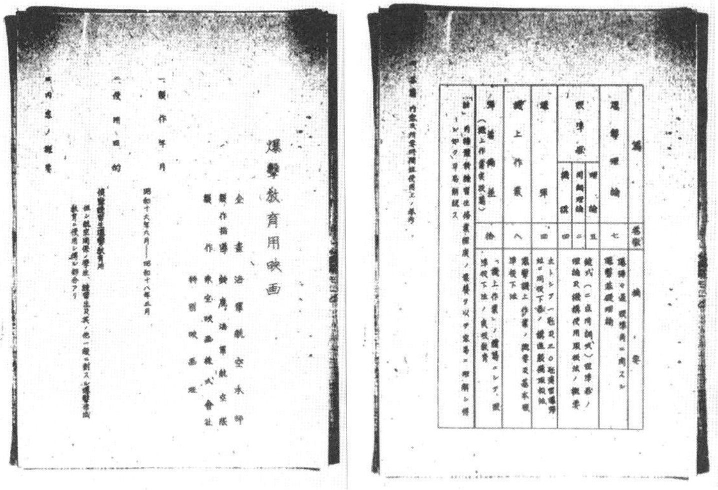

爆撃教育用映画

企画　海軍航空本部
製作指導　鈴鹿海軍航空隊
製作　東宝映画株式会社特別映画班

一、製作年月　昭和十六年六月―昭和十八年三月
二、使用ノ目的
三、内容ノ概要

図 6-1　『爆撃教育用映画取扱説明書』

撮影され,『ドイツおよび日本における航空技術に関する資料（German-Japanese Air Technical Documents)』としてアメリカ議会図書館に長年保存されていたものである[3)]。アメリカから返還された日独両国の陸海軍軍用機の技術情報が収められたフィルムに添付されていたもので，現在は国立国会図書館憲政資料室においてマイクロフィルムで閲覧可能である。『説明書』の冒頭には映画の概略（左)，各項目の概要（右）が記載されている（図 6-1)。ここには制作主体と制作時期が次のように記されている。

企画　海軍航空本部
製作指導　鈴鹿海軍航空隊
製作　東宝映画株式会社特別映画班
製作年月　昭和十六年六月– 昭和十八年三月

鈴鹿海軍航空隊において，東宝映画株式会社特別映画班によって，1941 年 6 月から 1943 年 3 月の期間に制作されたものであることがわかる。東宝映画株式会社特

3)『説 明 書』は，Preliminary List of Microfilms in Custody of the Library of Congress Japanese Section（1）の一部である。

別映画班がいかなる組織であったかは，次節で詳述するとして，ここでは，シナリオとなる『説明書』の記述からいかなる点で映像化が進められたのかを考察していきたい。

映像の目的としては，「偵察練習生爆撃教育用，ただし航空関係の学生及びその他一般に対する爆撃常識教育に使用し得る部分あり」とされている。映像は項目別に 1. 爆弾理論，2. 照準器，3. 爆弾，4. 機上作業，5. 弾着偏差（機上作業実技編）に分けられているが，『説明書』に記されている各項目の映像の尺とシナリオの頁数を表 6-1 にまとめた。ただし，すべての内容に関してシナリオが残されているわけではないので，現存しないものに関しては「不明」とした。短い映像でも 37 分，長い映像になると 100 分にもなり，戦時期に制作された劇場用アニメーションの尺と比べるとかなり長いことがわかる。

表 6-1　映像の尺とシナリオの頁数

出典：『爆撃教育用映画取扱説明書』をもとに筆者作成。

章	分	頁
爆弾理論	54	24
照準器	100	21（ただし理論，同調理論のみ）
爆弾	37	不　明
機上作業	72	不　明
弾着偏差（機上作業実技編）	85	34

次に，シナリオから確認できる映像の字幕および解説についてみておきたい。とりわけ理論編に関しては，爆弾の落下などの物理現象を示す公式を用いた解説が数ページにわたって記述されている。たとえば，シナリオ「爆撃照準器理論」編 3 頁をみると，

第一章　照準器とはどんな機械か
字幕　第一章　照準器とはどんな機械か
解説
爆撃照準器とは爆撃実施に当たって，爆弾を目標に命中させる照準角を求めて，投下点を決定する機械である。
この照準角は爆撃高度 H と投下した爆弾が弾着するまでの時間，落下秒時 T と目標と飛行機の関係速力 V_R に落下秒時 T を掛けたこの距離と爆弾の空気抗

力による遅れ，即ち追従 T_r または追従角 λ とが判れば求められる。

と記されている。シナリオは，特定の機器を使いこなすために必要な知識に関して数式を用いて専門的な解説で構成されていることがわかる。このような「動き」を把握する内容に関しては，従来からの教科書での数式を用いた学習のみでは動体的なイメージが捉えにくいと考えられる。そこで，高度な数学的知識に基づく解説を視覚的にわかりやすく説明するためにアニメーションの図解が活用されたのではないかと推察できる。多くの兵士を迅速に訓練する場において，「わかりやすい」解説は軍事教育映画にとって必要不可欠となったといえる。ではこれらの軍事教育映画がいかなる組織において制作されてきたのか，次節で詳しくみてみたい。

3　軍事教育映画の制作実態

3-1　軍属の製作所

まず，前節で提示した『爆撃教育用映画』の制作を行うなど軍事教育映画を中心的に制作していた東宝の航空教育資料製作所について概観したい。どれだけの映像を制作したのか全体像を把握することはできないが，文化庁の日本映画情報システムで，東宝航空教育資料製作所が制作した映画については 21 本がリストアップされており，そのうち，6 本がアニメーション，そのほかはドキュメンタリーに分類されていることがわかる。関連して，東宝の撮影技師をしていた林穎四郎が作成しているリストには，東宝航空教育資料製作所が制作した映像は 53 本挙げられているが，のちに詳述するが線画を担当していた大石郁男，鷺巣富雄，市野正二が関わった 10 本は少なくともアニメーション技術を用いたものであるといえる（林, 2006b：46–49）。

母体となった東宝映画株式会社の発足は，1937 年 8 月，PCL（写真化学研究所, 1929 年発足）と京都の JO スタジオ（1933 年発足）等の合併に始まり，ここに文化映画部が設置された。1939 年 4 月，映画法が公布され，映画が「国民文化」として，文化的価値づけがなされる一方で，その制作に関して政府の管理下におかれることとなる。まずは，東宝は軍の要請で，「航空資料研究所」を映画科学研究所内に設置した。この映画科学研究所は，軍の援助を得て発足した貸しステージ専門の会社であるが，陸海軍航空本部御用達の撮影所となる。1939 年 5 月 4 日地鎮祭を行い，翌 1940 年 3 月 8 日修祓式が行なわれている（林, 2006a：50–51）。実際には 3 月 24 日から撮影が行われたが，円谷英二による『海軍爆撃隊』（1940）という特撮が作品第一号となった。映画科学研究所内に円谷の指揮で特殊撮影のセットを組み撮影に臨んだ作品である（林, 2006a：52）。

1941 年 9 月には映画臨戦態勢が発動し，映画産業が再編される。11 月には，東宝映画株式会社は松竹の文化映画部とともに，社団法人日本映画社に統合され，文化映画界では映画制作会社の統制がすすめられた。東宝では，記録映画関係者を中心に 116 名が日本映画社に移籍した（木村, 2018）。約 30 名は「特別映画班」として残留し，「軍属的存在となり，軍や軍需工場の要請による映画を製作」するようになっていく（関口, 1962：19）。

特別映画班は，航空資料研究所内で制作を行なった。1942 年 12 月からは，航空資料研究所は航空教育資料製作所と改称し，特別映画班のスタッフによって撮影が行われた（林, 2006a：53）。1944 年 12 月の東宝役職員名簿によれば，「航空教育資料製作所」は本部と 4 工場 1 分室に分かれていて，従業員は 273 名と大規模に拡大していた（林, 2006a：53）[4]。

3-2　線画要員としての鷺巣富雄[5]

ここで着目したいのは，東宝で中心的な役割を担った鷺巣富雄の証言である。軍事教育映画の制作について公式の記録が残されていないため，それはきわめて貴重な記録といえる。1939 年 5 月，鷺巣は，東宝技術部特殊技術課線画係に新入社員として配属された。「線画要員募集　東宝撮影所線画室」という新聞の求人広告をみたことがきっかけだったという（鷺巣, 1999：41）。線画室の同僚は，大石郁雄（出征中），市野正二，進八郎（出征中）であった（うしお, 2001：165）。入社した当時，大石は出征中で不在であったため，特殊技術課の課長であった円谷英二の仕事も手伝っていたという。課長室の隣の部屋が線画作画室，撮影室となっていた。円谷は，陸軍省受注作『飛行理論』の制作に 2 年がかりで従事し，熊谷飛行学校へ長期ロケに行った。そこで撮影したネガをもとに文化映画『飛行機は何故飛ぶか』（1940）と『グライダー』（1940）の 2 作品を制作した。鷺巣がまず制作したのは兵士の訓練用

4）関口によれば，1943 年秋には，組織が拡大し，総人員は 300 名近かったという（関口, 1962：19）。

5）鷺巣富雄は，戦後，うしおそうじ（牛尾走児）というペンネームでマンガ，アニメ，特撮等，映像制作に従事していた。

の映像である『九九式軽機関銃』で，新式の機関銃のリアルな断面図を描いて，弾丸の発射されるメカニズムを線画で解説したものである。

やがて，この部署は特別映画班とよばれるようになり，1940年9月鈴鹿海軍航空隊にて，『水平爆撃の理論編』の制作に従事する[6]。10巻（1時間）の教材を1年がかりで制作したという。鷺巣は，大石の作成した軍極秘の朱印が表紙に入ったシナリオをもとに，ストップウォッチで秒数をはかり，カット割りして絵コンテに仕上げたという。実際に，鈴鹿の演習場にて訓練機に乗り，ドイツ製の照準器を覗いて模擬爆弾投下して，それをアニメーションにするという作業を行なった。制作のための機乗がどのようなものであったかは後述するとして，『鈴鹿海軍航空隊教材映画』『水平爆撃の理論編』『実際編』『応用編』が1941年夏までに完成した（うしお，2001：223–233）。身分は，海軍直属の尉官待遇となっていたという（鷺巣，1999：52）。鷺巣は1943年4月に陸軍に入隊するまで，軍事教育映画の制作に従事したというので，第2節で考察したシナリオに基づいて，鷺巣が記憶している制作の手法で映像がつくられたと理解してよいのではないかと考える。

同様に，軍事教育映画の制作に線画部門部員として従事していた市野正二によれば，「飛行機，空中戦・爆撃・戦闘機理論など軍関係の実科映画を専門に製作していた」という。とくに，陸軍航空関係を担当し，「三重県明野飛行場や浜松飛行場に出張，爆撃機に搭乗して，爆撃落下を実際に見たり，照準器の使用法などを教官に教えてもらいアニメ化した」という（小松沢，1977）。また，身分は，軍報道班員に準ずるものであった[7]。

なお，軍事教育映画の制作の中心であった東宝教育資料製作所においては，特殊技術課の課長であった円谷英二がいたように，ミニチュアを用いた特撮技術での撮影も行なわれていた。戦時期は特殊技術にはさまざまな新しい撮影技法が開発され始めていたが，なかでも微速度撮影はいわゆる「コマ撮り」であり，「人間の目では観察できない長時間にわたる物体の変化の過程を，極めて短時間に見せる」（円谷，1941：43）など，線画やアニメーションに共通する技術であったといえる。この点に関しては，鷺巣も次のように語っている。

6）真珠湾攻撃を主題にしたプロパガンダ映画『ハワイ・マレー沖海戦』（1942）においては，『水平爆撃の理論編』で制作した照準器のシーンが活用されたという。現在視聴することのできる『ハワイ・マレー沖海戦』ではカットされている。

7）市野へのインタビューを引用（小松沢，1977）。

> 仮に線画っていうふうに総称してたけど，実際にはディティールにはあらゆる技術がありました。どっちかというと特撮ですよ。特撮の円谷さんの世界です。（中略）キャメラワークで引いたり寄ったり移動したり。やっぱり三次元的な表現をいろいろするものだから。（うしお, 2000：4）

つまり，特撮と線画，両者は一つの作品のなかでも混在しており，不可分な関係性にあるといえる。

3-3　線画，撮影技術の革新

戦時期においては，線画や特撮技術の開発が行われていた。1941 年『映画撮影学読本（上）（下）』が刊行されているが，ここでは，特殊撮影が必要とされる背景として，とりわけ文化映画では科学的要素が多分に存在することが指摘されている（岩淵, 1941：5)。航空撮影や海底撮影といった実写の撮影技術に加えて，特撮や線画の撮影技術にも触れられており，線画においては，東宝の大石郁男が以下のように説明している。

> 極く簡単な例を線画にとってみると，地図の或る地点から出発して他の地点まで線を走らせるとすれば，目的の理解には凡そ何秒間で線が終点に到着すればよいかを考へてみる。これはその距離の長短にもよることであるが，仮に 5 秒間で線を走らせるとすると，（1 秒間 24 駒の割合）120 回に分けて線を描き進めてゆけば目的に線画が出来るのであるが，この程度の単純なものは，これを二駒ずつ 60 回に分けて線をすすめる場合もある。（大石, 1941：73)

この線の動きは，軍隊の侵攻状況を動画で示す場合にも用いられているものである。また，より正確に連続した画を描くためには，連続して描かれた画が同一でなければならない。全体の形を崩さないように写し描きのための作業台が紹介されているが,「ガラス板を嵌めた机で，ガラス板の下からの照明によって，前の原画の上に新しい用紙を重ねても，下の画が透いて見えるようにし」（大石, 1941：74）ているもので，今日でも使用されているものと同形態といえる。この作業台上では,「用紙の上部の中央に 2 個の孔をあけて，描く時も撮影する時も同一の位置に用紙を重ねられるようにして置く」という具合に，少しずつ動かした画を描き，またその描く枚数によって，その映像のスピードをコントロールすることができるのである。

それだけでなく，撮影機器に関しても技術開発されており，撮影台には照明や露出を変更することができたり，コマ数あるいは尺数をしめす 2 通りの計数機を備え，正確に記録しながら撮影できるような機能が備えられている。つまり，より正確に動きを構成する画を描くための手法と機材が開発されてきたことが示されているのである（大石, 1941：77–78）。ただ，ここで強調されていることは，「少しずつ変化させた絵を一駒ずつ撮影する技術」がすべてではなく，その描き方には，解説的な側面，視覚的な側面，また芸術的な側面がそれぞれ要求されており，作画者が「多角的な表現様式の創案」をしなければならないということである。大石は戦前よりアニメーション制作に従事しており，試行錯誤しながら日本のアニメーションの黎明期の一角を担った存在であることから，線画に限らずアニメーション技術の革新を目指すことを重視していたと考えられる。いずれにせよ，作画者が描く連続的な画が作画者の意図通りの動きを構成し，視聴者に視覚的にそれを把握させることが求められたといえよう。とりわけ，軍事教育映画では，映像を通じて視覚的に訓練することの可能性に期待せざるをえなかったのである。

東宝が中心的に制作を行なっていたが，日米開戦を契機として，「海軍は航空要員の教育に映画を大いに使用することになり」，戦前，文化映画に定評のあった横浜シネマもまた，海軍航空本部より，「教育用術科映画」の制作を委託された。文化映画を制作していた会社はこれまで 200 社を超えていたが，朝日，理研，電通映画，日本映画の 4 社に統合され，この横浜シネマは，文化映画の制作から，海軍から依頼された術科映画の制作に転換を余儀なくされたのである。この術科映画には，解説面で「線画を多用したい」という軍の意向があった。この意向に対しては，これまでの技術では対応できないことから，新たに作業所，研究所を設けて制作にあたったという。たとえば，独自の方法としては，海中を進む潜水艦を表す場合に，「空中から海水を通して見る感じを，複雑な切り絵によって撮影効果を出しながら表現するなど」の映像技術が開発された（ヨコシネディーアイエー, 1995：38–39）。

実際に制作に従事していた横浜シネマ社長の佐伯永輔によれば，1942 年以降，戦局が悪くなるにつれ，海軍はますます教育映画に力を入れるようになったという。横浜シネマ，東宝，理研の 3 社が指定を受けて術科映画の制作を行うことになったが，横浜シネマは，これまで漫画映画を制作してきた「立派な描画の陣営や非常に優秀な撮影陣」を活用することができた[8]。横浜シネマは，この時期に依頼を受けて，「航空機の操縦編，航空母艦よりの発進法，着艦法，潜水艦よりの発艦法，計器航空法など矢継ぎ早に制作した」という。これらの撮影では，撮影用の機材が準備できない場合，実際に撮影隊を霞ヶ浦航空隊などの基地に派遣したり，作戦中の航空母艦に便乗したりして撮影を行なった（ヨコシネディーアイエー, 1995：39）。

一方で，映画のカラー化を目指す動きが活発化した。1944年1月であったが，横浜シネマにも新たに研究室が設定され，術科映画のカラー化が要求された。このとき個人の研究室である「田中天然色研究所」において開発された映像のカラー化の技術を用いて，撮影，スライド制作が行われ，海軍に納品されたが，1945年3月の東京大空襲，5月の横浜の戦災によって，焼失してしまった（ヨコシネディーアイエー, 1995：41-42）。

4　視覚化の論理：機上する制作者と視聴する兵士

軍事教育映画はシナリオをもとに，第3節で述べたように線画の制作者の実地飛行を経て，制作されることになる。鷺巣は照準器を用いた模擬爆弾の訓練の実態を次のように回想している。

> 実際に飛行機に乗ってドイツ製の時計発動式照準器を覗いて，伊勢湾の上空へ行っては模擬爆弾を落として，照準器がいかに正確に目標をとらえるか，ということをさんざんやらされてその映画を作った。だから一日に4回ぐらい飛行機に乗るのが当たり前だった。操縦者と連携してね，「ようそろ，ようそろ」，ちょっと外れそうになると「三度右」「三度左」とかね。それで爆弾を落とすんだけれど，これがなかなか当たらない。（鷺巣, 1999：53）

この回想から，軍事教育映画を制作するために，かなり訓練の必要な飛行を経験していることがわかる。また，この乗務には，飛行手当がついていて，1週間くらい行くうちに給料が倍になったという（鷺巣, 1999：53）。というのも飛行には常に危険が付きまとっていたからである。飛行訓練の危険性については，次のように語っている。

8）山本漫画映画製作所を構え，アニメーション制作を戦前より行なっていた山本早苗もまた，海軍から依頼された兵士らへの教育を目的とした軍事教育映画を多数制作した。動画のキャラクターを描く仕事はほとんど無くなり，線画だけになってしまったが，組織の規模としても，「仕事が多いので社員も六十人ぐらいになっていた」という（山本, 1982：119）。

練習機はみんな「赤とんぼ」。これに操縦士と二人前後に乗り込んでね。高度1000メートル上空あたりだとね，風がまともに顔に当たって息ができない。びっくりして機体をつかむでしょ，するとメリメリって破けちゃうんだから。(鷺巣, 1999：54)

「赤とんぼ」とよばれる布製の複葉の練習機で，事故も多く，なかには墜落して殉職したものもいたという（鷺巣, 1999：54)。先述した横浜シネマの佐伯も回想しているように，撮影用の機材が準備できない場合には実際の戦闘に同乗して取材する場合もあり，死と隣り合わせであった。実際の「画面は幾何学的図解で三次元描写になるが，動きは高度な線画処理で見せ，将校下士官の生徒たちが実地訓練と併用すれば，それまでの静止画教材とは違って映像の教材は格段に教育効果を挙げた」といわれている（うしお, 2001：232)。実際，ここで制作された軍事教育映画で学習した兵士が真珠湾攻撃を実行したことを鷺巣は後に知ることになる。

軍事教育映画においては，「物の動きを忠実に再現する」ことが求められた。航空技術のような専門知識に関して「動く映像」を用いて，わかりやすく解説することによって，多くの人材を養成していくことが可能になると考えられたのである。また，当時，兵士の訓練をするための資材が十分とはいえないなか，実際に戦闘機に機乗することなく，軍事教育映画の視聴を通じて，経験していないことを経験させることが目指されたと推察できる。

ここで重要なことは，経験していないことであっても，映像を視聴することで追体験するということができると考えられた点である。映像を通じて視覚を管理しようとする点に関しては，ルフェーヴルの「視覚化の論理」を参照したい。ルフェーヴルによれば，権威は，街の構造，建築物として表象されることで視覚的に認識されるようになり，権威の在処が一定の空間のなかでより明確に示される。また，絵画における遠近法は，近くのものを大きく，遠くのものを小さく描くというように，視覚的に認識されたままを表象するという欲望のもとに生み出されたと指摘している。映画技術もまた，絵画における遠近法の開発に始まり，現実を一コマとして切り取る写真，さらには，それを動かすことで現実を再現する映像，というように技術開発されていったのである。

とりわけ，軍事教育映画においては，鷺巣が述べているように，実際に鷺巣自身が経験したことをもとに忠実に映像化を行うことが目指された。また，高度な数学的知識を理解する必要がある場合でも，それに対して，線画といった図式的な説明を用いて，よりわかりやすく習得させるということが重視されていた。軍事教育映画は，航空技術の習得において，理論編および実践編の両者が視覚体験を通じて習得できるということを目的として掲げていたのである。

5　視覚の優位性が隠ぺいする支配

兵士の訓練に関して，映像の視聴でもって代替することは果たして可能であったのだろうか。物資が不足するなか，長期におよぶ実地訓練を映像化することで多くの兵士を教育することを可能にするとされていたが，実際には，ほとんど訓練されないままに敵地へ向かうという場合も多かったのではないだろうか。視覚的に把握できることに力点が置かれることは，経験を視覚が代替できるという幻想にほかならない。

映像は直接的・感覚的な理解を促すという点で，視聴者にとって「わかりやすい」教材となったにちがいない。難解な数学的知識，複雑な兵器の仕組みの理解について誰もが簡単に身につけることが目指されていた。加えて，さきに提示した『説明書』の「弾着偏差」の最終頁である 34 ページにおいては，「字幕　一撃必滅」とあり，次のように精神論で締められている。

> 解説
> 一撃必滅，これこそ帝国海軍の爆撃精神である。蓋し，爆撃の成果は直ちに戦闘の勝敗を左右し一撃克く戦局の大勢を決するものである。終り。

つまり，単に軍事技術の習得だけを目的とするのではなく，戦意高揚のプロパガンダとしての要素も含みこまれている。戦時期においては，視覚に訴え，感覚的に理解をうながすという点で，「わかりやすい」映像が求められてきたが，それは間接的に戦争に兵士を動員する装置となっているといえよう。わかりやすいことは，一見すると，広く知識を平等に浸透させることに結びつく。ただ，わかりやすさを重視する価値の背後には，国家が大衆の視覚を支配し，教化するという方向性があったといえよう。

今日，映像技術は，立体的にものを捉える 3DCG 映像に進化し，さらには VR 技術を筆頭にますます視覚の優位性が推し進められている。視覚の優位性を追求しようとする欲望が，他の人間的感覚を奪い，視覚的に認識できないものを隠ぺいすることにならないか，注視しなければならない。

【引用・参考文献】

岩淵喜一（1941）．「特殊撮影」大日本映画協会［編］『映画撮影学読本 下巻』大日本映画協会，pp.4–36.

ヴィリリオ, P.／石井直志・千葉文夫［訳］（1999）．『戦争と映画――知覚の兵站術』平凡社（Virilio, P.（1984）. *Guerre et cinéma I: Logistique de la perception*. Editions de l'Etoile.）

うしおそうじ（2000）．「うしおそうじインタヴュー」『まんだらけZENBU』*7*, 1–12.

うしおそうじ（2001）．『夢は大空を駆けめぐる――恩師・円谷英二伝』角川書店

大石郁男（1941）．「線画と漫画の技術」大日本映画協会［編］『映画撮影学読本 下巻』大日本映画協会，pp.66–84.

木村智哉（2018）．「戦時期日本における長編アニメーション映画製作事業の推移とその特質――国際比較と未完成作の分析から」『千葉大学大学院人文公共学府研究プロジェクト報告書』*333*, 116–128.

小松沢甫（1977）．「続 幻の東宝図解映画社市野正二の足跡」『FILM1/24』*19*.

鷺巣富雄（1999）．『スペクトルマンVSライオン丸――うしおそうじとピープロの時代』太田出版

鷺巣富雄（2000）．「真珠湾攻撃四六四日前」ロード, W.／宮下嶺夫［訳］『真珠湾攻撃』小学館，pp.327–335.（Lord, W.（1957）. *Day of infamy*. Henry Holt & Co.）

佐藤忠男（2006）．『増補版 日本映画史 2』岩波書店

関口敏雄（1962）．「東宝の文化・教育映画製作の系譜をたどる――東宝 30 年史の一側面として」『短編フィルム』12 月号，ユニ通信社, 18–21.

円谷英二（1941）．「特殊技術」大日本映画協会［編］『映画撮影学読本 下巻』大日本映画協会，pp.37–65.

林穎四郎（2006a）．「日本映画史のミッシング・リンク／東宝の航空教育資料製作所〈上〉東宝の航空教育資料製作所の生い立ち」『映画テレビ技術』*643*, 50–53.

林穎四郎（2006b）．「日本映画史のミッシング・リンク／東宝の航空教育資料製作所の補遺〈総括編〉〈下〉航空教育資料製作所の製作した作品群のリスト」『映画テレビ技術』*647*, 46–49.

山本早苗（1982）．『漫画映画と共に――故山本早苗氏自筆自伝より』アニドウ

雪村まゆみ（2007）．「戦争とアニメーション――職業としてのアニメーターの誕生プロセスについての考察から」『ソシオロジ』*52*(1), 87–102.

ヨコシネディーアイエー（1995）．『映像文化の担い手として――佐伯永輔「ヨコシネ」の歩んだ 70 年』株式会社ヨコシネディーアイエー

米山忠雄（1942）．「海軍関係製作の漫画映画について」『映画旬報』12 月 1 日号，84–85.

ルフェーヴル, H.／斉藤日出治［訳］（2000）．『空間の生産』青木書店（Lefebvre, H.（1974）. *La production de l'espace*. Anthropos.）

Clements, J., & Ip, B. (2012). The shadow staff: Japanese animators in the Tōhō Aviation Education Materials Production Office 1939–1945. *Animation, 7*(2), 189–204.

Crafton, D. (1984). *Before Mickey: The animated film, 1898–1928.* The MIT Press.

Nater, C. (1944). Walt Disney Studio: A war plant. *Journal of the Society of Motion Picture Engineers, 42*(3), 170–176.

Chapter

07

非創造的なクールジャパン政策におけるアニメ産業

創造産業とアニメへの無理解

玉川博章

1　社会変化とクールジャパン戦略

> “Japan's Gross National Cool” にはアニメへの言及がほとんどなく，大衆文化を評価しているわけではない。にもかかわらず，“Japan's Gross National Cool” の衝撃は大きく日本に作用し，麗しい誤解を増幅させた。サブ・カルチャーの豊穣に無自覚であった日本の大人社会，殊に，マクグレイの思惑どおり，遅ればせながら官公庁が蠢き始めた——昨今の日本におけるクール・ジャパン騒動の顛末である。（沼田, 2008：57）

本章では「クールジャパン」を手かがりに，アニメ産業と政策との関係性を探りたい。この語はマッグレイの文章に端を発し，その中の「Japanese Cool」が「クールジャパン」へと変化し日本社会へ取り入れられた。この語はグローバルな国家間の関係性，そして労働など社会的動向と関連したものである。本章では，「クールジャパン」に代表される政策からアニメを分析することで，アニメ産業のおかれた社会・文化・政治・経済的状況を浮き彫りにしつつ，クールジャパン政策の変化と課題を考えたい[1]。

政治，経済に関する社会システムが変化し，「国民国家」のあり方を変えつつある。メディアや文化の側面では，グローバル化による国境を越えた文化の混交とナショナリティの失効が挙げられる。その一方で，それを捨てられないナショナリズム的欲望も指摘される。たとえば，タイラー・コーエンは，文化のグローバル化・多様性と創造性を論じるが，それは「国民文化」との相反の分析でもある（コーエン, 2011）。また，岩渕功一は，ナショナルな枠組みでの分析の限界を指摘し，方法論的ナショナリズムでは社会関係を分析できず，新たな枠組みの必要性を主張している（岩渕, 2007）。さらに，バウマンは「リキッド・モダニティ」というキーワードで，流動化とグローバル化による文化と消費の変化を指摘する。グローバル化したサブカルチャーは消費と関連し，自己選択・自己責任による文化と消費が生む多様化・差異化の時代に現代人は生きている（バウマン, 2014）[2]。これらの指摘のように，文化や経済はグローバル化し，消費と文化もより密接に関連するようになり，文化を含んだ産業的視点が求められ政策対象になった一方で，国家概念が変容しつつある。

このような社会・文化・メディア・消費をめぐる変化のなかで，メディア・コンテンツ政策も議論されている。国家間の外交，影響力という観点から出発し，軍事力とは異なる対外的な力として文化等の重要性を指摘したジョセフ・ナイのソフトパワー論（ナイ, 2004）や，ブランドを国家に当てはめて国家の競争力向上を図ろうとする国家ブランド論，製造業に代わる経済成長の源として創造産業を重視するクリイティブクラス（創造階級論）やクリエイティブシティ（創造都市論）などの議論がなされてきた。フロリダは，クリエイティブクラスの台頭と経済発展への寄与の高さを論じ，彼らが都市の多様性や寛容性を重視することを指摘した（フロリダ, 2008）。また，ランドリーは都市問題の創造的解決のためにはセレンビリティを維持し，クリエイティブクラスを集め，創造的環境をいかにして作り上げるかが重要であると論じた（ランドリー, 2003）。サッセンは，ニューヨーク，ロンドン，東京の3都市を事例に，現代の都市における金融や専門サービス企業・労働者のあり方と，そのライフスタイルを考察した（サッセン, 2008）[3]。また，ブランド重視のマーケティングと国家のソフトパワー論が結びついた国家ブランド論が2000年代以後政策への影響力を強めてきた。そこでは文化に根ざした差別化によって国家ブランディングを

1）なお，本章では「クールジャパン政策」を日本の創造産業を対象とする政策という広い意味で考える。たとえば，輸出振興策として経済産業省所管範囲のみをクールジャパン政策としたり，同省にはコンテンツ産業課（文化情報関連産業課）とクールジャパン政策課（前，生活文化創造産業課）の二つの課があることから，最も狭い意味では後者の所管範囲のみをクールジャパン政策ということもある。だが，広範な行政における文化と経済の変化をとらえるために，本章では広い意味で考える。

2）後に検討するが，これはポストフォーディズム的な生産システムとして，アニメにおける商品関連を分析したスタインバーグのいう「メディアミックス」に繋がるだろう。

行うことが主張されており，ディニー編 *Nation branding* は多数の実例を紹介しているなど（Dinnie, 2008），多くの国で議論されていることがわかる。

国家ブランドや創造産業に関わるこれらの議論は，経済衰退や製造業衰退を背景に，メディア，広告，デザイン，金融業など情報を取り扱う幅広い業種を対象としている。文化や創造性による経済成長を目標に，文化政策やメディア政策がより経済と関係を強めるようになった。UNCTAD『クリエイティブ経済』では，「政府の政策のほとんどすべての領域はクリエイティブ産業と一種の相互作用を持っている」（国連貿易開発会議, 2014：33）と広汎性を指摘したうえで，文化政策の転換を示唆している [4)]。また，UNESCO は 2004 年より映画・音楽・デザイン，食文化など 7 分野で特色ある都市を認定する創造都市ネットワーク事業を開始している。

このような政策変化を確認したうえで，その一例である日本におけるクールジャパン政策について簡単に確認したい。

「クールジャパン」の発端はマッグレイ "Japan's Gross National Cool" であるといわれている。*Foreign Policy* という雑誌に掲載された本文章は米国の読者に対して日本文化のグローバル化を指摘した（McGray, 2002；マッグレイ, 2003）。それが日本国内では海外からの「お墨付き」と解釈され，その後日本国内でのコンテンツ支援策の後押しや海外展開の言説に影響を与えた。

ただし，マッグレイの文書を詳細に検討してみると，日本文化の影響力について語られているものの，沼田も指摘するようにアニメへの言及は少ない（沼田, 2008）[5)]。直接的に言及されるアニメ作品は『ポケモン』くらいである一方で，まんだらけなど関連企業やアニメの影響を受けた村上隆が言及され，アニメやマンガなどを含む広範な文化的事象を視野に入れている。マッグレイは現在の視点からみればアニメに限らず，むしろ文化によるブランド戦略の可能性を示唆し，その無国籍による日

3）創造産業，創造階級，創造都市というと明るいイメージがあるかもしれないが，社会学からは批判的分析もされている。一例として山本（2016）では，労働の変化の視点から創造産業や創造都市論に対する批判的考察を進めるなかで，アニメ産業も分析されている。

4）この報告書は UNCTAD（国連貿易開発会議）の立場を反映し，先進国の一部階層のみを視野に入れたものではないのが特徴である。本書はクリエイティブ経済が途上国の経済発展に資することを主張し，これまで途上国が気づかなかった文化的「資源」を備えているという見方を提示した。さらに，グローバル化による南南貿易の発達により先進国中心の貿易体制ではなくなってきたことを踏まえ，文化や創造産業はすべての国にとっての課題であるとする。

本文化・キャラクターのあり方を提示していた。

だが，この指摘がその後のクールジャパン政策の展開に活かされたのかという点には疑問が残るため，それを政策変化から考察したい。本章では，日本政府によるメディア・コンテンツ政策の変化を確認しながら，そのなかでのアニメの位置づけを検討し，アニメのもつ特性が創造産業論などの議論からいかに評価されうるのかを検討する。そのうえで，現実のクールジャパン政策では，そのアニメの特性が適正に理解されず，アニメの有効的な活用がなされなかったのではないかという仮説を検討したい。

2　日本におけるコンテンツと政策：クールジャパン戦略

2-1　日本におけるメディア・コンテンツ政策

まずクールジャパン戦略（政策）や，その母体といえるメディア・コンテンツ分野の政策について説明したい。

日本の中央省庁では，一省庁が統一的にメディア・コンテンツ分野を所管してはいない。映画や情報産業の一部として経済産業省，放送産業として総務省が所管する。また，著作権法の所管は文化庁（文部科学省）であり，文化庁は文化助成も行う。さらに，外務省は文化外交の，観光庁（国土交通省）は観光政策の一部としてメディア・コンテンツに関連する施策を実施する。このように，メディア・コンテンツに関わる政策は，各省庁がそれぞれの所管範囲の中で行なってきた。それはクールジャパン政策でも同様である。総務省行政評価局「クールジャパンの推進に関する政策評価書」でも，「クールジャパン関連施策等」の対象機関は内閣府，総務省，外務省，財務省，文部科学省，農林水産省，経済産業省，国土交通省，環境省と数多い。なお，独立行政法人が実施する場合もあり，そこまで加味すると関係機関はさらに多岐にわたる（総務省行政評価局, 2018）。

複数省庁にわたる政策をまとめる動きは，2003年に設置された内閣府知的財産戦略本部が嚆矢である。2002年に成立した「知的財産基本法」に基づいたこの組織は，施策実施ではなく関連機関が参加し調整を主眼とする。これにより，「縦割り」の縄張りによりバラバラだった各省庁間の調整が可能となった。さらに，輸出振興，

5）マッグレイ “Japan's Gross National Cool” については，『中央公論』に掲載された日本語版（マッグレイ, 2003）を読むか，沼田（2008）による精読が参考になる。

文化外交など個別政策領域の一部として行われていたコンテンツ関係の施策が，コンテンツ政策やクールジャパンというラベルとともにパッケージングされ認識されるようになった。

2004 年には知的財産戦略本部に設けられたコンテンツ専門調査会が報告書「コンテンツビジネス振興政策――ソフトパワー時代の国家戦略」を発表し，さらに「コンテンツの創造，保護及び活用の促進に関する法律」が成立した。その報告書は，コンテンツビジネス振興を国家戦略の柱として据え，各省庁のコンテンツ政策の方向性を示した。これ以後，産業振興をベースに輸出や文化と絡め知財本部でコンテンツ関連政策を調整する道筋がはっきりとしてくる。その後も知財本部による政策調整の仕組みは維持され，次第にメディア・コンテンツ関連政策を総括する用語が「クールジャパン」へと変化していく。ただし，その先に生じたのは，衣・食・住を含めた領域・概念拡大である。

2009 年に閣議決定された「新成長戦略」では，「クリエイティブ産業」を対外発信しブランド力向上を図ることが記述された。この転換は，図 7-1 として引用した経済産業省「クール・ジャパン戦略（中間とりまとめ）平成 24 年 6 月」にも表れている（経済産業省, 2012）。コンテンツがクールジャパン関連商品の上段に据えられている

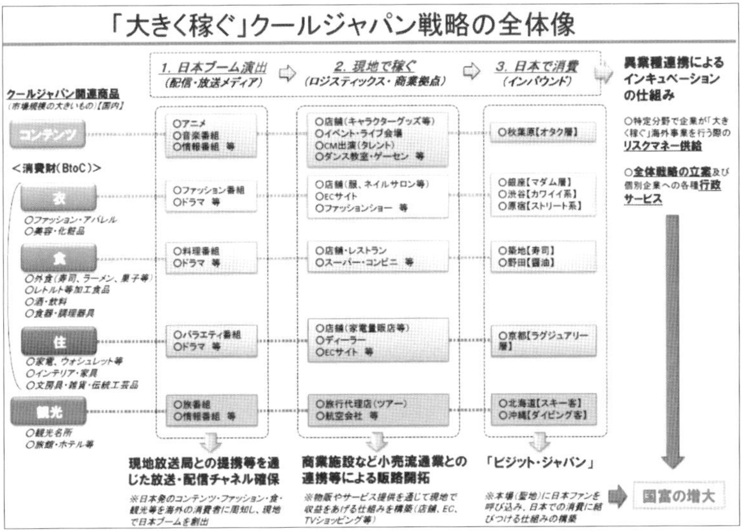

図 7-1　経済産業省資料にあるクールジャパン戦略の全体像（経済産業省, 2012）

が，下には，衣・食・住・観光と続き，コンテンツは一部でしかない。ブームを作り，現地へと輸出し，さらにインバウンドで稼ぐ流れは経済政策として妥当だろうが，【オタク層】【マダム層】【カワイイ系】【ストリート系】【寿司】という統一感のなさは否めず，本図ではコンテンツから各分野への連携は想起されない。アニメに限定して考えれば，コンテンツの【オタク層】には関係しようが，他層に関連するようにはみえないだろう。

2013年には，内閣府知財本部にクールジャパン推進会議（第一期）が設置された。同会議の議事録をみると，議論の中心はポップカルチャーから食や温泉旅館などへとシフトしている[6)]。その後も，2015年にクールジャパン戦略推進会議（第三期）が「クールジャパン戦略官民協働イニシアティブ」を発表しデザイン視点や世界から日本に人材を誘引する人材ハブの構築などを提言した。

2-2　クールジャパン政策の評価

クールジャパン政策についてさまざまな立場からの分析がある。

中村・小野打（2006）では，中村がメディア政策の整理をした後に，コンテンツ政策の特殊性として政策の範囲が広く手法が多様であること，行政目的が不明確であること，そして責任の所在が不明確であることが指摘されている。また岩渕功一は，前提となるソフトパワー論の無理解とハードパワーなきクールジャパンを批判している（岩渕, 2007）。

一方で創造産業論を背景とした研究としては，オトマズキン（Otmazgin, 2011）や，

6）同会議議長であった稲田朋美クールジャパン戦略担当大臣は以下のように綴っている。

> 実は，私は「クールジャパン」と聞いて，アニメやゲームなど，若者を中心にした，いわゆるポップカルチャーに代表される非常に目新しいものをイメージしていました。もちろん，そうしたものが人気があり，目立ってはいるのは事実ですが，世界の人々が日本を「COOL!」と言ってくれるものの中には，例えば，元々は海外で生まれたケーキなどのお菓子が，丁寧な手わざがこめられて日本で進化したおいしいスイーツであったり，美しい日本の四季折々の景色の中で，おもてなしの心で癒される温泉旅館であったり，私たちにとってはごく当たり前の日常の中に，世界を惹きつけるストーリーに溢れたクールジャパンの種がたくさん眠っていることが分かりました。（稲田, 2013）

これに顕著なように，この会議はクールジャパンのポップカルチャーからの離脱を確認する形となっていた。

ダリオット-ブルとオトマズキン（Daliot-Bul & Otmazgin, 2019）などがある。前者は日本と韓国のコンテンツ輸出政策を，産業から一般言説までも含めて分析し，後者は，日本の官僚やビジネスマンへのインタビューを行いクールジャパン戦略の評価を行なっている。

小田切は政策に限定せずクールジャパン言説を批判し，特に現地の理解の欠如と，展開先のビジネス要因により左右されることへの無理解を指摘している（小田切, 2008）。

一方，かつて経済産業省に在籍していた三原龍太郎は，クールジャパン政策を検討したうえで課題を指摘し，通商政策との関係性を検討した（三原, 2013）。一方で，彼は輸出振興策としてのクールジャパンは，オーソドックスな補助金配布などの政策手法をとり，特殊なものではないと総括し，クールジャパン政策への批判に反論を試みた（三原, 2014）。

さらに，松井剛は，各省庁の政策動向を分析した後に官僚がクールジャパン政策を積極的に進めた理由を五つ抽出したが，それは互いに矛盾を含み，当事者もブームが生じた理由に明確な答えを有していないとした。そのうえで，「クールジャパン」という語の「通りの良さ」を重視し，マッグレイの言説は「外来」の「理屈」として低位に置かれたポップカルチャーのスティグマを解消するのに利用され，「一部の「オタク」たちのもの，すなわち特殊な嗜好を満足させる社会的地位の低い文化製品を，国民の税金を投入すべき重要課題として再解釈するためのレンズを提供してくれた」とまとめた（松井, 2019：222）。

また，総務省行政評価局によるクールジャパン関連政策評価がなされている。コンテンツ分野，農林水産物・食品分野，観光分野，デザイン製品・ファッション等分野，分野横断と各省庁の施策を区分して評価を実施し，そのなかで，アニメが含まれるコンテンツ分野の予算額は表 7-1 のようになった。6 年度分合計で 342 億円となり，他分野に比して大きい金額となっている。全体的には相当程度進展していると評価したうえで，放送コンテンツの海外進出は目標を達成したとする。コンテンツ等のローカライズ・プロモーションへの支援は補助金終了後も自力で実施する意向がある事業者への集中を行いより効率性を求める勧告をしている程度であり，コンテンツ分野について否定的ではない（総務省行政評価局, 2018）。ただし，これは実施施策の目標達成を評価しており，策定された方向性の妥当性を評価するものではないことは注記しておきたい。

表 7-1　行政評価報告書におけるクールジャパン政策コンテンツ分野の施策一覧（単位：億円：総務省行政評価局, 2018：一部改変）

政策手段	施策・事務事業名	平成 24 年度		25 年度		26 年度		27 年度		28 年度		29 年度	合計
		当初	補正	当初	補正	当初	補正	当初	補正	当初	補正	当初	
放送コンテンツの国際共同制作等への支援	コンテンツ海外展開促進事業（総務省）	—	15.0	—	—	—	—	—	—	—	—	—	15.0
	放送コンテンツ海外展開強化促進モデル事業（総務省）	—	—	—	21.0	—	—	—	—	—	—	—	21.0
	地域経済活性化に資する放送コンテンツ等海外展開支援事業（総務省）	—	—	—	—	—	16.5	—	—	—	—	—	16.5
	放送コンテンツの海外展開総合支援事業（総務省）	—	—	—	—	—	—	—	12.0	—	—	—	12.0
	放送コンテンツ海外展開基盤総合整備事業（総務省）	—	—	—	—	—	—	—	—	—	13.4	—	13.4
	放送コンテンツ海外展開助成事業（総務省）	—	—	—	—	—	—	—	—	2.2	—	2.4	4.7
	合計	—	15.0	—	21.0	—	16.5	—	12.0	2.2	13.4	2.4	82.5
放送コンテンツの無償供与	地域経済活性化に資する放送コンテンツ等海外展開支援事業（外務省）	—	—	—	—	—	30.4	—	—	—	—	—	30.4
	放送コンテンツ等海外展開支援事業（外務省）	—	—	—	—	—	—	—	25.0	—	—	—	25.0
	合計	—	—	—	—	—	30.4	—	25.0	—	—	—	55.4
ローカライズ（字幕作成・音声吹き替え等）・プロモーション（PR・イベントの実施等）への支援	コンテンツ海外展開等促進基金（J-LOP）（総務省）	—	32.0	—	—	—	—	—	—	—	—	—	32.0
	コンテンツ海外展開等促進基金（J-LOP）（経済産業省）	—	123.2	—	—	—	—	—	—	—	—	—	123.2
	地域経済活性化に資する放送コンテンツ等海外展開支援事業（J-LOP4）（経済産業省）	—	—	—	—	—	60.0	—	—	—	—	—	60.0

	地域発コンテンツ海外流通基盤整備事業（J-LOP）（経済産業省）	—	—	—	—	—	—	—	67.0	—	—	—	67.0
	コンテンツグローバル需要創出基盤整備事業（J-LOP4）（経済産業省）	—	—	—	—	—	—	—	—	—	60.0	—	60.0
	合計	—	155.2	—	—	—	60.0	—	67.0	—	60.0	—	342.2

クールジャパン機構による投資（経済産業省）		—		0		158.5		0		0		50.0	208.5
札幌コンテンツ特区における規制の特例措置・財政上の支援措置（内閣府）		1.6	—	1.7	—	—	—	—	—	—	—	—	3.3
日本の文化芸術の発信支援	海外映画祭出品等支援（文部科学省）	0.7	—	0.7	—	0.7	—	0.7	—	0.7	—	0.7	4.2
	優れた現代美術の海外発信促進（文部科学省）	—	—	—	—	(11.0)	—	(9.6)	—	(9.6)	—	(11.0)	(41.2)
	海外メディア芸術祭等参加（文部科学省）	(8.7)	—	(8.3)	(注 9)	(7.6)	—	(7.6)	—	(8.3)	(0.8)	(8.6)	(49.9)
	国立美術館による文化芸術の海外発信（文部科学省）	—	—	—	—	—	—	0.8	—	0..6	—	—	1.4
国際見本市の開催・プロデューサー人材育成等支援	コンテンツ産業強化対策支援事業（経済産業省）	9.3	—	7.9	—	7.0	—	6.9	—	6.5	—	—	37.6
	コンテンツ産業新展開強化事業（経済産業省）	—	—	—	—	—	—	—	—	—	—	6.0	6.0
	合計	9.3	—	7.9	—	7.0	—	6.9	—	6.5	—	6.0	43.6
海外展示会への出展等支援	中小企業海外展開等支援事業（経済産業省）	(27.6)	—	—	—	—	—	—	—	—	—	—	(27.6)
	中小企業海外展開総合支援事業（経済産業省）	—	—	(31.5)	—	—	—	—	—	—	—	—	(31.5)
	中小企業・小規模事業者海外展開戦略支援事業（経済産業省）	—	—	—	—	(22.8)	—	(25.0)	(20.0)	(14.3)	—	(23.9)	(106.0)
	合計	(27.6)	—	(31.5)	—	(22.8)	—	(25.0)	(20.0)	(14.3)	—	(23.9)	(165.1)

3　政策変化とソフトパワー論，創造産業論，国家ブランド論

前節でみたように日本のメディア・コンテンツ政策は変化した。その背後にある学術的議論とアニメとの関係を考えたい。

3-1　政策変化と創造産業

この変化は日本だけではなく，世界の多くの国でみられる。文化やコンテンツ政策の拡大が重視される理由は，第1節で述べたような社会・産業・消費の変化がおき，ブランド重視の流れがあるからである。それを受け日本の政策も変化してきた。

たとえば，2009年には，知的財産戦略本部のコンテンツ・日本ブランド専門調査会において，日本産品のブランド価値向上を目指し，コンテンツ産業振興と情報発信による生産国イメージ強化を図る「日本ブランド戦略」が発表された。

また，経済産業省「産業構造ビジョン2010 産業構造審議会産業競争力部会報告書」には以下のように書かれている。

> 日本経済の現状を踏まえれば，ファッション，コンテンツ，デザイン，食品，生活用品（化粧品，インテリア，玩具，文具等），観光などの文化産業のソフトパワーを活用し，日本文化の魅力と一体となった製品・サービスを世界に提供することが，今後の我が国産業の発展の鍵の一つになると考える。
> これは，新興国市場を中心とした海外マーケットにおける需要の獲得といったアウトバウンドの効果に加え，日本の文化的魅力を感じる海外の人々が，我が国へ観光したりショッピングしたりするといったインバウンドの面からも，我が国の付加価値創造と雇用の増進に直結する。（経済産業省, 2010：118）

さらに，文化庁および内閣官房は，2017年12月に「文化経済戦略」を決定した。そこでは「国のプレゼンスを高める要素として，文化の意義・重要性が向上するなか，地域の文化財をはじめ，固有のポテンシャル・国際優位性を有する我が国の文化は，無限の可能性を秘めており，経済成長加速化の起爆剤であり，国家ブランド形成の原動力」（内閣官房・文化庁, 2018：1）であるという基本認識が語られる。経済的評価軸を加味し国家ブランド論の概念を導入し，経済成長を視野に文化を政策対象と捉える転換がされた。

このような方向転換と現在のクールジャパン政策の骨子は，創造産業や創造階級，

国家ブランド論・都市ブランド論でよくみられる内容であり，世界各国で議論されている政策動向の一事例である。

なお，三原は政策資料などを検討し日本のクリエイティブ産業の定義は不明確としながら，9分野（ファッション，食，コンテンツ，地域産品，すまい，観光，広告，アート，デザイン）を中心とした「日本のライフスタイル・価値観を体現している製品・サービスに係る産業」と定義している（三原, 2013）。アニメは，これら多分野のなかの一つに過ぎない。

3-2　クールジャパンとアニメ

この政策変遷のなかで，アニメはどのような位置づけなのであろうか。要約すれば，以前は取り上げられることも少なく，クールジャパン政策の初期には象徴として機能したものの，その後は脇へ退いた感がある。マッグレイ論文以前に経済産業省で行われていた海外輸出振興策はゲーム中心であり，アニメはクールジャパン言説によって海外輸出の期待が取り沙汰された。小田切が指摘するように2003年以後，アニメ，マンガがこれら政策の関連文書に登場するようになる。マッグレイはアニメをとくに強調してはいないが，2003年以降アニメとマンガの注目が高まった（小田切, 2008）。ただし，その後クールジャパン政策が変化し，アニメは相対的に端

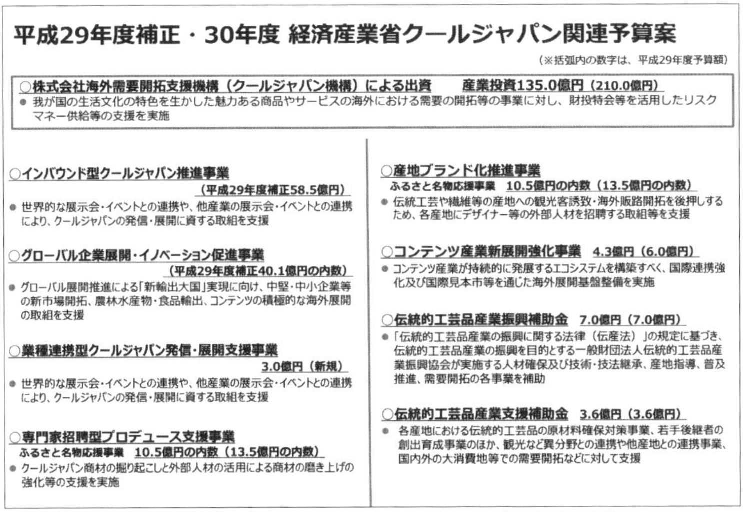

平成29年度補正・30年度 経済産業省クールジャパン関連予算案

（※括弧内の数字は、平成29年度予算額）

○株式会社海外需要開拓支援機構（クールジャパン機構）による出資　産業投資135.0億円（210.0億円）
- 我が国の生活文化の特色を生かした魅力ある商品やサービスの海外における需要の開拓等の事業に対し、財投特会等を活用したリスクマネー供給等の支援を実施

○インバウンド型クールジャパン推進事業
（平成29年度補正58.5億円）
- 世界的な展示会・イベントとの連携や、他産業の展示会・イベントとの連携により、クールジャパンの発信・展開に資する取組を支援

○グローバル企業展開・イノベーション促進事業
（平成29年度補正40.1億円の内数）
- グローバル展開推進による「新輸出大国」実現に向け、中堅・中小企業等の新市場開拓、農林水産物・食品輸出、コンテンツの積極的な海外展開の取組を支援

○業種連携型クールジャパン発信・展開支援事業
3.0億円（新規）
- 世界的な展示会・イベントとの連携や、他産業の展示会・イベントとの連携により、クールジャパンの発信・展開に資する取組を支援

○専門家招聘型プロデュース支援事業
ふるさと名物応援事業　10.5億円の内数（13.5億円の内数）
- クールジャパン商材の掘り起こしと外部人材の活用による商材の磨き上げの強化等の支援を実施

○産地ブランド化推進事業
ふるさと名物応援事業　10.5億円の内数（13.5億円の内数）
- 伝統工芸や繊維等の産地への観光客誘致・海外販路開拓を後押しするため、各産地にデザイナー等の外部人材を招聘する取組等を支援

○コンテンツ産業新展開強化事業　4.3億円（6.0億円）
- コンテンツ産業が持続的に発展するエコシステムを構築すべく、国際連携強化及び国際見本市等を通じた海外展開基盤整備を実施

○伝統的工芸品産業振興補助金　7.0億円（7.0億円）
- 「伝統的工芸品産業の振興に関する法律（伝産法）」の規定に基づき、伝統的工芸品産業の振興を目的とする一般財団法人伝統的工芸品産業振興協会が実施する人材確保及び技術・技法継承、産地指導、普及推進、需要開拓の各事業を補助

○伝統的工芸品産業支援補助金　3.6億円（3.6億円）
- 各産地における伝統的工芸品の原材料確保対策事業、若手後継者の創出育成事業のほか、観光など異分野との連携や他産地との連携事業、国内外の大消費地等での需要開拓などに対して支援

図7-2　経済産業省資料にあるクールジャパン関連予算説明図
（経済産業省商務・サービスグループ クールジャパン政策課, 2018）

へ押しやられた。経済産業省「クールジャパン政策について」によれば，さまざまな分野を対象とした事業が行われ，説明を読めばわかるようにこれらは，コンテンツの一部としてアニメを含むとはいえ，アニメのみに関わるものではない。

なお，他省庁の施策でもアニメへの言及はさほど多くはない。たとえば，聖地巡礼が話題となることのある観光分野でも，観光庁の2018年度施策にアニメへの直接的な施策は存在しない。「観光白書」におけるコンテンツ関連の記載はほぼ他省庁所管事業の紹介であり，さらにアニメに関係するのはメディア芸術祭と在外公館の文化外交事業くらいである（観光庁, 2019a）7)。

現在のクールジャパン政策を概観すると，アニメが中心にあるような印象はない。クールジャパン初期の一般言説・報道や経済産業省の政策ではアニメへの言及が目立ったものの，現在ではアニメは相対的に重要性が低下したといえそうだ。ただし，デザインや工芸，アパレル，食料品など経済規模の大きい分野が統合されたことによって，相対的に比率が低下したが，以前より実施されていた人材育成や海賊版対策，海外展開支援などのアニメ関連施策は継続している。つまりアニメが放棄されたわけではなく，主役の座から降りた感があるという意味である。

このアニメの相対的な重要性の低下について，背景となるソフトパワー論や創造産業論などの学術的議論との関係から考察を進めたい。

2000年代前半に参照されたのは，ジョセフ・ナイによるソフトパワー論であった。マッグレイも直接的に参照しており，その抄訳が掲載された『中央公論』2003年5月号「特集日本文化立国論」の他記事でもソフトパワー論を背景とした議論がされている。つまり，当時はハードパワー（軍事力）とソフトパワーを対比した外交的観点から文脈化されていた。その後，国家ブランド論，創造産業を重視するクリイティブクラス論などが導入され，文化・コンテンツ関連政策はそれらを背景とするようになった。それは，外交戦略上の軍事力に代わる文化ではなく，製造業にかわる経済成長の源としての文化・コンテンツ，創造産業の重視への変化であった。

三原は，クールジャパンについて以下のように指摘している。

7）アニメが観光政策で重視されない理由は聖地巡礼の効果が薄いからである。観光庁「訪日外国人の消費動向　訪日外国人消費動向調査結果及び分析」2018年報告書によれば，訪日前に期待していたことの設問で「映画・アニメ縁の地を訪問」は4.9%で，「最も期待していたこと」という回答は0.6%に過ぎない。「最も」の回答では20項目中後ろから3番目という低位であった（観光庁, 2019b）。つまり，インバウンド効果がないとは言い切れないが，規模は限定的で一部のファンが聖地巡礼をしているという解釈が妥当だろう。

「日本のライフスタイル・価値観の海外の生活者への浸透」という外部経済効果が期待されていると考えられる。そして，そのような形でのプレゼンスの発揮は，ジョセフ・ナイのいう「ソフト・パワー」や，「パブリック・ディプロマシー」の考え方に極めて近い。つまり，クール・ジャパン政策に係る輸出振興政策は，「大きく稼ぐ」ことを目的とした産業政策を基本的な建てつけとしながらも，外交や国際政治・文化の分野にも黙示的な波及効果を及ぼすことを期待する政策，と評価することができる。（三原, 2013：4–5）

つまり，2004年の経済産業省「新成長戦略」などに象徴的だが，経済的側面からコンテンツ産業を捉えていたにもかかわらず，ソフトパワー論を背景としたズレが初期からあるのである[8)]。

その後，ソフトパワー論を残留させつつも，創造産業論の導入が進んだが，その結果アニメはクールジャパンにおいて相対的重要性が低下したと解釈できよう。しかし，それはアニメがもつ産業的な特徴が，創造産業論に適さないからではない。その原因は，日本における創造産業論やクールジャパンをめぐる議論が，アニメ産業の特徴を把握しえなかったからではないか。それを次節で検討したい。

4　文化のグローバル化，創造産業・ブランドとアニメの特質

創造産業や国家ブランドへとシフトした現在においても，アニメは重要であろうことを具体的に検討していきたい。

4-1　アニメによるブランド化とプロモーション

「文化産業立国」「文化経済戦略」の流れのなかで，アニメの相対的重要性は低下した。そもそも諸外国においてアニメやマンガが議論されることはなく，他国を参照し立案するならばアニメが重視されないのも当然といえる。

経済産業省「産業構造ビジョン2010 産業構造審議会産業競争力部会報告書」には，

8）この観点からは，岩渕による日本におけるハードパワーなきソフトパワー論への批判は順当であり，日本の文化・メディア政策の議論が「ソフトパワー」を捨てて，創造産業論へと切り替えられなかったと総括できよう。実際，経済産業省「産業構造ビジョン2010 産業構造審議会産業競争力部会報告書」においてもなおソフトパワーの文言がみられた。

プロモーション戦略として「個別売りではなく，日本のライフスタイル全体をプロモーションする」と明記されている（経済産業省, 2010）。これは，個々の作品・商品ではなく，全体としてのブランディングによる包括的なプロモーションを行う意図だろう[9]。

だが，文化とメディアの議論を鑑みると，「個別売り」の方向性でアニメの活用も可能であると主張したい。なぜなら，グローバル化の進展とともに，国家や都市の政策においてブランドや創造性が重視されるようになったためである。その変化によりクールジャパン政策ではアニメの重要性が相対的に低下したが，社会やメディアの変化を踏まえれば，ブランド重視の戦略にアニメが入る余地はあると判断する。

その糸口として，アニメによるブランディングを出発点に考えたい。アニメが国家ブランドに資するとしても，日本が「アニメの国」という抽象的レベルでは，実際の消費へ結びつかないだろう。エンゲージメントの高いファンを育てることにより，特定の作品が好きだからその商品を買い，聖地巡礼などの消費行動に至ると予測されるが，『ポケモン』と『ドラえもん』『NARUTO』『AKIRA』『涼宮ハルヒの憂鬱』が一緒にされたのでは，総体的なブランドイメージがつくれるとは思えない。

個々の作品・ブランドを統合した全体戦略はいかにしてありうるのだろうか。これは経済産業省が主張する「総体ブランド化」に該当しようが，それは困難を極める。なぜなら，民間のブランドビジネスはそのような構造ではないからである。

企業はブランドを複数もち多様化するが，その企業名は表に出ない。比喩的にいえば，資本は無色透明な一方で，個々のブランドを細分化し多様化させる。そうすることで，同一資本・グループがさまざまな階層・趣向の顧客にアプローチできる。そのため，顧客はあくまで個別ブランドのファンであり，資本にエンゲージメントを感じるわけではない[10]。

つまり，「ジャパンブランド」を個別作品で伝えることはできるだろうが，作品群総体としてのブランド伝達は非常に困難だろう。金子将史は「日本ブランドの確立を主張する議論は多いものの，それによりどのようなメカニズムを通じてどのよう

9）この点で，ライフスタイルのプロモーションであれば，多くはサブカルチャーであるアニメよりも1990年代にアジアにメインストリームとして展開していたトレンディードラマが適例であったはずである。

10）一例を挙げれば，ルイ・ヴィトンとディオールとタグ・ホイヤーとモエ・エ・シャンドンが，同一資本のLVMHグループであることを意識する消費者がどれだけいるだろうか。多くは，個々のブランドをみているだろう。

な競争優位性がもたらされるのか，明確にされてきたとは言い難い」と指摘し，ポップカルチャー・コンテンツ産業への過度の期待や，ブランドアイデンティティが不明で日本ブランドの問題点への検討が不十分などと政策の課題を指摘した（金子，2009）。整合性をもった「ジャパンブランド」を形成する必要があるが，その調整をせずに民間事業者の支援に徹している段階ではブランド戦略がなく，総体としてのブランディングは不可能で，そこにアニメが寄与する可能性も未知数である。

4-2　アニメのグローバル化とメディアミックス

個別作品のブランド化と消費喚起の観点で考えれば，さまざまな分野のなかでもアニメは優位性をもつ。それを既存のアニメ関連研究で指摘されてきた要素を整理しつつ分析したい。

文化やメディアのグローバル化が進展するなかで，日本の特徴として岩渕は文化的無臭性を指摘し，そのナショナリティの失効が有利に働くとした（岩渕，2001）。

一方，産業的側面では，アニメは視覚イメージによる訴求力をもつうえに，消費をつなぐメディアミックスを映像産業から食品，文具，玩具等へと産業化していった特徴をもち，それがポストフォーディズム的生産・消費であると評価された（スタインバーグ，2015）。

前者は日本からの海外展開の分析であり，後者は日本国内のアニメ産業の分析であるが，この二つを総合すれば，対外ブランド戦略としてアニメの優位性を指摘できるだろう。アニメはその文化的無臭性によってグローバル化しやすく，さらに他産業との連携によって消費を導く事例である。つまり，アニメ作品そのものがブランドであり，グローバルな消費を生み出す「商標」なのだ[11]。

玉川は，映像を作る制作工程中心のアニメ産業構造の見方の限界を指摘し，ライツや商品化など製作部門を中心としたアニメ産業観への転換を主張した（玉川，

11）山本（2016）において，山本は非物質的労働という用語を用いて創造階級など新しい労働形態を分析している。そこでは，非物質的労働の定義としてラッツァラートによる「商品における情緒的および文化的内容を生産する労働」（山本，2016：58）という定義を紹介した。彼は一例としてアニメの制作進行についての分析を試みたが，それに限らず，タイアップ商品やアニメグッズを想起すれば，アニメを作る労働はアニメーターであれ声優であれプロデューサーであれ版権担当者であれ，非物質的労働に該当しよう。メディアミックスによる商標の付与は創造階級的非物質労働の結果の一つといえる。

2018)。アニメは映像作品ではあるが，商品化により食品や玩具，フィギュア，アパレルなど幅広い業種と関係した商品連環を構築し，波及効果をもつ。それを意識すれば，映像のみに縛られるのではなく，広く関連商品消費まで含めた産業観をもつべきだろう。

それは，たとえば日本酒のアニメが人気なので日本酒が売れるという抽象的な波及効果ではない。商品化しアニメ以外の商品販売から一定のロイヤリティがアニメ映像制作会社に還元される，ないしは最初からスポンサーとして制作費が支払われるようなビジネスモデルが構築されることを意味している。

クールジャパンの議論でも，文化が高い波及効果をもつとされるが，それはコンテンツそのものでは利益が限定的であることの裏返しでもある。商品化によって，コンテンツそのものを超えた収益が見込めるが，それがアニメなどメディア・コンテンツ企業に還元されなければ意味がない。マッグレイの時点から成功例として言及される『ポケモン』は，ゲーム，アニメ，キャラクターと，海外現地での商品化や流通まで加味したビジネスモデルを構築していた。そのような具体的な利益の還元まで含んだメディアミックスを想定すべきだろう。

ただし，『ポケモン』や『遊戯王』を除けば，メディアミックスによる海外への産業拡大は途上である。だからこそ，それを含めた海外展開という流れとなるべきだった。ただし，課題が存在する。メディアミックスは商品製造と流通を含み，現地企業を巻き込まなくては成立しない。流通網確保が必要なため，クールジャパン政策でも国外への出店支援を行なった事例もある。しかし，日本のようにアニメ関連商品を流通させようと思えば，全世界の流通網まで「オールジャパン」は無理があろう。

国家ブランド論では国家イメージとの結びつきが議論されるが，アニメは国家ブランド論との相性が良いとはいえない。岩渕による無臭性の議論と同様に（岩渕, 2001），マッグレイはアメリカの文化輸出の根底には資本主義と民主主義という価値観がある一方で，日本の外国文化を取り入れた無国籍性を評価していた（McGray, 2002）。沼田が指摘するとおり，日本的価値観を入れてメッセージ性をもたせた日本的コンテンツはもはやCoolではありえないだろう（沼田, 2008）。そもそも，現実のアニメ生産には日本国外のアニメーターが関わり，資金調達も中国などの資本が入っている。つまり，アニメは「日本」のものや「日本製」ではなく，それを「クールジャパン」としたら強みを失う。

産業的観点では，無国籍なメディアミックスの消費がアニメの強みである。しかし，結果として，クールジャパン政策では，それが活かされない方向へ進んだと評価できよう。

4-3　創造産業振興政策の反省性

国連貿易開発会議（UNCTAD）『クリエイティブ経済』では，政策推進について以下のように書かれている。

> 重要なポイントは，（もっとも広い意味で）特定の状況のもとで，文化的生産を開発し拡大するための資源とは何かを調べることである。それゆえ，「クリエイティブ産業的バリューチェーン」の概念が，これまでのような「市場と国家」「生産と消費」「フォーマルとインフォーマル」「サービス業と製造業」などの歪曲化された二元論の対立を乗り越えて，広く有効である。（国連貿易開発会議，2014：95）

つまり，文化・クリエイティブを重視する産業振興は，既存の産業枠組みの再検討・反省を迫り，よりポストフォーディズムやリキッド・モダニティに対応した制度を生み出す。

そもそも，国家ブランド論と商業的ブランド論には齟齬が存在し，それを検討する必要がある。現在のブランドビジネスのあり方を踏まえると，国家ブランド論のナショナルな枠組みには限界がある。三原は文化研究や文化帝国主義の議論を考慮すると，海外市場における「大きく稼ぐ」というクールジャパンの「主」たる目的と，日本のライフスタイル・価値観が世界に浸透するという「従」たる目的二つが理論的に両立しないことを分析し，政策における背景理論の矛盾を指摘した（三原，2013）。それは日本だけの問題ではない。産業的観点から創造産業がイノベーションや価値を生むことで他産業に波及することを重視する創造産業論と，その創造産業から生まれるブランドにより国家間競争で優位に立つことを重視する国家ブランド論では，その力点が異なる。学者の議論と政策レベルの議論の差異は意識する必要があろう。そして，学術的議論を政策に落とし込むときのズレを意識するとともに，政策への導入により理論が再検討され，より適当なものに更新されることが理想となろう。

創造産業論が国家政策に取り入れられ，創造産業の生み出す非物質的な価値や繋がり，ブランドがナショナリティと結びつけられる。無国籍性をもつコンテンツとしてグローバルに流通し，クリエイティブ経済的産業構造・消費を実現したアニメは，その齟齬を解消する可能性を秘めていたが，そのような方向の政策展開はなされなかった。

アニメへの無理解と旧態依然とした考え方は，行政の施策に表れている。ポストフォーディズムやリキッド・モダニティに適応したアニメ産業に対し，従前の振興策で海外展開を促進するのは無理があろう。三原は中小企業が多くプロジェクトごとの組み替えがある[12)]ため海外流通が重要としたうえで,「新しい連携」が求められているとする（三原, 2014）。以前からアニメは国内で適切に連携を構築し産業形成をしたとすれば，改善し支援すべきは作品外の商品製造を含めたグローバル対応であるはずだ。その点では，クールジャパン政策の海外流通網確保は，グローバルなアニメ・キャラクターなどの商品流通網をいかに構築するかという従来の国家ブランド論や創造産業論に不足していた視点を含んでいたと評価すべきかもしれない。

三原は以下のように述べている。

> クリエイティブ産業のそのような編成原理は，これまでの産業政策が得意としてきた製造業を中心とするいわゆる「重厚長大型」産業のそれとは根本から異なるため,「重厚長大型」産業を前提とした従来のアプローチとは異なるアプローチが必要，という問題意識の下で新しい官民連携のあり方の必要性が提唱されていると考えられる。（三原, 2013：5）

そのうえで，三原は従来モデルの効果の限定性を指摘している。さらに，海外展開時に相手国で直面する障壁は制度的なものも含まれ，政府による相手国政府への交渉など通商政策による解消を図るべきであると提案する（三原, 2013）。

だが，その理想は実現しなかった。商談会など新しい連携を生むマッチング施策も実施され，アニメ関連商品が流通し難い状況を解消すべく小売店進出への支援なども行われた。しかし，それは『ポケモン』のような現地での大規模な商品化を伴う，いわば日本のアニメビジネスモデルをそのまま海外展開する形へは至っていない。

12）これらの特徴はアニメ産業のみならず創造産業論などで指摘される「柔軟な専門性」とよばれる内容である。

三原は「クール・ジャパン政策の中味は補助金の交付やリスクマネーの供給といった非常にオーソドックスな産業支援」と評する（三原, 2014）。2000年代に経済産業省文化情報関連産業課課長を務めた広実郁郎は製造業に対して行なった古典的な組織化と海外展開支援がコンテンツ産業にも有効であると述べている（畠山, 2005）。さらに *The anime boom in the United States* において，2010年代に経済産業省生活文化創造産業課課長であった伊吹英明は，アニメ産業を含むさまざまな企業や人との連携を目指したが，小規模企業からの要望がないため率先してアプローチができなかったと語っている。さらに，彼はいくつかの日本企業と海外プロモーターとの連携をほのめかしたが，それは彼が作り上げたものでなかったとダリオット-ブルとオトマズキンは解釈している。また，同書には，政府機関が日本アニメ業界へのアプローチがわからず，クールジャパン推進へのビジョンを欠き，新たな政策をはじめるよりもさまざまなインセンティブを与えるのみであったとの電通の小掛慎太郎による指摘も記されている（Daliot-Bul & Otmazgin, 2019）。つまり，このような旧態依然な認識と手法だからこそ，社会変化や創造産業の本質を捉えられず，リキッド・モダニティやポストフォーディズムなどに適応していたアニメを活かせず，クールジャパン政策は残念ながら新たな政策モデルや理論を生むような結果を生まなかったのだろう。

5　結論：非創造的なクールジャパン政策

世界各国でメディア政策，文化政策の転換がおき，クールジャパン政策もその一つである。ただし，アニメの特性を考慮し，独自の新たな産業振興政策を図ることも可能であったはずだ。外からの視線でアニメが先進例と評価され，そこから政策議論が勃興したにもかかわらず，その先進性を意識した政策立案に失敗した。つまり，マッグレイの指摘を解せず表面的に利用するのみで，その深い理解へと至らなかった「我が国」の問題がクールジャパンにおけるアニメの位置づけに表れているのであろう。

【引用・参考文献】

稲田朋美（2013）.「クールジャパン戦略についての基本的考え方（クールジャパン推進会議議長のメッセージ）」（内閣府知財本部クールジャパン推進会議（第一期）第四

回配付資料）

岩渕功一（2001）.『トランスナショナル・ジャパン――アジアをつなぐポピュラー文化』岩波書店

岩渕功一（2007）.『文化の対話力――ソフト・パワーとブランド・ナショナリズムを越えて』日本経済新聞出版社

小田切博（2008）.「「クールジャパン」と「MANGA」」『ユリイカ』*40*(7), 176–183.

金子将史（2009）.「国家ブランディングと日本の課題」『PHP Policy Review』*3*(16)

観光庁（2019a）.「観光白書」

観光庁（2019b）.「訪日外国人の消費動向――訪日外国人消費動向調査結果及び分析 2018年年次報告書」

経済産業省（2010）.「産業構造ビジョン2010 産業構造審議会産業競争力部会報告書」

経済産業省（2012）.「クール・ジャパン戦略（中間とりまとめ（案））平成24年6月」

経済産業省商務・サービスグループ クールジャパン政策課（2018）.「クールジャパン政策について」

コーエン, T.／浜野志保［訳］田中秀臣［監訳・解説］（2011）.『創造的破壊――グローバル文化経済学とコンテンツ産業』作品社（Cowen, T.（2004）. *Creative destruction: How globalization is changing the world's cultures.* Princeton University Press.）

国連貿易開発会議（UNCTAD）／明石芳彦・中本　悟・小長谷一之・久末弥生［訳］（2014）.『クリエイティブ経済』ナカニシヤ出版

サッセン, S.／大井由紀・高橋華生子［訳］伊豫谷登士翁［監訳］（2008）.『グローバル・シティ――ニューヨーク・ロンドン・東京から世界を読む』筑摩書房（Sassen, S.（2001）. *The global city: New York, London, Tokyo (2nd ed.).* Princeton Univercity Press.）

スタインバーグ, M.／中川　譲［訳］（2015）.『なぜ日本は〈メディアミックスする国〉なのか』角川書店（Steinberg, M.（2012）. *Anime's media mix: Franchising toys and characters in Japan.* The University of Minnesota Press.）

総務省行政評価局（2018）.「クールジャパンの推進に関する政策評価書」

玉川博章（2018）.「ライツビジネス構想論――アニメ産業分析の検討と転換への試論」小山昌宏・須川亜紀子［編］『アニメ研究入門 応用編――アニメを究める11のコツ』現代書館, pp.143–173.

ナイ, J. S.／山岡洋一［訳］（2004）.『ソフト・パワー――21世紀国際政治を制する見えざる力』日本経済新聞社（Nye, J. S.（2004）. *Soft power: The means to success in world politics.* Public Affairs.）

内閣官房・文化庁（2018）.「文化経済戦略 アクションプラン2018」

中村伊知哉・小野打恵［編］（2006）.『日本のポップパワー――世界を変えるコンテンツの実像』日本経済新聞社

沼田知加（2008）.「「クール・ジャパン」の正体（上）――麗しき誤解に基づく再認識の衝撃」『共立女子大学文芸学部紀要』*54*, 43–65.

バウマン, Z.／伊藤　茂［訳］（2014）.『リキッド化する世界の文化論』青土社（Bauman, Z.（2011）. *Culture in a liquid modern world.* Polity.）

畠山けんじ（2005）．『踊るコンテンツ・ビジネスの未来』小学館
フロリダ, R. L.／井口典夫［訳］（2008）．『クリエイティブ資本論――新たな経済階級の台頭』ダイヤモンド社（Florida, R. L.（2002）. *The rise of the creative class: And how it's transforming work, leisure, community and everyday life.* Basic Books.）
松井　剛（2019）．『アメリカに日本のマンガを輸出する――ポップカルチャーのグローバル・マーケティング』有斐閣
マッグレイ, D.（2003）．「ナショナル・クールという新たな国力――世界を闊歩する日本のカッコよさ」『中央公論』*118*(5), 130–140.（McGray, D.（2002）. Japan's gross national cool. *Foreign Policy, 130*, 44–54.）
三原龍太郎（2013）．「試論――クール・ジャパンと通商政策」経済産業研究所
三原龍太郎（2014）．『クール・ジャパンはなぜ嫌われるのか――「熱狂」と「冷笑」を超えて』中央公論新社
山本泰三（2016）．「労働のゆくえ――非物質的労働の概念をめぐる諸問題」山本泰三［編］『認知資本主義――21世紀のポリティカル・エコノミー』ナカニシヤ出版, pp.57–82.
ランドリー, C.／後藤和子［監訳］（2003）．『創造的都市――都市再生のための道具箱』日本評論社（Landry, C.（2000）. *The creative city: A toolkit for urban innovators.* Earthscan.）
Daliot-Bul, M., & Otmazgin, N.（2019）. *The anime boom in the United States: Lessons for global creative industries.* Harvard University Press.
Dinnie, K.（2008）. *Nation branding: Concepts, issues, practice.* Butterworth-Heinemann.
McGray, D.（2002）. Japan's gross national cool. *Foreign Policy, 130*, 44–54.
Otmazgin, N.（2011）. A tail that wags the dog? Cultural industry and cultural policy in Japan and South Korea. *Journal of Comparative Policy Analysis: Research and Practice, 13*(3), 307–325.

Chapter

08

アニメーション制作事業の不安定性とその対策

歴史研究の視点から

木村智哉

1　アニメーション制作事業をとらえる視点

1-1　問題設定

アニメーション制作事業を対象とした論考には，その現状についての記述や紹介，分析を行なった実務家によるもの（増田, 2016 など）のみならず，経済地理学（半澤, 2016；山本, 2018 など）や労働経済学（勇上, 2006 など），労働社会学（松永, 2017 など）の研究者によるものをはじめとして，さまざまな学術上の成果がみられる。そうした学術研究は基本的に，当該分野における理論の形成や更新を行うことを目的として，適宜個別事例を取り上げ論じたものである。

これらの成果に比して，アニメーションに関する歴史研究には，社会科学的見地を備えたものがいまだ少なく，過去の作品や作家についての批評および表象研究と混然一体になった状態が，長らく続いてきた。筆者は既に別稿（木村, 2018）にて，作家・作品中心の歴史著述や，トリビアルな視点に留まることなどの問題を指摘し，学術領域におけるアニメーション史研究の方法論を模索したが，本章ではそうした研究の成果によって，他領域の研究に貢献しうる固有の意義を探ってみたい。

史的アプローチを採るのは，筆者が理論から事象を分析する社会学者ではなく，あくまで具体的な史料に基づき著述を行う歴史研究者だからであり，その成果は本来，個性記述的なものである。しかし歴史著述は，ある時期における対象の変化とその要因について論じることに適してもいる。本章ではアニメーション制作の事業としての不安定性が，何に起因していると考えられ，またそれに対していかなる対策がとられてきたのかを史的観点から記述することを通して，一定の抽象的モデルを彫琢することを試みる。

1-2　受注事業としてのアニメーション制作

玉川博章は，アニメーション産業の分析のためには「製作」研究が必要であるとし，アニメーション制作工程を，その一角たる「工場」として位置づけて，「制作」を中心とする産業観と研究視点の刷新を唱えた（玉川, 2018）[1]。本章は「製作」研究ではなく，なお「制作」研究独自の意義を追究するものだが，この制作工程を「工場」として捉える観点には異論がない。本章が試みるのは，まさに「工場」としての制作会社が，その生産ラインをいかに構築し，あるいは維持しようとしてきたかという事象の素描だからである。

アニメーション制作は，基本的に受注事業として行われる。元請制作会社が製作委員会に加わり出資を行うケースもあるが，この場合でも自社を含めた製作委員会から制作を請け負う構造は変わらない。

受注事業である以上，そこには発注元の意志に基づく受注の不安定性というリスクが潜在している。アニメーション制作会社は専門的技能をもった一定規模のプロダクション工程を備えることでしか存立しえないが，「製作」を行う側は，原理的には投下した資本の回収を行えるならば，投資するコンテンツの形態がアニメーションでなくともよい。もちろん実際には，近過去の活動に基づいた経路依存性が存在するから，フレキシブルに投資対象を変えることは困難であろう。しかしその場合でも，特定の制作会社だけを取引先として発注を行う必要は，必ずしもない。

制作会社にとって，この受注の不安定性という問題は，テレビアニメ制作事業が始まって間もない頃から，既にみられた。本章では次節にて，その具体的な事例として，東映動画（現・東映アニメーション）株式会社が制作したテレビアニメ『狼少年ケン』（1963–65）新作放映終了が決定した際の動向を取り上げる。そして第3節では，各社で外注体制が構築される過程について記述し，続く第4節では受注不安定性への対策について論じる。そのうえで第5節にて，理論との架橋を試みる。

1）現在，「製作」は資金調達から出資とその回収までを行う領域を指して使われるのに対し，「制作」は実際に作品を作るプロダクション工程を限定的に指して使われている。ただし歴史的にみれば，この用法に一貫性はないため，注意が必要である。

2　契約者制度とテレビアニメ制作

1963年1月1日，株式会社虫プロダクションが制作した，毎週30分枠の国産テレビアニメ『鉄腕アトム』（1963–66）が放映開始されると，同業他社はこれに追随した。その一つである『狼少年ケン』は，NET（日本教育テレビ，現・テレビ朝日）系列で放映された。これは東映動画が，初めてテレビ用に制作したシリーズ作品である。

筆者はかつて，本作の新作放映が1965年8月をもって終了する際の経緯とその史的意義を，一次史料に基づいて分析した（木村, 2016a）。まずは以下，その概要を記述する。

1965年5月に告知された東映動画の社内文書によれば，『狼少年ケン』新作放映終了の要因は，スポンサーである森永製菓が，それまであった二番組のスポンサード枠の一本化を図ったことにあった。従来，森永が『狼少年ケン』のほかにスポンサードしていた番組は，TBSが放映していた海外テレビ映画だったが，この枠は1965年5月から日本テレビジョン株式会社（現・株式会社ティー・シー・ジェー）制作のテレビアニメ『宇宙少年ソラン』（1965–67）に替わっている。したがって『狼少年ケン』の新作放映終了は事実上，森永がスポンサード枠を，他社制作のアニメ番組へ移したものとみるべきだろう。東映動画はこの経緯について，「製作費のコスト高」を指摘し，「他のスポンサーにおいても同様の考え方がある」ため，これが「当社のTV漫画の製作に対する一大警鐘」だと問題視した。

1963年の段階で，いまだ正社員採用に基づくアニメーション制作体制を基軸としていた東映動画は，新事業であるテレビアニメ制作のため，社員アニメーターへの一律付加給制度を敷いて，年一本の劇場用作品より短いサイクルでの長時間労働を，社員が取り組むインセンティブとした。しかしこれは，劇場用作品やCM制作に従事する社員に不平等感をおぼえさせ，また制作原価の上昇をもたらした。

先述の告知を行なった東映動画は，一週間後の別の文書でこの制度を廃止し，テレビアニメ制作開始以前に一度試みられた，一定以上の作業を行なった場合に支給する「褒賞金」制度を再導入すると同時に，以降のテレビアニメ制作においては「作画職」に契約者を充当し，社員の「作画職」は，劇場用作品の制作に従事させる原則を発表した。そしてこの頃から東映動画では，それまでわずかだった契約者が急速に増加していくことになる。

ここでいう契約者とは，雇用契約に基づく契約社員ではなく，制度上は会社と個々人で契約を結んだフリーランサーを指す。後年の労使間裁判で東映動画は契約者の定義を,「請負契約ないし請負類似の無名契約を締結」した者の「通称」としている[2)]。契約者は出来高ないし月極契約により報酬が決定されており,固定給を支払う社員に比して,作業量に応じたコスト算定が容易であるという特徴をもつ。

この一連の経緯からは,スポンサーの動向によって制作体制が揺らぐテレビアニメ制作に従事する「作画職」には,月給に加えて時間外手当や付加給ないし褒賞金を支給せねばならない社員より,受注量に対応する作業量によって,人件費の調整が可能な契約者の方が適合的であるという判断を,東映動画が下したことがわかる。

これは社員の「作画職」を劇場用作品に充当したこととの対照性から,より明確になる。東映動画の劇場用作品は,親会社である東映の配給網を通して系統館で上映されたため,その市場は安定していた。1960年代には邦画市場が縮小しつつあったが,児童向け映画興行の核となる長編アニメーションの需要はなお高く,しかもこれを継続的に生産できるのは東映動画だけだった(木村, 2016b)。したがって,テレビ番組に比べれば,その受注は安定していた[3)]。

また,『狼少年ケン』は1クールあたり1500万円の製作費がうたわれていたが(薄, 1963:141),同時期の80分規模の劇場用作品には,約8000–9000万円の製作費が投下されており(時事通信社, 1965:190),その予算は圧倒的に高額だった。こうしたことから,固定人件費が生じる社員の「作画職」は,安定した需要と高い受注額が保証された,劇場用作品制作に充当されたと考えられる。

つまり東映動画は,テレビ番組制作特有の受注の不安定性と受注額の低廉さへの対策として,これに従事する「作画職」との雇用関係を不安定化し,また賃金を抑制することを試みたのである。

---

2) 継続的に特定一社との契約を更新しており,実態としてはその仕事を専門的に請け負うことで,それに対する拘束料相当の報酬が支払われているような個人を「専属契約者」などと称する場合があるが,制度上は社外人員であることには変わりがない。

3) 東映社長の大川博は1966年の年頭あいさつで,東映動画の事業ではスポンサー関係の問題が生じたテレビアニメの本数を2本に減らし,劇場用作品を年間2本制作する方針を示している(大川, 1966:10)。

3　内製から外注へ

形式的には雇用ではなく請負契約によって成り立つ契約者制度は，社内制作部門を半外部化するものだった。東映動画は当初，特に高賃金を支払う社員へ身分を切り替えるよう勧奨していた。しかし1965年を最後に社員の新卒定期採用が中止されると，その後は契約者となることだけが，そこで新たに働こうとする者にとっての就労する前提条件となった。

東映動画と契約を締結した彩色労働者の1968年の契約書では，作業場を東映動画の社屋と定めており，作業時間帯の規定こそないものの，スケジュールと業務命令には従うべきことなどが記されている。契約者は社員ではないが，その労務管理は実質的に元請企業によって担われたのである。

これとは別に，プロダクション工程の一部または全体を，他の会社に発注する事例もみられるようになった。これは工程の外部化を進めるうえで，元請企業が契約を結んだ個々人を管理する契約者制度だけでなく，会社間の契約により，個別のスタッフの労務管理自体を下請企業へ外部委託する事例も現れたことを意味していよう。

プロダクション工程の外注自体は，テレビアニメの制作開始以前から存在していたが，特定の会社間で企画・製作とプロダクション工程との分業関係が長期的に保たれるようになるのは，テレビシリーズ制作の国産化が急速に拡大・定着していく1960年代半ば以降だった。東映動画では，1964年にはテレビシリーズの作画や仕上げ工程を外注した事例がみられる。発注先の多くは作画や仕上げを担当するプロダクションだったが，朝日フィルムのように演出家を擁し，また撮影工程まで一貫して受注できる会社も存在した（たるかす, 1993：149）。

株式会社虫プロダクションでも，1964年頃から作画工程の外注が行われている。同社から独立したスタッフによるアート・フレッシュに続いて，虫プロダクションのテレビアニメ制作本数増加に伴い，株式会社ピー・プロダクションが『鉄腕アトム』の作画を下請けし始めた（リスト制作委員会・銀英社, 2003：2）。

東映動画や虫プロダクションとは異なり，当初からテレビアニメ制作を企図して，1964年8月に設立された株式会社東京ムービーでは，外注体制は所与のものとして現れた。

フジテレビの『鉄腕アトム』に対抗して放映が開始された『エイトマン』（1963-64）の好調を受け，TBSはさらに国産テレビアニメを増やそうと考えたが，当時同局のアニメーション制作を請け負っていた日本テレビジョンの生産量は，限界に達していた。このためTBSは，ピー・プロダクションへの発注を検討したが，同社は既にフジテレビのテレビアニメ『0戦はやと』（1964）を制作しており，増産は困難だった（うしお, 2007：244–249）。この代替策として，TBSの人形劇番組『伊賀の影丸』などをプロデュースしていた藤岡豊が，新たなアニメーション制作会社である東京ムービーを立ち上げることになった。

国産テレビアニメの開始と急増に伴い，業界全体で技術者が不足し，各社ともに引き抜きや，水面下での副業の依頼などが相次いだこの時期，後発会社である東京ムービーは，社内はもちろん首都圏だけでも受注量を賄いきれず，関西へも発注を行っていた（津堅, 2012：132–133）。しかしアニメーション制作経験のない急造の体制では，さまざまな無理が重なったようで，相場より高い脚本料を請求され支払わざるを得なかった（アニメージュ, 1980b：67），主人公の顔が1カットごとに違っていて局からは不評だったなど（藤岡, 1981：96），混乱のうかがえるエピソードが伝えられている。この時制作された『ビッグX』（1964–65）は，高視聴率に支えられて一年以上放映が継続したが，東京ムービーでは1964年12月に，国際放映の資本導入による経営再建が図られ，藤岡は営業部長となった（アニメージュ, 1980a：55）[4)]。

この後，特にその作画工程を専属的に受注したのが，東映動画出身のアニメーターである楠部大吉郎により設立された，エイプロダクション（現・シンエイ動画株式会社）だった。以降，東京ムービーは，社内に制作部門を一定程度維持しつつも，エイプロダクションに強く依存した制作体制をとるようになった。

このように，1960年代半ばまでに作画工程を中心とした外注が常態化したのに加え，数年後には工程別の専門的プロダクションもあらわれた。背景美術を専門とした現代制作集団や小林プロダクション（小林, 2002：102），撮影を専門とした高橋プロダクションなどである[5)]。また，韓国や台湾，東南アジア諸国といった，日本国内より人件費が低廉な地域へ，作画や仕上げを中心とした工程が流出していった。

こうした専門的分業関係が確立すると，それは一見して，各々が有する技術を互いに提供し合う水平分業のようにも思える。しかし歴史的経緯からすれば，これは

4）以降，1976年まで東京ムービーは，国際放映の100％子会社であった。国際放映から独立した後は，再び藤岡が社長を務めた。

5）有限会社高橋プロダクション／T2 studio 会社遍歴〈http://www.t2studio.co.jp/company.html#c_history（最終閲覧日：2019年11月30日）〉

先述したような受注増減への対応策として，社内人員を極小に保ち，固定人件費を増大させないようにするための，リスクヘッジの結果である。

現在でもアニメーション制作会社が工程間分業を行い，また元請企業であっても相互に他社の制作協力を行う体制は，受注の増減が激しい実態に即して，需要減少時には内製に徹する一方，増産が必要な場合には互いに労働力を提供し合うことで，常時余剰人員を抱え込まないようにする目的と機能を伴っているといえよう。

4　フレキシビリティへの対策

4-1　スタジオ機能の拡大・縮小とイノベーション

ここまでみてきたような需要増減への対応の事例として，次に株式会社サンライズの制作体制に注目したい。

虫プロダクションは1973年に倒産したが，この前後に内部人員の流出が起こり，いくつかのプロダクションが形成された。1972年に発足したのが，その一つである株式会社創映社だった。

創映社は，海外映画やテレビ番組の吹き替えからアニメの音響制作へと進出した東北新社の子会社となり，同社の企画・製作するテレビアニメを受注して，有限会社サンライズスタジオで制作を行なっていたが，1976年11月には，企画・製作を含めて行うための事業拡大を期して独立し，「株式会社日本サンライズ」となった（サンライズ, 2007a：10）[6)]。

『機動戦士ガンダム』（1979–80）をはじめ，2007年までにサンライズが制作した作品中では，原作をもたないオリジナル作品が7割以上を占めており（サンライズ, 2007b：344），一見して創造性に価値を置く会社にも思える。しかし1977年に入社し，1995年から2008年まで4代目の社長を務めた吉井孝幸は，自社について「製作管理が強い会社としてスタートしている」と述べている（Web現代「ガンダム者」取材班, 2002：9–10）。この「製作管理が強い」とはどのような意味であろうか。

サンライズは長らく「プロデューサー集団」として活動してきており，シリーズごとに集めたフリーランサーを編成する制作体制をとってきた。社内に生産ラインを抱え込まず，企画が通り制作が決定すると，担当のプロデューサーがそのプロジ

6）その後，1983年には「株式会社サンライズフィルム」，1987年には「株式会社サンライズ」と改称している。2005年以降はバンダイナムコグループ傘下の企業である。

ェクトごとに監督や原画マン，脚本家といったメインスタッフをフリーランサーから集め，上井草の本社周辺に確保されたスタジオに配置する（井上, 2011：25）。一シリーズが終了して，後続の企画がない場合は，そのスタジオは休止状態となり，集められたチームは解散する（日経 BP 社技術研究部, 2000：151-154）[7]。

本章でサンライズに注目する意義は，このプロジェクトと紐づいて増減するスタジオ制度にある。プロジェクトごとにプロダクション工程の人員を編成し，あるいは解散することが可能な制作体制は，不安定な受注にフレキシブルに対応しうるという点で，本章が指摘する構造が制度化されたものと考えられるからである。

このスタジオ運営手法は，サンライズがオリジナル企画を多く手掛けてきたことと関連性をもっている。同社は東映動画や東京ムービーに比して後発の会社であり，東北新社から独立した時点で既に，主要な原作をもつ出版社や放映枠などは，他社に押さえられていた。当時，商業アニメーションの主要なウィンドウは全国ネット局で放映されるテレビシリーズであり，そこで企画を通すことは，現在よりずっと困難だったため，制作会社の実績や原作の知名度を資源にすることのできないサンライズは，玩具メーカーをスポンサーとするオリジナル企画を中心に扱わざるをえなかったのである（Web 現代「ガンダム者」取材班, 2002：10）。

玩具メーカーと提携した巨大ロボット路線のテレビシリーズが増加していた1970 年代においては，一定のフォーマットを共有しつつ同時に差異化を施すという，矛盾に満ちた調整の過程が必要となる。これはホルクハイマーとアドルノが指摘した，文化産業が常に新しい差異を要求するという規格化の作用を思わせる（ホルクハイマー & アドルノ, 1990：197-198）。このとき，サンライズの増減するスタジオ制度は，企画ごとにスタッフをピックアップすることが可能なため，「バリエーションに富んだ企画を一つでも多く同時に走らせ，ヒットを生み出す機会を増やす」（日経 BP 社技術研究部, 2000：154）ニーズに合致していた。

また，スタジオごとのプロデューサーが，自身の権限に基づいて演出家やアニメーターを抜擢しやすいため，結果的に現場スタッフのオリジナリティを生かしやす

7）こうした点在する複数のスタジオを有する制作会社の形態は，かつて虫プロダクションが最初の設備を手塚治虫の自宅敷地内に設けたため，増産にあたり近隣に小規模なスタジオを増設していった実態を制度化したものとも考えられる。なお，サンライズとスタッフとの契約が完全に作品単位なのか，ある程度それと紐づけられた期間単位の契約となっているのかは不詳であり，今後，契約書面など実態を示す資料を調査する必要がある。

いという利点も現れた。『機動戦士ガンダム』で作画監督などを担当した安彦良和は，東北新社製作のテレビアニメ『わんぱく大昔クムクム』(1975-76) の企画書を書くことを許され，結果として初めて原作とキャラクターデザインを担当している (Web現代「ガンダム者」取材班, 2002：39)。また，アニメーション業界では1970年代末頃からみられ始めた女性演出家の一人である加瀬充子が，サンライズの作品でキャリアを開始していることも注目されよう。

サンライズのフレキシブルなスタジオ運営手法は，アニメーション制作事業の構造に適応したものであるとともに，一種のイノベーションをもたらす機能を伴っていたと思われる。

4-2　企画と制作の葛藤

2014年にスタジオジブリの制作部門活動休止が宣言され，あるいは2017年に宮崎駿の新作制作のため再びスタッフ募集が行われた際，これを批判的にみる意見が散見されたことは記憶に新しい。しかしこれまでみてきたように，史的観点からすれば制作部門を離合集散させるアニメーション制作会社は珍しいとはいえない。スタジオジブリにしてからが，当初は一作ごとにスタッフ編成を行っていた。

1985年6月，スタジオジブリの発足にあたって検討された文書「アニメーション・プロダクション“ジブリ”の設立メモ その意図と方針」(1985年6月4日) では，プロダクション設立の利点の一つとして「下請プロダクション選択の手間，苦労を除き，ジブリの作品ごとに適したスタッフ構成をなし得る」ことが示されているが，一方で課題として「設備投資した以上，どこまで長期計画が組め，運営できるか」「固定費の負担を出来るだけ削減するために，間をあけることなく，企画が継続しなければならない」「スタッフは一作主義に徹して，完成後解散し，間をあけることなく，企画が継続しなければならない」「宮崎・高畑作品を中心に，更に時流に合った作品企画，スタッフの発掘，確保」「持続的に雇用する少数スタッフの身分，待遇の処理」「親会社の発注がなくなったとき，ジブリは解散か，得意先を多様化して独自性をもつか」等，多くの点が指摘されている。これらの問題はすべて，構造上受注によってしか成立しないアニメーション制作事業の継続のため，間断なく企画を実現させつつ，一方では固定費を削減するために常勤のスタッフを少数に保ち，また一方では作品制作を成立させうるだけのスタッフ確保を行わねばならない困難さによって発生するものである。

スタジオジブリが「一作主義に徹」することなく恒常的に活動することが企図さ

れ始めたのは，『魔女の宅急便』（1989）が完成した1989年夏のことだった（スタジオジブリ・文春文庫, 2013：48–52）。アニメーション業界の慣行からすれば，以降四半世紀にわたりスタジオジブリが正規雇用や固定給制度を維持してきたことの方が，むしろ特異であったといえよう。現在でも，3年に1作のペースで劇場用長編アニメーション映画を定期的に制作している細田守のスタジオ地図は，本格的にプロダクション工程が稼働する約1年間以外は，監督とプロデューサーに少数のスタッフを加えた程度の規模で運営されており,「スタッフの人数やスタジオの広さも含めて，制作が始まったら拡大，終わったら縮小ということを繰り返」す,「伸び縮みするスタジオ」となっている（日経エンタテインメント！, 2015：186）。

とはいえスタジオジブリの発足時に既に指摘されていたように，このフレキシビリティは，実際にはそう簡単に機能するものではない。個々のスタッフにも生活がある以上[8)]，恒常的ではなく散発的にしか仕事が生じない会社からの依頼に，いつでも応じられる者は少ないであろうし，スタッフ確保の確実性がない企画は，結局のところ，実現可能性も薄いだろうからである。とりわけ特定のスタッフの登板を当て込んだ企画案であれば，その不参加は企画自体の浮沈にも影響を及ぼしかねない。また，プロダクション工程に十分なスタッフ数を確保できなければ，制作体制は混乱を極めることになる[9)]。

実際にはむしろ多くの場合，既存の生産ラインの規模を維持するために，大きなヒットが見込めずとも一定の受注量を保つよう仕事を発生させる必要性が存在してきたと思われる。こうした実態は企画担当者や，制作体制の管理を行う制作デスクの発言に垣間見ることができる。

1960年代から70年代初頭の東映動画で，企画と制作双方の職務を歴任した原徹は，原作マンガのある『ひみつのアッコちゃん』（1969–70）の後番組として始まった『魔法のマコちゃん』（1970–71）が，今度はオリジナル作品になった理由について，自分たちで企画はできるし，ちょうど当時はそれほど依存する原作もなかったためと述べている。同作は一年間の放映を終え，後番組の制作も引き続き東映動画

8）クリエイターではなく生活者としてのアニメーター像については，松永による本書第9章を参照。

9）初期のスタジオジブリや現在のスタジオ地図などが，離合集散型でスタッフを集められたのは，経営陣とは別に現場を主導する監督の知名度と，これを資源とした業界内および市場での評価が，個々のスタッフのキャリアの証明となるため，次の仕事の発生を一定程度保証する機能を担ってきたからではないだろうか。

が行なったため，放映枠と生産ラインは無事に維持された。

一方，制作側で仕事をした際の経験について，原は次のように回想している。

> ところが企画も（筆者注：3本から）2本になるときがあるんですよ，減っちゃって。（中略）作品が2作品になると，外注とかがたくさんあるでしょ。そういうところにやるから，早く上がってしまうんです。すると，次の作品が決まってないうちにストックができてしまって，手が空いてしまう。そうすると，私の制作の立場と企画と，相対立するんです。なんでちゃんともっと企画，常に3本，営業して取ってくれないのか，という具合に制作と企画とが対立するんです。
>
> （2012年1月21日，横浜市金沢区にてヒアリングを実施，メディア芸術情報拠点・コンソーシアム構築事業）

ここでは制作デスクと企画担当者の職務が，原理的に相容れない側面をもつことが語られている。体制の安定化に努めるべき制作デスクと，流動的な市場に対応すべき企画担当者の立場との間には，この対立が潜在しているといえる[10]。

4-3　取引関係の維持

アニメーション制作が受注事業である以上，制作会社は発注元となる諸企業との関係性を維持することで，受注継続を図る必要がある。これは一見して，製作側にとってはフレキシビリティを欠きかねない施策ともとれる。しかし実際には，座組を長期にわたって維持することで，イノベーションを試みた事例もみられる。ある広告代理店プロデューサー（企画当時）は，同じ座組で長期的に継続してきた放映枠での番組企画の変遷について，次のように述べている。なお，本件に限り固有名詞はすべて仮名とした。

10）もっとも原自身はその経歴上，安定して企画を通すことが困難であることも理解していた。企画案は必ず実現するというものではなく，あるプロデューサーは，採択率が高い方であっても，それは15％程度だったと証言している（岡田, 2014：234）。企画をいかに実現し，制作体制を安定させるかという課題の意識化は，原が後に関わるスタジオジブリの発足にあたり，先に引用した検討案にも反映されたと思われる。

【作品 A】に関しては，ちょっとその先でやる企画がないなっていう話になって，スポンサーの方からも特になかったので，だったらやりたいのをやろうと。ですから，その後の事情で【作品 A】が比較的短く終わってしまったのは，とても残念だったんですよね。これは時々ある，やりたい作品がやれるってときですね。

（中略）

その後【作品 B】になるんですけど，それに関しては【スポンサー C 社】を含めて，【D 出版社】の【E 誌】と付き合いたいと。それで始まったんです。当時【作品 F】が絶好調で，いわゆるロー・ターゲットに関しては，もう売り切っちゃった。だったらもうちょっと上のターゲットを狙ったのをやりましょうと。それで【E 誌】で一番人気だった【作品 B】をやったんです。

（2016 年 3 月 18 日，東京都新宿区にてヒアリングを実施）

ここでは先に原が述べていたのと同じく，長期的に継続してきた放映枠のために，ヒットを確信しえずとも企画が立てられ制作が行われている。しかもそれは，プロデューサーたちにとって不本意な事態というわけではなく，むしろ「やりたい作品がやれる」ケースでもあった。そしてこの番組は「比較的短く終わってしまった」が，その間にターゲット層を明確に意識した次の企画案が検討され，座組と放映枠自体がさらに維持されたのである。付言するならば，この間に用意された次の番組は，後番組を含めて数年間継続する新たな路線の嚆矢となった。

ここからは，常にあらゆる企画が大きなヒットを見込んで立てられるわけではなく，むしろ放映枠やスポンサーを含めた関連各社との関係性を維持することもまた，重視されていることがわかる。そしてこうした枠や座組の維持は，制作会社にとっては既存の生産ラインを維持することにも寄与するのである。

岡田美弥子は，あるアニメーション制作会社への調査をもとに，その事業の強みを何点か挙げている。そのうち一つは，この会社の制作する作品数が他社より多いため，複数の作品間でリスク分散が可能なことだった（岡田，2014：240）。5 作品中 1 作品でもライセンス収入などで収益性の高い作品があれば，他の作品制作において生じる差損までをカバーし，長期的にはテレビアニメ事業全体として収益をあげられるからである。

この手法は，事業の維持というレベルのみならず，生産ラインの維持を通して，制作部門にも影響を与えると考えられる。たとえば東映動画は，1972 年に受注額と原価の差損による赤字対策として，制作本数を削減する方針をとり，制作部門の人員削減や一部経営分離を行う一方で，商品化権などライセンスの運用を行う営業部門の強化を図ったが，その後はむしろ制作本数を増加させている。これは前述のような多元化によるリスク分散を可能にして経営の改善をもたらし，制作部門での人員増強をも導いた（木村, 2017：90-92）。

とはいえこれは，アニメーション制作会社のなかでも多くの作品を並行して制作することが可能で，またライセンス管理部門をもちうる大手企業特有の手法ではある。2019年度の東映アニメーションの有価証券報告書によれば，事業別販売高の比率では，製作・販売事業が36%なのに対し，版権事業は54%を占めている。これは一面で，東映アニメーションは版権営業を行う会社であり，この版権を生み出すために作品制作を行なっているともとれる実態である。このような形態がとれない中小規模の制作会社の場合，いまだ不安定雇用と相互の制作協力に基づき，固定人件費を抑制して事業のリスクヘッジを行うほかない状況が，なお残存していると思われる。その一方で近年では，制作部門の職員を正規雇用するプロダクションもみられるようになっているが，こうした事例については現状分析の領域となるため，本章の役割を既に超え出ている。

5　歴史研究の意義

本章では史的観点から，アニメーション制作事業における受注の不安定性に，どのような対処がなされてきたかを分析してきた。最後にこれを，既存の理論的成果と架橋し，個性記述的な歴史研究が他の研究と相補的に分析を深化させうる可能性を追求してみたい。

半澤誠司によれば，文化産業においては最終成果物である製品を市場で実際に検証しない限り，それが高い市場価値をもつかわからず，またより豊富な製品を生み出す組織が他の組織より成功するとも限らないため，企業にとって非効率は不可避であり，「成功した少数の製品以外に，多数の失敗作という重複を受け入れざるを得ない」。そのため「不確実性が存在する市場におけるイノベーションには冗長性が欠かせない」（半澤, 2016：29-30）ことになる。

半澤により「冗長性」は，生産過程のさまざまなレベルで「不可避的に生じる非効率」と定義されている。この「非効率」の許容という概念は，本章で論じてきたように，ヒット作に追随した路線へ投資を集中させることなく，バリエーションに富んだ企画を並行して実現させ，また生産ラインを安定させつつ座組を維持することが，長期的には経営の安定化にも資した事例と重なりうる。

ただし本章では，生産ラインを再編可能な状態にしておくことで，むしろ「非効率」のもたらす負荷を軽減しようとする試みも，並行してみられたことを指摘した。ここでは固定人件費の抑制を企図して，改廃可能なようにユニット化されたスタジオ運営の手法が，現場スタッフの自律性を保証し，知的創造を促してもいた。むろんこのイノベーションの機能は必ずしも当初から意識されていたものではなく，むしろ制作会社が成立した史的要件から導かれた結果と思われる。

実際のところ「非効率」をどの程度許容するかは，個別の会社が置かれた情勢によって絶えず揺らがざるをえない。こうした多様な実態とその変化の把握には，普遍的モデル化を志向するアプローチよりも，個性記述的な歴史研究のアプローチが適していると思われる。したがってアニメーション史研究は，他領域の社会科学的研究に，モデルを精密化するための多様な事例を提供し，他方で構築されたモデルを参照しながら個別事例を分析するという，相互にトライ＆エラーを行う関係をもつことが可能であると思われる。ただしそのためには，本章で東映動画やスタジオジブリについて論じた際に試みたような，社内文書などの一次史料に基づいた，より実証的な歴史研究の成果が蓄積されねばならない。

とはいえ，業務上の守秘義務の観点から情報公開の壁がきわめて厚いこともまた，実証的歴史研究を阻む大きな要因となっているだろう。本章の執筆にあたっては，株式会社サンライズへスタジオ制度についての調査を依頼したが，社内事情に関わることであるため残念ながら応じていただけず，やむなく二次史料を用いた。しかし実名表記が基本となる歴史研究とは異なり，匿名表記によるモデル化を志向する学問領域であれば，また異なる対応もあり得るだろう。この点は学際研究の深化に期待をかけたい。

【引用・参考文献】

アニメージュ［編］（1980a）．「東京ムービー小史」『アニメージュ』*3*(11), 55–61.

アニメージュ［編］（1980b）．「座談会・東京ムービー今昔物語」『アニメージュ』*3*(11), 66–70.

井上　徹（2011）．「新しいアニメビジネスの姿を探求――（株）サンライズ」『商工ジャーナル』*37*(10), 24–26.

Web現代「ガンダム者」取材班［編］（2002）．『ガンダム者――ガンダムを創った男たち』

講談社

うしおそうじ（2007）．『手塚治虫とボク』草思社

大川　博（1966）．「新体制の確立で新たな前進を」『とうえい』*94*, 1–16.

岡田美弥子（2014）．「マンガビジネスの生成と発展――事業をつなぐビジネスシステムの解明」『經濟學研究』*63*(2), 375–404.

木村智哉（2016a）．「商業アニメーション制作における「創造」と「労働」――東映動画株式会社の労使紛争から」『社会文化研究』*18*, 103–125.

木村智哉（2016b）．「東映動画株式会社における映画製作事業とその縮小」谷川建司［編］『戦後映画の産業空間――資本・娯楽・興行』森話社，pp.85–113.

木村智哉（2017）．「卵の殻のなか　東映動画の幾原邦彦」『ユリイカ』*49*(15), 90–101.

木村智哉（2018）．「アニメ史研究原論――その学術的方法論とアプローチの構築に向けて」小山昌宏・須川亜紀子［編］『アニメ研究入門 応用編――アニメを究める 11 のコツ』現代書館，pp.197–221.

小林七郎（2002）．『空気を描く美術――小林七郎画集』徳間書店スタジオジブリ事業本部

サンライズ［編］（2007a）．『サンライズ全作品集成――Sunrise chronicle 1 1977–1994』サンライズ

サンライズ［編］（2007b）．『サンライズ全作品集成――Sunrise chronicle 2 1995–2007』サンライズ

時事通信社［編］（1965）．『映画年鑑 1965 年版』時事通信社

薄（1963）．「「狼少年ケン」など国産TV 動画次々登場」『キネマ旬報』復刊 351 号, 141.

スタジオジブリ・文春文庫［編］（2013）．『ジブリの教科書 5　魔女の宅急便』文藝春秋

玉川博章（2018）．「ライツビジネス構想論――アニメ産業分析の検討と転換への試論」小山昌宏・須川亜紀子［編著］『アニメ研究入門応用編――アニメを究める 11 のコツ』現代書館，pp.143–173.

たるかす［編］（1993）．『魔女っ子大全集〈東映動画篇〉』バンダイ

津堅信之（2012）．『テレビアニメ夜明け前――知られざる関西圏アニメーション興亡史』ナカニシヤ出版

日経エンタテインメント！［編］（2015）．『細田守とスタジオ地図の仕事』日経BP 社

日経BP 社技術研究部［編］（2000）．『進化するアニメ・ビジネス――世界に羽ばたく日本のアニメとキャラクター』日経BP 社

半澤誠司（2016）．『コンテンツ産業とイノベーション――テレビ・アニメ・ゲーム産業の集積』勁草書房

藤岡　豊（1981）．「ぼくのアニメ創世記③」『アニメディア』*1*(3), 95–97.

ホルクハイマー, M. & アドルノ, T. W.／徳永　恂［訳］（1990）．『啓蒙の弁証法――哲学的断想』岩波書店（Horkheimer, M., & Adorno, T. W.（1947）. *Dialektik der Aufklärumg: Philosophische Fragmente*. Querido.）

増田弘道（2016）．『デジタルが変えるアニメビジネス』NTT 出版

松永伸太朗（2017）．『アニメーターの社会学――職業規範と労働問題』三重大学出版会

山本健太（2018）．「大都市の創造性とアニメーションスタジオの役割——労働者の働き方とネットワークに着目して」『都市地理学』*13*, 37–47.
勇上和史（2006）．「アニメ産業における労働」『日本労働研究雑誌』*48*(4), 49–51.
リスト制作委員会・銀英社［編］（2003）．『鉄腕アトムDVD-BOX4 データ・ファイル』コロムビアミュージックエンタテインメント

Chapter

09

作り手の労働者像をめぐって

生活者としてのアニメーター

松永伸太朗

1　アニメーターの労働者像

1-1　二つの（極端な）労働者像

私たちが視聴者として目にする商業アニメは，集団的な営為のもとで制作されたものである。アニメ作品のエンディングのスタッフロールを眺めれば監督・声優・脚本・音響・演出など，非常に多くの職種が制作に関わっていることがわかるだろう。そうしたアニメ制作に関わる職種のなかで，中核を担っている職種の一つがアニメーターである。本章では，アニメ制作現場のフィールドワークに基づいて，既存のアニメ研究では注目されてこなかったアニメーターの労働者像を描く。

作り手である「アニメーター」という職業を思い浮かべるとき，どのような労働者像が思い浮かぶだろうか。既存の研究では，アニメーターの労働者像は二つの仕方で描かれてきた。

一つは，苛酷な環境で働く労働者としての側面である。この捉え方は，日本アニメーター・演出協会（2009）が実態調査をもとに「アニメーター労働白書 2009」という報告書を発表して以来，よく見受けられるようになった。ここで指摘されるのは，アニメーターに属する職種のうち，多くのアニメーターが初期キャリアとして経験する「動画」工程が，フルタイムの労働にもかかわらず年収水準が 110 万円程度にしか満たないという事実である。とりわけ，大橋（2007）は数あるアニメ制作会社のなかでも，下請けに属する企業における労働環境の劣悪さを，自ら実施した参与調査をもとに明らかにした。

もう一方は，アニメ制作を支える華やかな主役としての側面である。日本のアニメ制作を牽引してきたアニメーターは，海外における日本のアニメ作品の人気もあいまって，賞賛を浴びてきた。この系列の議論では，とくに監督や演出に関わるアニメーターたちの卓越した作家性・創造性が強調される。たとえばコンドリー（2014）は，アニメーターたちがファンのニーズを敏感に捉えながら制作を行うことによって，日本のアニメの国際的な成功をもたらしてきたことを指摘する。増田弘道は，アニメーターが作品の質を突きつめるクリエーター的な性格を有しており，それゆえ業界が実力主義の世界として構成されていることに加え，勝ち上がればアニメーターとして十分に生計を立てていけるのだから労働問題はある限られた一部の現象でしかないとまで述べている（増田, 2007）[1)]。

こうした二つの労働者像は，いずれにしても，アニメーターという労働者が作品制作に没頭，ないしはアニメーションという作品に対して過度に献身的な姿勢を有しており，その結果自らの生計の維持を度外視した働き方をしていることについて，共通した視点をもっている。しかし，こうしたアニメーター像は，アニメ制作が集団的な営為であることをうまく説明できない。なぜなら，集団的な営為を継続するためには産業として一定の労働力を常に維持する必要があり，生計を度外視するアニメーターという見方からは，この維持がいかにして可能になっているかを捉えられないからである。

本章では，こうした作品制作に没頭して生活維持を度外視してしまうアニメーターという視点とは異なるアニメーターの労働者像を提示したい。とくに着目したいのは，アニメーターの多くは企業に雇用されず働くフリーランサーで，かつ他に副業などをもたずフルタイムで働いているという点である[2)]。企業に雇用されていないため，勤続に応じた昇給などが制度的に保障されているわけではない。たとえば結婚して子どもをもうけたときに，雇用労働ではしばしばそれに応じた手当が支給されるが，フリーランサーにおいてはそうした保障はなく，自力で収入を増やすための戦略を立てなければならない。こうした視点は，単に与えられた仕事に没頭しているアニメーターという労働者像からはみえてこない。

こうした視点は，「生活者」としてのアニメーターという労働者像として位置づけられるだろう。アニメーターがアニメの仕事で生活しているということは，既存

1）こうした労働者の捉え方は芸術が関わる労働においては典型的であり，それにはもちろん批判的見解も存在する（吉澤, 2011）。

2）最新の調査である日本アニメーター・演出協会（2019）では，全体の69.6%が「フリーランス」もしくは「自営業」と回答している。

の実態調査などを鑑みれば明らかであるが，その内実は問われてこなかった。既存のアニメーターに関する労働者像はスポット的な労働問題や作品の創造性については説明してきたが，それらがなぜ一つの産業のなかで再生産され続けるのかについては説明してこなかった。本章はこの問題に焦点を当てるものである。

1-2　生活給という視点

それではなぜ，アニメーターが生活者であるという視点はこれまで浮上してこなかったのだろうか。その一つには，アニメーターが作業の結果として得る報酬が，あくまでその能力を反映したものとして捉えられてきたことがある。こうした視点は，先述した増田のような，「勝ち上がればアニメーターは稼げる」といった言説において顕著である。

この問題を考えるうえで考慮しなければならないのが，こうした能力主義的な報酬への発想が，アニメーター当事者にとっても広く共有されているように思われるという点である。松永（2017）では，16名のアニメーターへのインタビュー調査から，アニメーターが「職人」という職業像を望ましいものと認識しており，あくまで実力によって報酬の多寡が決定されるべきであるという規範を強く有していることが明らかになった。こうした規範を用いて自らの労働条件を理解することによって，彼らにとって問題として感じられるのは，単に低賃金であることではなく，実力のあるアニメーターのなかに低賃金に留まっている者が多く存在しているという，報酬体系の不完全性であった。つまり，能力主義的な規範は共有こそされているが，アニメーターの納得を不完全にしか取り付けていない。

労働社会学においては，一般に労働者が受け取る賃金には二つの側面があることが指摘されてきた。一つが「能力給」，もう一つが「生活給」である。能力給とは，労働者が受け取る給与を，その労働者が有している職務遂行能力・職業資格・組織への貢献などの労働者の能力に帰属されるものとして捉える見方である。生活給とは，労働者やその家族の生活を支えるものとして給与があるとする見方である。こうした区分を踏まえると，アニメーターの賃金への捉え方は，もっぱら能力給的な見方に隔たっているように思われる。

しかし，能力給と生活給は，実際には常に両方の側面が存在することに注意が必要である。労働社会学者の河西宏祐は，日本の年功賃金制度をもたらした「電産型賃金体系」という賃金体系の形成過程を分析するなかで，いかに能力給が浸透しようとも，そこから生活給としての側面を排除しきることは困難であることを指摘している（河西, 2007）。

こうした指摘は，アニメーターの多くがフリーランサーとして働いているという事実をふまえたときに，より重要である。たしかに，フリーランサーが得る報酬水準は雇用労働者よりも低くなりがちであるが，もしそこに生活給としての要素が存在することが把握できれば，アニメ産業が一つの産業として成り立つような労働力をいかにして維持しているのかについて一定の見通しを得られるからである。

本章では，こうした生活給としての側面が顕在化しやすい局面として，アニメーターが個々のライフステージにおいて直面する収入上の問題に，どのように対処しているのかに着目する。一般にライフステージに応じて，生計維持のために必要になる収入は異なってくる。20歳代で一人暮らしをしているときと，30歳代・40歳代と年齢を重ねて結婚・出産・育児などを経験する段階では，当然生活上の支出は異なるだろう。もしもアニメーターの賃金が完全な能力給のみの側面しか存在しないのであれば，こうした人生上の出来事から生じる支出は無視されて，単なる業務量や仕事の成果だけで賃金が決まることになる。とりわけ，アニメーターの多くはフリーランサーであることによって，勤続に応じた昇給や扶養等の手当を得る契機は乏しい。一般に，フリーランサーの賃金水準は高くないことが知られているが[3)]，そのなかでの生活給とはいかなるものなのだろうか。

これらのことを踏まえつつ，本章ではとくに中堅からベテランのアニメーターを事例としつつ，実際にアニメーターたちが自らの生活と賃金の関係についてどのように考えているのか，また，自らの生活との関係でどのように仕事内容等を調整したりしているのかといった論点を扱う。

2　フィールドワークから作り手の労働者像を描く

本章では，筆者が2013年から現在にかけて実施してきたアニメーターへのインタビュー調査やアニメスタジオにおける参与観察調査の結果をデータとして用いる。

労働社会学という分野は，その黎明期から調査を通じて労働者像を解明するプロジェクトに取り組んできた。その創始者とされる松島静雄は，当時はまだ農業従事者が多かったなかで徐々に登場してきた工場労働者に詳細な聞き取りを行い，彼ら

3）労働政策研究・研修機構による独立自営業者へのアンケート調査によれば，その6割が年収200万円に満たないことが明らかになっている（労働政策研究・研修機構, 2019）。

が賃金水準だけみれば農業従事者を上回るにもかかわらず，非常に強い不安感を有していることを指摘した（松島, 1951）。この背景にあったのは，農業従事者が生まれ育った土地への帰属感を有するのに対して，工場労働者がそうした戻るべき場所もなく身体一つで働いているがゆえに，もしも自らの雇用が失われた際に行く当てがないという不安感であった。つまり，松島は聞き取り調査から，「賃金よりも土地への帰属を重要視する労働者」の存在を明らかにしたのである。このように，労働調査から意外な労働者像を明らかにするというプロジェクトは，長い伝統を有する取り組みであるが，メディアやコンテンツが関わる産業ではあまり取り組まれてこなかった[4)]。本章はこうした研究史をふまえて，アニメーターを対象として実施した労働調査をもとに，労働者像の記述を試みる。こうした視点は，アニメーター以外の対象においても応用可能性を有するものであり，アニメの社会学的研究の一視点として広い有効性をもつだろう。

筆者は，これまで大まかに三つの調査を実施してきた。

(1) アニメーターの職業規範や仕事のやりがいに関する調査（2013-2014年，対象者16名）
(2) 1970-80年代に入職したベテランアニメーターのキャリアとファンに対する意識に関する調査（2015年，対象者10名，うち2名は（1）と重複）
(3) 東京都内の作画スタジオX社における職場観察調査（2017年1-4月・2020年2-3月，インタビューは計19名に対して実施（6名重複））

重複を除けば，これまで約40名のアニメーターに対してインタビューを実施してきたことになる。このなかには，既存のアニメーター像にあてはまるような，初期キャリアの動画マンや，アニメファンの間では有名なアニメーターも含まれている。こうしたアニメーターについては既存研究が既に扱ってきたから，本章であえて扱うことはしない。本章で扱うのは，アニメーターのキャリアとしては中堅に位置するといえる，原画や作画監督を中心にキャリアを積み上げてきたアニメーター[5)]であり，かつ当人としても「失敗したというわけではないが，大成功したわけでもな

4) 労働調査に基づくわけではないが，長谷（2004）は，宮崎駿の映像の分析から，卓越した作家である彼が実はアニメーターが集団の一員であることを重視してきたことを発見している。

い」といった意味づけを自らのキャリアについて行なっている者である。

とりわけ，大橋（2007）が下請企業を問題としていたように，組織という観点でアニメーターの仕事を考えるとき，重要なのはその企業が業界内でどのような位置に置かれているかという点である。アニメ制作会社は，その事業への関わり方から，①元請制作会社，②グロス請制作会社，③作画スタジオの三つのタイプに分けることができる。①は，当該作品の制作を統括する企業であり，テロップ等にも「アニメーション制作」としてクレジットされる。②は，元請制作会社の要請を受けて，作品の一連の話数の一部を請け負って制作する企業である。たとえば，全13話のテレビシリーズのうち，2話分の制作を担当するといったようにである。③は，元請もしくはグロス請の要請を受け，作画の一部分だけを請け負って制作する企業である。この説明からも明らかなように，下請構造という観点では①が上位にあり，その下請に②，さらにその下請に③といった位置づけになる。こうした重層的な下請構造がゆえに，下請制作会社（典型的には③）の労働条件は劣悪なものになりがちなのである。

本章では元請制作会社で働いてきたアニメーターと作画スタジオで働いてきたアニメーターそれぞれに着目する。しかし，いずれの対象企業も数十年の歴史をもつ企業であることを背景として，そうした長年の企業活動の維持を可能にしてきたと思われるアニメーターの生活の維持への配慮がみられる。こうした議論を通して，アニメーターの仕事を理解するうえで生活給という発想が重要であることを示したい。

3　「月15万」という生活水準

まず導入として，松永（2017）で取り上げた入職5年目（23歳）の女性アニメーター甲斐[6]さんの語りとその分析を取り上げる。甲斐さんは，調査において筆者に同行していた研究協力者がアニメーターの報酬に生活保障という観点が入っていな

5）日本アニメーター・演出協会（2015）の実態調査をみると，アンケート回答者の759名のうち，最も多いのは「原画」という工程に従事する者で，該当者が129名である。それに対して動画は56名，監督は19名，演出は41名にすぎない。この原画マンの平均年収は281.7万円で，一般的な雇用労働者と比較すれば決して高くはないが，その多くがフリーランサーであることを加味すればそれほど低い水準でもない。

6）以下，取り上げる人物の氏名はすべて仮名である。

いことについて批判的に言及した際，それに反論する形で，下記のように述べている。

> 甲斐：みんな，アニメを描いて暮らしていくっていうことが，自分が一番望んでいることなんで，別に豪華な暮らしは望んでないわけです。月 15 万円あれば普通に暮らしていけるわけですから，第一，それだけもらえばいいんですよね。

甲斐は，「月 15 万円」という具体的な金額を提示しながら，その額で「普通に暮らしていける」と述べ，その額が得られれば十分であることを指摘している。重要なのは，ここでは「アニメを描いて暮らしていく」ことが自らの望みであると述べられているように，この金額はアニメーターとしての生活を成り立たせるために十分な額として提示されていることである。ここでは，能力が適切に評価されているかどうかとは別の水準で，生活給として月 15 万円という水準が問題のないものとして語られていることが読み取れる。

このように，アニメーターの語りをみてみても，生活給的な観点がその報酬のなかに存在していることがわかる。かつ，甲斐は少なくとも調査時点では自らの収入について十分なものであると語っている。しかし既に述べたように，年齢を重ねた際に，こうした水準が十分なものであり続けるのかは別である。次節以降では，アニメーターの報酬の生活給としての側面がうかがえる二つの事例を取り上げる。

4　スタジオにおける賃金交渉と育児

以下は，筆者が東京都内の X 社において参与観察を実施した際に観察された事例である。X 社は 40 名程度のアニメーターが集う下請の作画スタジオであるが，2020 年現在で 40 年以上の歴史をもつ老舗である。3 名のみ事務を専業とする従業員を雇用しており，そのうち 1 名が渉外や社内の業務管理を行う「マネージャー」（仮名：小林）であった。次の場面は，他社のプロデューサーが X 社内の中堅アニメーター宮西（40 歳代）が以前から起用されていた作品の新シリーズにおいて宮西を作画監督として起用するために X 社に赴き，その労働条件についてマネージャーと交渉している場面のフィールドノートである [7)]。

2017年4月4日16時20分 小林さんとY社プロデューサーの報酬交渉

他社のプロデューサーと小林さんが応接室で話している。出向しているスタッフを中心に，次の作品以降における契約について話し合っている。
話が始まってしばらくは宮西さんの労働条件についての話をしている。最初プロデューサーは拘束で（(月あたり)）35万円という額を提示するが，小林さんはその額だと成功報酬なしでは厳しいと述べる。その理由として，宮西さんは配偶者もアニメーターで子どもがおり子育て中であることが述べられている。さらに宮西さんには別の会社からも仕事をやる話があり，そちらでは40万円を提示されているが，小林さんは同じ金額ならY社での仕事の方がよいだろうと言い，40万円を希望すると述べた。プロデューサーは宮西さんには絵コンテも担当してもらっているため，それで追加の金額をつけることは可能なことを述べ，いったん40万円ということにするとした。

この事例では，プロデューサーは宮西を月あたりの固定給35万円で起用しようとするが，マネージャーがその金額ではオファーを受けられないと抵抗している。その際に理由として言及されるのが，宮西が育児中であるという生活上の問題である。ここでも，35万円が不十分である理由は宮西のアニメーターとしての職業能力には帰属されず，あくまでその家庭環境に起因するものとされている。こうした抵抗を受けて，プロデューサーは宮西がさらに別の他社から40万円のオファーを受けていること，絵コンテも担当していることを理由に40万円への増額を了承している。仮にアニメーターの報酬が単に能力給としての意味に限られるのならば，そもそもプロデューサーは宮西が育児中であるという事情を増額を検討する理由として受け取ることはなかったと思われる。ここでは，小林もプロデューサーも，アニメーターの報酬が少なくとも部分的には生活給としての側面をもつべきという規範を用いながら，報酬額の調整を行なっているのである。

この事例から，アニメーターが年齢を重ねても，むしろ重ねるほど生活給としての側面がその報酬のなかに現れている可能性が指摘できる。しかし，たとえば一般企業では扶養手当などが存在するように，家族の状況によって給与を加算するという発想は，労務管理側の論理として広く共有されている。一方で，企業に雇われず

7）この事例を含めたX社マネージャーの実践の意義については，松永（2020）を参照。

働くフリーランサーの場合は，こうした労務管理側の手当の恩恵を受けることができない。そうしたアニメーターはどのような対処を行なっているのだろうか。

5　配偶者の出産・育児を契機とした海外転勤

本節では，元請制作会社C社で働く，調査当時54歳，アニメーターとしての経験年数30年だったベテランアニメーターの亀山の語りを扱う。調査は，2015年11月7日に，C社スタジオ内にて行われた。

C社は，1970年代に創業した老舗の元請アニメ制作会社であり，長期間放映され続けているテレビシリーズや，劇場作品などをコンスタントに生産し続けている。

一方で亀山自身は，安定した仕事を得られるようになるために10年ほどの期間を要したと述べており，自らを同世代でスター的な注目を集めているアニメーターとは異なるものとして位置づけている。

> 亀山：僕らはけっこうね，のほほんと入って，ああ大変だなあと，アニメーションって意外と大変だなあと思いながらも，仕事をなんとかつないでもらいながら，で，自分のやりたいことを徐々に僕は見つけていったタイプ。

こうした労働者像は，単に過酷な労働に巻きこまれていくでもなければ，一方で華やかな成功を収めるアニメーターでもない，既存の研究が取り扱ってこなかったタイプのアニメーターであるといえる。こうしたアニメーターがいかにキャリア形成を行なってきたのかについて考えることは，アニメーターの仕事と生活の関係を考えるうえでも重要である。

亀山は，アニメーターとしてのキャリアを開始した当初は別のスタジオで働いており，C社に至るまでに3社で勤めていたが，そのいずれもが倒産し，所属スタジオがなくなったときにC社のプロデューサーに声をかけられて勤めることになったという。なおこのプロデューサーは，亀山が最初に勤めていた企業においてデスク（制作進行統括）を務めていた人物だった。C社には1990年代に入社し，調査時点で20年近く在籍している。職場はもっぱらC社であるが，雇用形態上はフリーランサーとして働いており，年収は「300–350万」であるという。

このC社との関わりについて，亀山は入社して出会ったある監督との関係を挙げる。亀山は入社当時原画作業の仕事も行なっていたが，C社での最初の仕事は動画チェックの業務であった。その監督から，ある著名なアニメの劇場作品における原画作業をやってみないかと誘いがあった。

> 亀山：まあここはなかなかあの，お金もいいので，動画チェックなんかやらしてもらいながら両方やってたんですけども，そのときにまあ，またすごい人に出会いまして。それがあの，真弓さんですね。（中略）で今度，短編の監督をやるってことになりまして，でじゃあ，お前原画として入ってみなさいって言われて。でまあ原画として使ってもらったんですね。ところがPVを作るよって言ったときに，じゃあPVは亀山くんに全部やってもらうからって言って，いきなり，やっぱりPVとか予告とかOP・EDって参加できるとすごくこう，なんかこう，ステータスがあるっていうか，ねえ？ そういうものを感じてた時期だったんで。PVを全部あの，全カット，まあそんな動かないんですけど，真弓さんのだから非常に情緒的なカットなんですけども，やってくれって言われて，まず驚いたですよね。自分なんかがなんで使ってくれるんだろうと，思ってましたね。

亀山は，C社の報酬水準が比較的高いことに言及しつつ，当時ある短編劇場映画の監督に就任した真弓というアニメーターを自らにとって重要な人物として挙げている。その真弓は，亀山を原画マンとして起用するだけではなく，作品のPVの原画を亀山にすべて任せる方針を取った。この方針に対して，亀山はPVに参加できることが「ステータスがある」と感じていたことを述べ，自らのキャリアアップの一つの機会としてこの出来事を位置づけている。さらに，こうした起用は，亀山自身にとっても意外なことであったことが述べられている。

このように，キャリアのなかで重要な他者に出会って仕事の機会を得ていくという語りは，アニメーターにはよくみられるものである。それだけでなくこの語りにおいて重要なのは，亀山が担当することになった作品が，TVシリーズにおける放映当初からC社が元請を担当している，いわばC社の看板作品であり，そのPVという興行に関わりうる映像の作画を入社間もなく任されたということである。こうした有名な作品の重要な仕事に関わることができるというメリットは，元請制作会社に所属するからこそ享受しやすいものである。

C社での勤務経験は亀山にとって非常に重要であった。それは上記の劇場作品PVの原画作業に関わったことに限られない。亀山は，この劇場作品と同年に放映される長編劇場アニメにおいて，動画チェックの作業にも関わっていた。

実はこのとき，亀山は1989年に別の企業でアニメーターとして働いていた女性と結婚しており，小学生になる第一子がいた。このライフイベントによって追加的な収入が必要となっていた亀山は，そのとき偶然C社からオファーがあった，中国の下請作画スタジオへの一時的な転勤を引き受けた。

松永：中国に行ったんですか？
亀山：はい行きました。中国は合計３ヵ月いましたね。
松永：中国の，下請みたいなところに？
亀山：そうですね動画を出してるところでしたね。まあいろんな経験しました。((中略：当時の赴任先スタジオにおける中国人の気質と技術水準について))
松永：中国に行ったのはその３ヵ月，でまあ，それっきりというか。
亀山：１ヵ月半を２回行きましたね。夏１ヵ月半冬１ヵ月半行ってきましたね。で，１回目が○○((作品名))だったと思うんですよ，２回目は，××((作品名))かな，という△△((シリーズ名))作品だったと思いますね。どっちが先だったか忘れました。それで行きまして，どっちも大変だったという思いがありますね。
松永：調査の趣旨と外れちゃうんですけど，あの，その場合って海外手当みたいのって出るんですか。やはり。
亀山：あ，出ますねえ。けっこう良い額が。
松永：あそうなんですね，はい。
亀山：その当時子どもが生まれたばっかで，最初の子どもが生まれたばっかだったんでやっぱお金も欲しかったので，引き受けましたね。かなり良い額出ました。

亀山は中国のスタジオで合計３ヵ月間勤務を行い，そこで動画作業をする現地スタッフの作業チェックを行なった。この仕事について，「どっちも大変だった」と苦労したことを述べている。こうした海外転勤の事例は筆者の調査経験上初めてであったので（さらにいえば，亀山以降にも海外転勤経験者には出会ったことがない），その際の手当等について筆者が尋ねると，「けっこう良い額」が出たと述べた。

重要なのは，この海外転勤の動機が，当時の結婚と妻の出産という出来事と関連付けられて語られているという点である。亀山にとって，海外転勤はライフイベント上必要になった収入を得るための手段であった。こうした手段が可能であったのも，大手制作会社として海外に直接に下請企業を有しているＣ社特有の事情によるものであり，そうした資源を活用することによって亀山は生活を維持することができていた。亀山は調査当時も同シリーズの作品に関わり続けており，フリーではあるもののＣ社の仕事に継続的に関与をし続けている。

このように，自らの生活を支えるために海外転勤を経験するといった労働者像は，既存のアニメーター像とは少しばかり異なるものだろう。アニメーターという労働者は作品制作に関わっているために，その作業に没頭しているのだろうと素朴に捉えてしまいがちだが，実際にはこのように人生上のイベントに即して自らの仕事のスタイルを変えることをしているのである。読者によっては，あくまで亀山が優秀なアニメーターであり，だからこそ中国転勤するスタッフとして選抜されたのではないかと考える者もいるだろう。そうした側面もたしかにあるかもしれない。だが，亀山の事例からわかるのは，生活上の問題への対処は偶発的なチャンスを利用することによってしかなされないということである。ちょうど子どもをもうけたときに中国転勤の仕事があったのは，亀山にとってもまったくの偶然であった。こうしたチャンスを利用できるかどうかは，アニメーターとして能力があるかないかとは，別水準の問題である。

冒頭で述べたように，アニメーターはフルタイムで働いている以上，その仕事のみで生計を立てていく必要がある。その生活水準が「月 15 万」で十分である段階もあれば，結婚・育児などによってさらなる増額の交渉や追加的な勤務の必要性が出てくる。我々が普段目にするアニメ作品は，単なる制作者の情熱などによって成り立っているのではなく，彼らがライフステージ上で直面する生活上の問題を克服するための収入維持・向上をめぐる工夫のうえに成り立っているのである。

6　生活者としてのアニメーター

本章では，生活給という考え方を補助線にアニメーターの労働者像を描くという目的のもと，生活者としてのアニメーターの姿を記述してきた。

そこでみえてきたのは，もっぱら能力給として理解されているアニメーターの賃金のなかにも生活給としての側面が存在していること，それに伴って人生段階によって必要となってくる生活給の水準が異なるということである。その結果として，実際の労働現場では交渉や仕事内容の選択が行われていた。

本章の議論は，アニメーターとその生活の関係についてその一端を明らかにしたに過ぎず，さらなる検討が必要だが，本章からわかることだけでも，以下の示唆を与えることができると考えられる。いずれも，アニメーターという職業の固有性と関わる。

第一に，アニメーターという労働者のイメージについて，より多様な把握が求められるということである。我々はどうしても，アニメーターを作品制作に没入するだけの存在として扱ってしまいがちである。これは過酷な労働を強調する立場も，アニメーターの華やかさを強調する立場も同様であろう。しかし，アニメーターの仕事への関わり方は，一つの大きな成功を収めた作品に関わればそこで業界から退出するというようなものではなく，常にフルタイムでの職業生活が期待され続けるものである。そうしたなかでは，いわゆる一般的な労働においてもとるべき論点をアニメーターでも選択してみる点があり，生活はそうした準拠点の一つである。

第二に，本章が取り組んだ労働者像の記述は，今後も積み重ねられていく必要があるということである。アニメーターという職業は，それを構成する職種も多様なだけではなく，評価する際の資源も成果物としての映像から雑誌上で取り上げられる語りまで多岐にわたっている。つまり，アニメーターという労働者を理解する資源が，アニメをめぐるメディアの多様性によって拡散して存在しており，私たちは常にその一端をみて作品やアニメーター自身への語りを産出しているのである。アニメ産業の労働問題について考察するうえでも，こうした語りのどれかを選び取って今後の施策が考察されていくことになる。重要なのは，そこで対象の多様性に応じた理解可能性を整備しておくことであり，そのために本章はフィールドワークに基づく労働者像の記述というアプローチを採用した。こうした記述は，アニメ産業を適切に語るうえでの基盤を準備するという点で，重要なのである。

【引用・参考文献】

大橋雅央（2007）．「アニメーターを主としたアニメ制作者の労働実態に関する現場調査」財団法人徳間記念アニメーション文化財団［編］『財団法人徳間記念アニメーション文化財団年報 2006-2007』，pp.12-51.

河西宏祐（2007）．『電産の興亡（一九四六年〜一九五六年）——電産型賃金と産業別組合』早稲田大学出版部

コンドリー, I.／島内哲朗［訳］（2014）．『アニメの魂——協働する創造の現場』NTT

出版（Condry, I. (2013). *The soul of anime: Collaborative creativity and Japan's media success story*. Duke University Press.）
日本アニメーター・演出協会（2009）.「アニメーター労働白書 2009」
日本アニメーター・演出協会（2015）.「アニメーション制作者実態調査報告書 2015」
日本アニメーター・演出協会（2019）.「アニメーション制作者実態調査報告書 2019」
長谷正人（2004）.「アニメーションという思想――宮崎駿試論」『早稲田大学大学院文学研究科紀要 第1分冊』*50*, 83–96.
増田弘道（2007）.『アニメビジネスがわかる』NTT 出版
松島静雄（1951）.『労働社会学序説』福村書店
松永伸太朗（2017）.『アニメーターの社会学――職業規範と労働問題』三重大学出版会
松永伸太朗（2020）.『アニメーターはどう働いているのか――集まって働くフリーランサーたちの労働社会学』ナカニシヤ出版
労働政策研究・研修機構（2019）.「「独立自営業者」の就業実態」
吉澤弥生（2011）.『芸術は社会を変えるか？――文化生産の社会学からの接近』青弓社

Appendix

01

日本のアニメビジネスの海外展開と中国

鍵概念としてのブローカー

三原龍太郎・山下一夫

1　世界の映像産業の「地殻変動」とアニメの日中関係

世界の映像産業におけるアジア地域の存在感が高まりつつある。中国やインド，中東といったアジア諸国のメディアコングロマリット（複合企業）が才能や資金の供給源として台頭し，世界の「メインストリーム」争奪をめぐって，長らくその中心的存在だったハリウッドメジャー等の欧米系プレイヤーと激しい競争を繰り広げつつある（Martel, 2010）。

これは，広く創造産業（クリエイティブ産業）[1]とよばれる分野における世界勢力図の「脱中心化」の流れ（cf. Iwabuchi, 2002）の一側面と位置づけることができるだろう。2015年にUNESCOが発表した世界の創造産業に関するレポート（UNESCO 2015）は，当該産業の売上と雇用の点において，中国を始めとしたアジア太平洋地域[2]がハリウッドを擁する北米地域[3]を凌ぐプレゼンスを発揮していることを明らかにする[4]とともに，同地域を，世界最大の消費者基盤を擁する世界で最も大きな創造産業のマーケットであるとした（UNESCO, 2015：16）。とりわけ中国は，テ

1）経済産業省（2012）の定義によると，創造産業（クリエイティブ産業）とは「価格ではなくクリエイティビティの付加価値によって市場から選択されるモノ・コト・ヒト」（経済産業省, 2012：8）であり，その中核をなす産業セクターとして，ファッション，食，コンテンツ（アニメを含む），地域産品，すまい，観光，広告，アート，デザインの9分野が挙げられている（経済産業省, 2012：11-12）。

2）日本，中国，韓国，インド，東南アジア諸国，オーストラリア，ニュージーランド，中央アジア諸国を含む（UNESCO, 2015：12）。

3）アメリカ合衆国及びカナダ（UNESCO, 2015：12）。

ンセントを始めとした創造産業の世界的リーダーの本拠地の一つとされ（UNESCO, 2015：16），その力強い経済成長と長期的な成長のポテンシャルを背景として，インドとともに，世界の創造産業の経営陣にとってきわめて魅力的な投資先となっている（UNESCO, 2015：84）。比喩的にいえば，世界の映像産業（を始めとした創造産業）は現在，アジアを震源地とした大きな地殻変動期を迎えているといえるのではないだろうか。

日本アニメを取り巻く海外の環境も，この動きと無縁ではない。日本のアニメ作品はこの「地殻変動」よりも早い時期（1990年代後半頃）から海外に本格的に展開し，世界の「メインストリーム」に対する「ビッグニッチ」というやや独特の位置を占めてきた（cf. 海部, 2007：188）が，これが2010年代中盤以降から特に中国との関係において劇的な変革期を迎えている。定式的にいえば，日本のアニメ産業からみた中国は，従来の海賊版の発信源（cf. 青崎・デジタルコンテンツ協会, 2007）あるいは動画制作の下請け先（Mōri, 2011）としての位置づけから，アニメを共同で企画・製（制）作するパートナー，あるいはアニメ作品の有望な輸出先マーケットとしての位置づけへとシフトしているように思われる。新海誠監督による劇場作品『君の名は。』や『天気の子』が中国で歴史的ヒット[5]を記録するとともに，その新海誠のマネジメントを手がける日本のアニメ制作会社コミックス・ウェーブ・フィルムが中国のアニメスタジオの絵梦（Haoliners Animation）と共同で劇場作品『詩季織々』を製（制）作したことは，この「地殻変動」の象徴的事例といえるだろう。

現に，日中両国のプレイヤーが共同でアニメ作品を制作する国際共同製作の動きは近年活発化している。具体的な作品としては，『超時空要塞マクロス』シリーズを手がけた河森正治が監督を務め，中国のメディア企業である海天雲龍（廈門）文化伝媒有限公司が共同でプロデュースを担当した『重神機パンドーラ』，1990年末に放映され中国でも人気を博したアニメ『中華一番！』の続編で，中国の中影動画公司のメンバーが製作委員会に加わり2019年より日中両国で放送・配信された『真・中華一番！』，中国のモバイルゲーム会社Happy Elements社の日本支社の一つであるHappy Elements Asia Pacific社と，日本のアニメスタジオのライデンフ

4）本レポートによると，アジア太平洋地域の創造産業は2013年に7,430億ドルの売上を挙げ，1,270万人の雇用を創出したが，これは北米地域のそれ（6,200億ドルの売上及び470万人の雇用）を上回るものとなっている（UNESCO, 2015：17）。

5）たとえば，https://www.bbc.com/japanese/features-and-analysis-38375849（最終閲覧日：2019年12月11日）。

ィルムやアニメ企画・プロデュース会社のアーチ株式会社を始めとした日中両国のプレイヤーが共同で企画・製（制）作し，2018年夏に日中両国で放送・配信された『Phantom in the Twilight』などがある。政府間のレベルでも「日中映画共同製作協定」が2018年5月に発効[6]したことで，アニメ作品の日中間の国際共同製作は今後ますます盛んになるものと予想される。

同様に，中国のアニメ産業からみた日本は，動画制作の下請け受注を通じてアニメの制（製）作ノウハウを吸収する相手方としての位置づけから，自らの大きな資金力を背景とした有望な投資先としての位置づけへとシフトしているように思われる。つまり，日本アニメのクリエイティブは，中国にとって，学習の対象から投資の対象へとシフトしていると考えられる。この点，ジャーナリストの数土直志は，近年のアニメビジネスのトレンドに関する著書（数土, 2017）のなかで，いわゆるBAT（Baidu, Alibaba, Tencent）を始めとした中国系ITメディアコングロマリットが日本のアニメビジネスシーンへの関与をいかに積極化させてきているかについてレポートしている。中国系メディア企業は，その豊富な資金力を背景に，日本の既存のアニメ製作委員会からアニメ作品の配信権を購入するといった従来型の関与にとどまらず，製作委員会へ出資・参画したり，自ら製作委員会を組成したり，あるいは製作委員会を経由せずに単独でアニメプロジェクトに出資したりするようになった。中には，『虐殺器官』のように，もともと制作を担当する予定だった日本のアニメスタジオ（マングローブ）が資金難で倒産したために頓挫したが，その後前述の絵梦が資金面での協力を行なった（とみられる）ことによりサルベージされ，復活を遂げたケースもあるという（数土, 2017：18-28）。このような「チャイナマネー」の流入を日本のアニメ産業の活性化の起爆剤として歓迎する声がある一方で，日本のアニメ産業が全体として中国メディアコングロマリットの下請けとなってしまう可能性を指摘する議論もある（Mihara, 2020）。

さらには，中国のアニメーション（アニメ）産業の「自立化」はもはや日本を必要としなくなっているフェーズに入っているのではないか，という議論すらある。すなわち，中国のアニメーション（アニメ）産業は日本のアニメ産業からのノウハウ・クリエイティブの吸収を既に完了しただけでなく，中国経済の成長によってビジネスが自国内のマーケットのみで成立するようになったため，もはや日本とわざわざ

6）https://www.mofa.go.jp/mofaj/a_o/c_m1/cn/page25_001339.html（最終閲覧日：2019年12月8日）

組む理由がない，というのだ。

現に，日本アニメとは直接関係のない中国国内のアニメーションビジネスは活況を呈している。劇場版アニメーションの興行収入を例にとると，2010 年の『シーヤンヤンとホイタイラン 虎虎生威』（喜羊羊与灰太狼之虎虎生威）が初めて 1 億元を超えて以降，人民元ベースで億単位の興行収入を生み出す作品が毎年登場しており，2015 年以降は興行収入 5 億元を超える作品が当たり前のように登場するようになった[7]。さらに，2019 年に封切られた『哪吒之魔童降世』の興行収入は 50 億元に迫ろうとしている[8]。また，中国国内におけるアニメーションの製作費総額も大きく伸びている。2011 年の製作費総額は 621 億元だったが，2014 年には 1,000 億元を，2018 年には 2,000 億元を突破している（陳, 2018：94）。

このようななか，マーケット規模としてみた場合の日本は単純計算でも中国の 10 分の 1 に過ぎないため，中国のアニメーション産業からみると市場としての魅力は乏しく，彼らが日本と組む理由があるとすれば，あくまで中国本土でのビジネスにおいて競合と差別化するために「アニメの本場としての日本」というブランドで「箔付け」をしたいケースに限られる，という[9][10]。現に，BAT の一つであるテンセントは，2016 年から 17 年にかけて，『霊剣山・星屑たちの宴』や『銀の墓守り』，『兄に付ける薬はない！　快把我哥帯走』といった中国のアニメーション（アニメ）タイトルを中国で展開するために，それらの映像の制作を日本側に行わせる動きを活発化させていた。これらのタイトルは日本でも深夜アニメ枠で放送されたが，それはあくまで日本での放送実績を中国での宣伝材料として活用することを意図してのものに過ぎなかった，といわれている[11]。その意味で，日本のアニメ産業における「チャイナマネー」は早くも「引き潮」のフェーズに入っていると危惧する声もある。

7）たとえば，2015 年の興行収入では，『西遊記 ヒーロー・イズ・バック』（西遊記之大聖帰来）が 9.56 億元となっているが，これは同年の『STAND BY ME ドラえもん』の 5.3 億元を超えている。同様に，2016 年は『君の名は。』の 5.76 億元と並んで，『紅き大魚の伝説』（大鱼海棠）が 5.63 億元の興行収入を生み出した。

8）これらのデータは張（2018：164）及び周（2019：18）に依った。

9）三原によるアニメプロデューサーへのインタビュー。

10）次の記事も参照。「もはや中国は日本と組むメリットがない――『けものフレンズ』『ケムリクサ』福原プロデューサーが語るヤバすぎる中国アニメ最新事情！」，週刊文春エンタ！第四弾，pp.44–45.

11）https://www.qdaily.com/articles/20435.html（最終閲覧日：2019 年 11 月 30 日）

2 「地殻変動」を理解するためのケーススタディと「ブローカー」の分析視角

第1節で素描したとおり，世界の映像産業におけるアジア地域のプレゼンスの拡大という文脈の下で，日本のアニメビジネスと中国のそれとの関係も，劇的な変革期を迎えているといえる。日本のアニメ産業に対する中国のこのような今日的インパクトをどのように理解するべきだろうか。日本のアニメ産業は今後どのように中国と向き合う必要があるだろうか。また，日本のアニメ産業と中国のそれとの間の競争や協働のあり方としてどのようなものを構想できるだろうか。

これらの問いに答えることは，日本のアニメ研究にとって重要であるのみならず，今後アジアと本格的に向き合うこととなるであろう世界の映像産業研究（ひいては創造産業研究）に対しても有意義な示唆を与えることができると考えられる。しかしながら，既存のアニメ研究は，これらの問いに係る第1節で述べた「地殻変動」の激しさに追いつけていないようにみえる。日本のアニメ作品の国境を越えた展開については，その国際的人気が1990年代終盤以降に高まり（McGray, 2002），またそれを受けて国内的にもアニメ産業の輸出振興の機運が高まる（いわゆるクール・ジャパン政策の展開など）なかで（三原, 2014），日本国内外における学術的研究の蓄積が進んでいる（Berndt, 2018）。しかしながら，これまでの研究は主に欧米諸国への展開に関するものが中心であり（たとえばAllison, 2006；Condry, 2013；Daliot-Bul & Otmazgin, 2017；Leonard, 2005；三原, 2010；Napier, 2007），日中二国間相互作用というアジアの地域的視角からアプローチする研究は相対的に少ない。これまでの日本アニメ産業と中国との関係についての研究は，上記のとおり，中国を日本のアニメ作品の海賊版の発信源として（cf. 青崎・デジタルコンテンツ協会, 2007）あるいは制作の下請け先として（Mōri, 2011）位置づけてきたが，この枠組みでは「地殻変動」を捉えきれない可能性が高い。とりわけ，第1節で素描したアニメ作品の日中共同製作や，作品の日中相互展開といった，より「フラット」な関係を捕捉するうえでの限界は明らかであるように思われる。加えて，中国のアニメ作品の日本向けの展開に関する研究は空白に近い状況にある。

この研究の欠缺を補うため，筆者（三原及び山下）は，慶應義塾大学経済学部の吉川龍生教授とともに，「文化産業における日中両国の相互交流の実態と今日的変容に関する研究」という共同研究プロジェクトを立ち上げた[12]。日本のアニメ作品の中国展開および中国のアニメ作品の日本展開に実際に現在進行形で携わっている複数の企業・個人のケーススタディを行い，当該プロセスがどのような制度的（たとえば規制や検閲），技術的（たとえば映像配信プラットフォーム），市場的（たとえば商慣習や受容層の嗜好）環境の下で進められているのかを明らかにすることで，既存研究の乏しいこの研究領域における学術的知見の確立を模索する探索的研究（Yin, 2018）と位置づけている。

現在は，筆者の三原・山下（及び吉川）がそれぞれのネットワークを活用して本研究プロジェクトのケースとなりうる日中アニメプロジェクトの探索及びその予備的調査を行なっている。たとえば，三原は自らの研究活動の社会貢献の一環としてアーチ株式会社（以下 AR 社）[13]の海外展開顧問として活動するなかで，前述の『Phantom in the Twilight』プロジェクト関係者を始めとする日中アニメビジネス関係者へインタビューを行う機会に恵まれた。山下も同様に，自らの研究活動の社会貢献の一環として，日中両国間のアニメ作品の輸出入を主業務とする株式会社アクセスブライト（以下 AB 社）[14]と協働する機会があり，その関係者へインタビューを行う機会に恵まれた。同社は前述の『君の名は。』の中国での配給を手がけた企業でもある。

それらの探索的インタビュー調査から浮かび上がってきているのは，日中両国のアニメ産業を仲介・架橋する「ブローカー」としての役割を果たすプレイヤーに着目することの重要性である。すなわち，アニメに係る日中間の相互交流プロセスの今日的な「地殻変動」を実態に即して理解するに当たっては，社会学における「ブローカー」の概念が鍵となるのではないか，ということが明らかになりつつある。

社会的主体としてのブローカー（broker）及び社会的行為としてのブローカー行為（brokerage）は社会学の分野では長い理論的蓄積がある。当該蓄積をレビューした Stovel と Shaw（2012）は，ブローカー行為を「社会的，経済的，政治的相互関係のシステムの中にいる主体同士をつなげることで有益な資源へのアクセスを促進するプロセス」と定義している（Stovel & Shaw, 2012：141）[15]。彼らによると，主

12）本章は，現在進行中の本プロジェクトの現時点までの初期的研究成果の一部を構成する。

13）https://archinc.jp/ja/（最終閲覧日：2020 年 3 月 8 日）

14）http://www.accessbright.com/（最終閲覧日：2020 年 3 月 8 日）

15）日本語における「ブローカー」の用語は，たとえば「臓器売買ブローカー」のように違法・犯罪行為に関わる個人・組織というニュアンスが強いが，英語圏社会学における「broker」の用語は，本文にあるとおり，よりニュートラルな「仲介者」といったニュアンスで使用されているケースが多い模様である。本章では後者のニュアンスに依って「ブローカー」の語を使用する。

体としてのブローカーの中核的役割は，社会構造の空隙（gap）を架橋し，財や情報，機会，知識などが当該空隙を横断して流れることを手助けすることにあるという（Stovel & Shaw, 2012：141）。この点，アニメ作品が国境を越えて展開する際には，互いに異なる主体・規制・流通機構・商慣習等をまたいで展開することになるため，そのような「構造的空隙」（Burt, 1995）を架橋するプレイヤーのブローカーとしての役割が非常に重要となってくるのではないかと予想される。

AB社が『君の名は。』の中国展開プロセスにおいて占めたポジションはまさにその「ブローカー」的立ち位置として理解することが可能だ。AB社の「ブローカー行為」が同作の中国展開を円滑化したのではないか，ということでもある。たとえば，AB社は中国の国家新聞出版広電総局（以下，「広電局」）の審査に要する時間を大幅に短縮することに成功している。この審査は，中国で劇場映画を公開する際に必ずパスしなければならないものであり，通常は年単位の時間がかかるため，日本の劇場版アニメ作品を中国で展開しようとする際には，日本での公開と中国での公開との間に大きなタイムラグが生じてしまうという問題があった。しかしながら，『君の名は。』は，2016年8月の日本公開後，わずか数ヶ月で広電局の「スピード認可」を獲得し，同じ年の12月から中国で封切られている。当該作品の中国での記録的ヒットにはこのタイムラグの短さも大きく貢献していると考えられるが，このタイムラグの短縮（「構造的空隙」の架橋）に大きな役割を果たしたのがAB社であった。同社は中国のマーケットの状況をよく理解していたうえに，中国の大手映画会社であるエンライト・メディア社と以前から信頼関係を築いていた。『君の名は。』の中国展開に際し，AB社は広電局の審査を睨んで日本での公開前から同社との契約に動くとともに，当該審査で問題視され得る要素（キスシーンや性的な場面など[16]）については，同作が日本側でPG12やR15+などのレーティング指定を受けていないことなどを材料として交渉に臨んでいる。AB社が日中両国間のこのような制度的・市場的文脈に『君の名は。』を効果的に位置づけて中国側との時機を得た折衝を行なったことが，本作の「スピード認可」につながったものと考えられる[17][18]。

16）広電局はアニメを「子ども向き」のものと捉えているため，このような要素は「青少年健全育成」の名目の下で容易に削除や修正の対象となり，ひいては作品全体として公開不許可の理由となりうる。

17）山下によるAB社へのインタビュー。

18）次の記事も参照。https://www.itmedia.co.jp/business/articles/1702/03/news066.html（最終閲覧日：2019年11月30日）

同様に，上記『Phantom in the Twilight』を始めとした日中両国間のアニメ作品の共同製作のケースでも，両国の製（制）作チームの間を取り持つブローカー的役割を果たすプレイヤー（多くはプロデューサーと呼ばれる個人）の存在が，製（制）作プロセスを円滑に進めるうえできわめて重要なのではないか，という点が明らかになりつつある。同作を始めとした複数の日中合作テレビアニメシリーズにおける複数のプロデューサーに対して三原が行なったインタビューの結果みえてきたのは，アニメ作品制作の方法論（作品制作のタイムスパン，リテイクの柔軟度，分業の粒度と階層度，責任の所在に関する考え方など）に関して，日本と中国との間には数多くの相違点があるため，このギャップをどのように埋めて両者の軋轢を少なくするかが作品の完成度を大きく左右するということである。そして，この「構造的空隙」の架橋のために，「ブローカー」的プロデューサー本人が，日々の作品制作遂行実務（とその中で起きる日中間の方法論上の軋轢）のなかで，いかに自らの先入観（たとえば「中国はこうだから」とか「日本はこうだから」といったステレオタイプ）を脱却して，双方にとって理解・納得可能な作品制作上のルールやロジック，エビデンス，「貸し借り」関係のバランスなどを構築することに多大な労力を割いているか，についての実態もみえてきている。

3　今後の方向性と課題

このように，「ブローカー」を鍵概念として日本のアニメ作品の中国展開および中国のアニメ作品の日本展開のケーススタディを積み重ねることで，日中両国のアニメ産業の相互作用に係る制度的・技術的・市場的文脈が明らかになり，ひいては「地殻変動」を背景とした日本のアニメ産業に対する中国の今日的インパクトや，日本のアニメ産業と中国のそれとの間の競争や協働のあり方に関して示唆を得られることが期待される。また，これらについて理解することは，単に日中二国間関係の課題にとどまるものではなく，台頭するアジア地域の映像産業を世界の映像産業研究にどのように包摂していくかというより広い理論的課題に貢献するものでもあると考えられる。筆者としては，当面は第２節で挙げたケースを足がかりにさらなる事例の探索・深掘りを進める予定である。また隣接諸研究との関係においては，それらのケースがブローカーに係るこれまでの社会学理論にどのように貢献できるのかという点を詰めることが課題であると考えられる。同様に，本研究が，筆者と類似の問題意識に基づき特に近年になって登場している少数の先駆的研究――

すなわち，日本アニメの海外展開をアジアという地域的視角やブローカーという視角からアプローチしている研究（たとえば白石, 2013；Mihara, 2017；Morisawa, 2019；Pellitteri, 2019）――とどこに異同があり，またそれらをどのように発展させていくことができるかという点を詰めていくことも重要になってくるであろう。筆者の探究は続く。

【引用・参考文献】

青崎智行・デジタルコンテンツ協会［編］(2007).『コンテンツビジネス in 中国――変動する市場，台頭する産業』翔泳社

海部正樹 (2007).「米国におけるアニメ市場」デジタルコンテンツ協会［編］『デジタルコンテンツ白書 2007』デジタルコンテンツ協会, pp.186–191.

経済産業省 (2012).「平成 23 年度知的財産権ワーキング・グループ等侵害対策強化事業（クリエイティブ産業に係る知的財産権等の侵害実態調査及び創作環境等の整備のための調査）報告書」

白石さや (2013).『グローバル化した日本のマンガとアニメ』学術出版会

数土直志 (2017).『誰がこれからのアニメをつくるのか？――中国資本とネット配信が起こす静かな革命』星海社

三原龍太郎 (2010).『ハルヒ in USA――日本アニメ国際化の研究』NTT 出版

三原龍太郎 (2014).『クール・ジャパンはなぜ嫌われるのか――「熱狂」と「冷笑」を超えて』中央公論新社

Allison, A. (2006). *Millennial monsters: Japanese toys and the global imagination*. University of California Press.

Berndt, J. (2018). Anime in academia: Representative object, media form, and Japanese studies. *Arts, 7*(4).

Burt, R. S. (1995). *Structural holes: The social structure of competition*. Harvard University Press.

Condry, I. (2013). *The soul of anime: Collaborative creativity and Japan's media success story*. Duke University Press.

Daliot-Bul, M., & Otmazgin, N. (2017). *The anime boom in the United States: Lessons for global creative industries*. Harvard University Asia Center.

Iwabuchi, K. (2002). *Recentering globalization: Popular culture and Japanese transnationalism*. Duke University Press.

Leonard, S. (2005). Progress against the law: Anime and fandom, with the key to the globalization of culture. *International Journal of Cultural Studies, 8*(3), 281–305.

Martel, F. (2010). *Mainstream: Enquête sur cette culture qui plaît à tout le monde*. Flammarion.（マルテル, F.／林はる芽［訳］(2012).『メインストリーム――文化とメディアの世界戦争』岩波書店）

McGray, D. (2002). Japan's gross national cool. *Foreign Policy, 130*, 44–54.

Mihara, R. (2017). Brokering anime: How to create a Japanese animation business bridge between Japan and India. DPhil thesis submitted to the University of Oxford.

Mihara, R. (2020). Involution: A perspective for understanding Japanese animation's domestic business in a global context. *Japan Forum, 32*(1), 102–125.

Mōri, Y. (2011). The pitfall facing the Cool Japan Project: The transnational development of the anime industry under the condition of post-Fordism. *International Journal of Japanese Sociology, 20*(1), 30–42.

Morisawa, T. (2019). Rethinking anime in East Asia: Creative labour in transnational production, or what gets lost in translation. in B. Guarné, A. Lozano-Méndez, & D. Martinez (eds.) *Persistently postwar: Media and the politics of memory in Japan*. Berghahn, pp.162–181.

Napier, S. J. (2007). *From impressionism to anime: Japan as fantasy and fan cult in the mind of the West*. Palgrave.

Pellitteri, M. (2019). Reframing Japanese animation's success in the late 1970s: UFO Robo Grendizer at the origin of the first anime boom in Italy and France. *Journal of Italian Cinema & Media Studies, 7*(1), 3–33.

Stovel, K., & Shaw, L. (2012). Brokerage. *Annual Review of Sociology, 38*, 139–158.

UNESCO (2015). *Cultural times: The first global map of cultural and creative industries*. EYGM.

Yin, R. K. (2018). *Case study research and applications: Design and methods*. SAGE.

陳亦水（2018).「国漫史上“第二次黄金期”到来了嗎？——当代中国動画創作模式，産業特徴与文化探尋」『当代動画』2018 年 1 期: 94–99.

張娟（2018).「2009–2017 年国产动画电影发展概况」『当代电影』2018 年 8 期: 164–167.

周才庶（2019).「中国動画電影的市場表現与民族元素」『中国電影市場』2019 年 7 期: 18–21.

Part 3

アニメ産業を支える「技術」と制度・メディア

Chapter 10
OVA という発明　永田大輔
「テレビ的なもの」の位置づけをめぐって

Chapter 11
『ドラえもん』ブームにみるパロディー的想像力　森下　達
1970 年代後半～ 80 年代初頭の『コロコロコミック』（小学館）の分析を通じて

Chapter 12
アニメブームのインフラストラクチャー　近藤和都
『機動戦士ガンダム』をめぐる放送格差と雑誌読者

Chapter 13
人間の表象としてのキャラクターとファンのコンテクストとしてのキャラクター
消費者手段の社会活動が生み出すキャラクターの二面性　足立加勇

Appendix 02
メディア史の観点からみた戦後韓国社会の日本アニメ受容　金泰龍
日本のアニメは韓国アニメーションをどのように枠づけたのか

Chapter

10

OVAという発明

「テレビ的なもの」の位置づけをめぐって

永田大輔

1 「オタク向けアニメ」とOVA

本章では，放送を前提とせず貸借や販売を目的としたアニメーションのパッケージソフトであるOVA（オリジナル・ビデオ・アニメーション）[1]に着目する。そのなかでもOVAが登場した1983年以降の数年間においてアニメ雑誌上でどのように語られていたかをその産業史的な条件を踏まえつつ論じる。その際に，OVAがその当時どのような媒体との対比関係のなかでどのような位置づけを与えられていたかに着目する。産業の条件として本章がとりわけ着目したいのは，ビデオの普及率が急速に増し，ビデオの所有の意味が変わるなかでのファン集団内部でのビデオ経験がもつ意味の変容である。その解釈の前提としてアニメ制作者の現在まで続く慢性的な人手不足による人員制約という特有の事情がある。その事情を踏まえ，制作者・消費者，そしてアニメ雑誌の編集者のそれぞれの立場に着目しながらアニメ雑誌上のOVAをめぐる言説を考察する。

現在日常語となっており，ある種の若者などをあらわす言葉として用いられる「オタク」やかれらの好む「オタク文化」の誕生・拡大を，1980年代のアニメを中心とした新たなメディア文化とそのファンに見出す議論は数多い（東, 2001など）。こうしたオタク文化の展開とOVAには密接な関連がある。

そもそも「オタク」とはいかなる特徴のある集団として議論されてきたのだろう

1）初期はOAVという略称もみられ，表記が統一されるまでには多少の間がある。ここではOVAに統一して表記している。

か。現在，「オタク」的と自認する若者が増え，ノーマライゼーションしているとされるが（辻・岡部, 2014），従来は一定の負荷をもつカテゴリーとして存在した。宮台は，コミュニケーションが同好の士の間だけで内閉していることをオタクの特徴に挙げている（宮台ほか, 2007）。こうしたコミュニケーションの内閉化の前提として，その集団の分類の指標となるコンテンツ自体の消費の仕方が内閉化していることが必要になる。つまりコンテンツの消費の仕方が一般的な価値観から分断されていることと，それによって集団や言説が分断されているということである。だが，オタク文化の一つの特徴とされるアニメは一般にテレビで放映されるものであり，それが「特殊な」集団と結び付けられることがいかに可能かを考える必要がある[2)]。本章が対象とするOVAはこうした問題を考えるうえで重要な意味ももつ。批評家の東浩紀が1980年代の「オタク向けアニメ」（東, 1996）の代表として語るなど，OVAはアニメ文化の変容において一時代を象徴する媒体である。

東（1996）は，1980年代のアニメが言説の状況とアニメ産業の状況との双方に関して分断を引き起こしている「二重の困難」に陥っていると議論している。言説に関しての困難として，東はアニメがブームになることの効果に着目している。ブームによって，「一般向けの回路」としてアニメ雑誌等が増えるが，そこではアニメの簡単な感想などが述べられるにすぎず，アニメに関して深い話をできる場は一部存在するがそれは一般の人の目に触れない場で行われており，「一般向けの回路」と「オタク向けの回路」の両者が分断されていた。こうした分断は1980年代を通して進行したという。東はそれと並行して，アニメをとりまく環境も，分化が起こるとする。一般向けとして数ばかりが増え，乱造された「子ども向けのテレビアニメ」がある一方で質が高いアニメも一部存在した。しかし，質の高い「オタク向けアニメ」は，数千本という単位でしか流通しておらず，そのコアなファン以外にはあまり見られていないOVAというメディアを中心として展開された。以上が東が1996年時点で指摘した状況であり，こうした「オタク向けアニメ」はある意味で現在深夜アニメとしてアニメ産業の中心を占めるようになっている。広告収入よりもパッケージソフトを直接販売することで収益を回収する収益モデルを中心とすることが主流になりつつあるからである。しかし，現代の状況を論ずる前に，本章では

2）オタク的なアニメ消費のあり方について，筆者は別稿にてコマ送りを軸として論じた（永田, 2015；永田, 近刊）。永田（2018）では，その後のオタクという言葉の拡散の仕方とビデオ利用の仕方の関係を論じた。

1980 年代の OVA が置かれた歴史的な文脈と OVA を同時代に位置づけようとする語りに着目することにしたい。ひとまずここでは，「オタク向けのアニメ」と「一般向けのアニメ」が区分されていることと言説の回路が分割されていることが重ね合わされていくことがいかに可能であるかが重要である。本章ではそのことを「放送」とは異なるテレビアニメの「購買」という経験の浮上と関連づけて考察する。本章では，OVA が東のいうようなオタク的なものとして了解されるような視点がいかに可能となったのかに着目し，1980 年代のアニメ雑誌を読み解いていく。

2　アクターのせめぎ合いの場としてのアニメ雑誌

アニメ雑誌は 1970 年代後半から相次いで大衆向けに創刊された。岡田（1996）によるとオタクが増加するうえで決定的に重要だったのが，ビデオの家庭普及とアニメ雑誌の登場だったという。アニメ雑誌は，それほどアニメファンたちにとって登場したこと自体が重要な意味をもつ媒体であった。さらにアニメ雑誌は，当時のアニメファンや制作者の語りをまとまった形で観察できる媒体でもある。

本章での議論に資料として用いるのは，『アニメージュ』（1978 年創刊）・『Animec』（1978 年創刊）・『アニメ V』（1985 年創刊）という三つのアニメ雑誌である。本章ではこれらの資料を用いて，OVA という新しいメディアの受容をめぐってつむがれた言説を分析する[3]。現在でも刊行されている『アニメージュ』は月刊アニメ雑誌として独立して創刊された初の雑誌で，最盛期は 25 万部の部数を誇っていた。『Animec』は，批評的な投稿にその特徴を有しており，一人の読者投稿が 1 ページ以上にわたって掲載されることもあった。編集側と読者との論争も多く，自らをアニメ文化のなかで特権的な位置に置くような傾向が編集の発言・投稿欄ともにみられた雑誌である。『アニメ V』は OVA の専門誌であり，ビデオに関する記述は他誌よりも多くみられ，OVA の紹介やビデオ使用のさまざまなテクニックの記述もみられた。

いずれのアニメ雑誌にも共通する特徴として挙げられるのが読者投稿欄の重要性である。アニメ雑誌は一般の趣味雑誌のなかでも投稿欄の比率が高い雑誌である[4]。投稿欄がアニメ雑誌の主要なコンテンツだという事実は，投稿欄をただの読者の表

3）参照範囲として，『アニメージュ』（1978-92 年），『アニメ V』（1985-88 年），『Animec』（1978-87 年）の範囲を可能な限り網羅的に通読し，参照した。

象として論じることを困難にする。投稿欄は，アニメ雑誌の記事などに対する審査機能をもつと同時に，その配列自体が雑誌のコンテンツとして重要である以上，編集者の意図も入り込んでくる。アニメ雑誌のインタビューを受ける制作者も必然的に読者を意識する機会が多くなる。これによってアニメの生産者と消費者（読者）の意見が交換される場としてアニメ雑誌全体が編成されることになり，編集はときに両者を媒介し，相互交流を促進させるようになる。投稿欄はそうした条件を開く場として捉えられたうえで分析されるべきである。本章では，当時のさまざまな文脈を再構成しつつ，OVA をめぐる言説から制作者・編集者・読者がアニメ雑誌内でどのような集団を外部として意識し，距離をとったかを分析する。

3　OVA をめぐる環境的条件

3-1　ビデオ受容と OVA

日本で初めての OVA 作品は『ダロス』という作品であるといわれる。当時『うる星やつら 2 ビューティフル・ドリーマー』などで，アニメファンたちの注目を集めていた押井守が同作の制作に関わった。OVA はアニメのファンたちにとって重要な意味をもつものであったことは以下の投稿からもわかる。

> デッキがなくてもソフトを買う人ここにもいるんだよネェ。よく行く親戚の家にデッキがあるから持って行ってみるんだ。三本持ってるソフトは『バイファム』でまた『バイファム』のオリジナルビデオがでるそうだから買おうと思っているがお金が貯まらなくて姉から借金をしなければならないかも。（『アニメ V』1985 年 8 月 : 81）

こうした投稿は OVA への熱狂を示すだけでなく，当時のビデオ受容に関する重

4）雑誌ごとに差異はあるがアニメ雑誌の投稿欄は全体の一割から三割程度である。読者の声などを取り上げるコーナーもあるため，正確な計測は難しいが投稿欄と銘打たれているコーナーの割合は以下のとおりである。『アニメージュ』の 1984 年 7 月号から 1985 年 5 月号の 10 号において，200 ページ前後のページ数のうち投稿欄が平均 20 ページであった。『アニメ V』は 1987 年 11 月号から 1988 年 8 月号までの 10 号において，約 130 ページのうち，投稿欄が平均 13.3 ページであり，技術的な特集記事は平均 7.3 ページであった。

要なヒントを与えてくれる。ここでは，高価なビデオソフトを姉から借金してまで買う様子が描かれている。重要なのが，投稿者がビデオデッキを持っていないにもかかわらずビデオソフトを購入していることである。このような情熱を傍証するように，以降OVAは1984年に5本，1985年に27本，1988年に92本，1989年には171本と爆発的に制作本数を増した（増田, 2007）[5]。

この背景にはビデオをめぐる環境の二つの変化がある。一つはビデオデッキの家庭への普及率が爆発的に増加するという，1980年代中頃までに整備されつつあったメディア環境である。1980年に2%だったビデオデッキの普及率は1980年代を通じて7割に迫る[6]。もう一つはビデオに関する法整備がなされていくことである。OVAだけでなくビデオソフトはこの当時，1万円を超えるものが多くレンタルとしての需要が大きかった。しかし，こうしたコンテンツのビデオレンタルは，アニメ以外であってもそもそも著作権上グレーな場合が多く，レンタルビデオ店などもアンダーグラウンドな店舗が多かった[7]。しかし，日本ビデオ協会の働きかけもあり，レンタルビデオというシステムが合法的なものとして整備され，レンタルビデオ店の数が爆発的に増加した[8]。

メディア環境が整備されるにしたがって，ビデオというメディアがテレビとは異なったコンテンツを準備するような回路が成立した。しかし，単純にビデオが普及したことでOVAも売れるようになったと結論づけるのは早計である。市場全体が昇り調子であったとはいえ，OVAの制作本数が増加していく速度に売り上げが追

5）後述するが，OVAの本数をどのように数えるかにはさまざまな説があり，立場性を伴うものであるため，あくまでこのデータは増田に依拠したものにすぎない。

6）内閣府消費動向調査によると，1979年は2.0%，80年は2.4%，1981年は5.1%だったが1985年には18.7%まで増加し，1989年には63.7%となっている。

7）ビデオをめぐる法整備の過程とレンタルビデオ店の展開に関しては近藤（2020）に詳しい。

8）日本ビデオ協会がレンタルビデオシステムを確立したのは1982年末である。この時期から数年は非合法な店舗も多く存在した。投稿欄で，「“お金がない”ことを理由に，著作権に無断で行われているレンタルを利用していいものかどうか」（『Animec』1984年12月：164）などといった懸念がしばしばなされてもいたが，次第にシステム加盟店が増えていく。『アニメージュ』の1988年11月号の記述によると1984年時点でレンタルビデオシステムへの加盟店は514店舗であり，1985年1,181店舗，1986年2,733店舗，1987年4,732店舗，1988年9月時点で8,864店舗であり，この推移は単純にビデオ店の店舗数が増えたというだけでは説明がつかない上昇率であった。

いついているとは必ずしもいえなかったからである。採算がとれるコンテンツは一部に過ぎず，それ以外は製作費を回収するのも困難だったという。また，その市場規模だけでなくOVAがアニメファン以外に語られることもほとんどなかった。以下では，それでもOVAが制作され続けた論理に着目する。

3-2　OVAにおける人口の制約

OVAが出現したことの意味を理解するうえでもう一つ欠かせない文脈がある。それはアニメ制作者のリソースが制約されていたという事態である。このことがアニメ雑誌上で消費者の側にも共有されていたことが本章の議論において重要な意味をもつ。まず，テレビアニメの増加に伴ってアニメの制作人口が不足していることが問題化された。

> 現状が生産能力の限界というのは，ある程度，数字で裏付けできる。二年前，全アニメーターの数は700人足らずだった。いまでも1000人未満。かりに900人とする。30分番組一本作るのに，原画3人，動画7人で約1カ月かかる。現在週に38本，月に152本，単純計算するとアニメーターが1520人必要ということになる。不足の600人分は，かけもちと海外への発注でしのいでいるというわけだ。(『アニメージュ』1983年1月：124)

アニメの制作本数の増加だけでなく，映画・OVA等の市場の多様化が起こっており，それに制作者の人数が追いつかなかった。OVAは，一本あたり45分～80分程度が主流であった。テレビアニメはCM等を除くと1本あたり25分程度であることを考えると，OVA一本につきテレビアニメ2–3本分の労働力が少なくとも必要となる。1988年には90本以上のOVAが作られており，OVAの制作者とテレビアニメの制作者が分化しておらず，生産人口は限られていた。この問題を考えるうえで重要な視座を，テレビアニメと劇場版アニメの展開に見出すことができる。

4　「テレビアニメ」の可能性と限界

OVAはしばしば「第三のメディア」と呼称されていた。こうした区分がどのような意味をもつのか理解するためにまずその区分の前提となる「第一のメディア」と「第二のメディア」という区分について振り返っておくことにしたい。ここで

「第一のメディア」として想定されているのはテレビアニメであり，「第二のメディア」として想定されているのが，劇場版アニメである。「第一のメディア」である国産テレビアニメ第一号は1963年の『鉄腕アトム』であり，手塚治虫を主導として行われるものであった。それ以前には劇場版アニメが中心であった生産体制に対して一週間に30分の放送を低予算で可能にするために，独自の合理化・省力化が行われることになる。だが，これは従来の劇場版アニメやディズニーなどの海外アニメと比べて低品質なものと位置づけられることが多かった。それでも大きな問題が起こらなかったのは，テレビアニメがCMスポンサーのおかげで見た目上，無料で放送されていることに加えて，子どもを主要な対象にしていたからである。

しかし，アニメ雑誌が相次いで創刊され，「子ども向け」とは異なるジャンルとしてアニメが位置づけられるようになると同時に，テレビアニメが増産され，「アニメブーム」として語られることになる。テレビアニメが大量につくられることへの危惧として，「アニメブームはキャラクターブームではない。（昔の）アニメに戻ってほしい」（『アニメージュ』1979年5月）といった投稿が当時からみられた。さらに子どもに限らない多様な層の視聴者が現れることで，制作者の側にも新たな作家意識を生みだすことになり，テレビアニメが「不自由」なジャンルと意識されるようになる。

> 営業マーチャン，つまり作品に登場するロボットの商品化が，ロボットもののスポンサーの主目的だ。その点，ロボットものは「30分間のコマーシャル」なのである。（『アニメージュ』1984年9月：130）

このようにCMスポンサーに支えられた放送である以上主要な視聴者を子どもとしておかざるをえないと同時に「マーチャン（ダイジング）」（商品計画）としてコンテンツを作らざるをえないという制約があったのである。「第二のメディア」として想定される劇場版アニメはこうした状況を前提として理解されるべきである。日本国内のアニメは漫画映画といわれたように単純な時系列的には劇場版アニメが第一のメディアといってもいい。にもかかわらず劇場版アニメが第二のメディアと位置づけられたのは，アニメブーム以降に再注目され，上記のような問題の構図を受け継ぎ，その解決を図ったものだったからである。アニメーターの大塚康生は『アニメージュ』誌上の「1980–81アニメ総括と展望」という座談会で以下のように発言している。

大塚：結論からいうと，テレビアニメの人気とクオリティ（質）を劇場にスライドした感じですね。（中略）ぜんぶ8万枚かけてたら，いまの日本のアニメ制作人口では，何本できるかわかりませんね。（『アニメージュ』1981年2月：29）

「第一のメディア」で顕在化した問題（新たな視聴者・アニメの質・制作者のリソース）が，このメディアについての語りを規定している。また引用部にはないが，劇場版アニメをテレビアニメの「敗者復活戦」と位置づける語りにそれが現れている。象徴的なのが，『機動戦士ガンダム』の人気を受けて注目された富野監督の『伝説巨神イデオン』という，初めから「中高生アニメ」と銘打たれたテレビアニメ作品の劇場化に関して展開された言説である。「1981–82アニメ総括と展望」において，「テレビや映画へ。条件はなぜか低視聴率放映打ち切りの不思議な図式」という記事では「①野心作がテレビシリーズとして放映される。②アニメファンには受けるが一般読者は知らん顔である。③劇場映画としてリメイクされ，アニメファンを動員する。その動員の徹底ぶりが一般の人に話題になる」とされ，「イデオンが低視聴率だったのは1本1本見続けていないとわからない“斜め読み”できない性格の作品だったから」と語られる。しかし，『イデオン』の劇場版は興行的に必ずしも成功したものとならなかった。当時アニメ映画に期待されたのは，テレビで高視聴率を得られなかった作品で再度ヒットを生み出すことであった。しかし，大きなヒットを狙えなくなることで人材の配分の問題はより複雑になる。OVAをめぐる言説はこうした構造を前提としたうえで解釈する必要がある。

5　第三のメディアとしてのOVA

5-1　自由な表現をめぐって

さてオリジナルアニメブームの導火線の火つけ役を果たしたのが，スタジオぴえろの『ダロス』三部作。その成功を見ていたソフト会社が競うように制作にとりかかった。今までテレビや映画の様々な制約の中でしか，アニメを作れなかった制作者たちにとり，自由に自分の作りたいものを作る場としてのビデオの持つ意味は大きい。（『アニメV』創刊号（1985年6月）：82）

「第三のメディア」としてOVAが着目された際に繰り返し論じられたのは，大きな制約があるテレビアニメに比べて制作者にとって「自由な表現」が可能な場であるという点である。この媒体への期待の背景には，ハード（ビデオデッキ）の普及率の増加と，一本あたり1000万円程度という少ない予算で制作が可能であるということがあった。その「自由な表現」をめぐって，制作者がどのような消費者を意識して作品を作ろうとしたのかは，考える必要がある。テレビアニメのもつ制約を超えるうえで重要なのは，低予算のため「万人むけである必要はない」という点にある。

ビデオなら五千人から一万人の人が買ってくれれば儲かるとは言えないけれど，商売が成り立つんです。商売が成り立って資金が回収できれば違った作品を作ることができるわけですから，これからのアニメは一作一作が個性をもつ時代になってゆくんじゃないかと思っているんです。（『Animec』1984年6月：43）

このようにOVAがアニメという表現に個性をもたせうる場であることが繰り返し言及される。しかし，同時にOVAの本数が増えることでOVAのニッチな性質が危惧される。『超時空要塞マクロス』の監修として当時注目されていた河森正治はビデオだけを作り続けることの危うさを以下のように語る。

ビデオだけっていうのは一度もやったことないです。要するにカセをはめられた中でやるのをやめちゃうと変にダメになっちゃうと思います。ビデオブームが去ったあとに一般大衆向けが何も作れなくなってしまうんじゃないか。それは恐いなと思います。（『Animec』1984年7月：69）

ここでは「自由な表現」と「大衆向け作品」を作ることの拮抗が，制作者の間で問題化されていたことがわかるが，こうした認識は制作者のみに限られない。以下の四名のアニメファンたちを集めたと銘打たれた『Animec』誌上座談会[9)]では以

9）アニメ雑誌のなかでも雑誌上の読者座談会は単純な読者の声の反映とみなすことが難しいという指摘もありうる。しかし，少なくともアニメ雑誌の側が「読者の声」として発信していたという事実がここでは重要である。投稿欄上の類似の指摘としてはたとえば「現状を見ると“アニメスタッフ”とりわけ若手がビデオに逃げている」（『Animec』1985年9月：163）等の投稿がみられる。

下のような認識が語られていた。

(A) ギャランティの問題や自分の好きな事ができるという点でテレビシリーズからどんどん人がいなくなっていくんだよね。

(B) でもビデオっていうのは，割と見るほうに“選ばれたもの”みたいな意識ってあるじゃない。そういう“選ばれたもの”に対してだけものを作るっていうのはまずいと思うんだけれども。(中略)

(C) 何がやりたいってそれっきり。観た人が何を考えるかまで考えて作ってない。ビデオがあまりにも集中すると，アニメそのものが縮小してしまう可能性があるよね。(中略)

(D) 現在，アニメスタッフの数が限られている点が，一番大きな問題なわけで，ある程度，テレビシリーズのパワーが維持されている状況があった上で“ビデオ”というジャンルが確立されるなら，様々な可能性を秘めたメディアであるといえるのでしょう。(『Animec』1984年12月：103–104)

アニメスタッフの数が限られているため，ビデオというメディアとテレビアニメの競合が問題化される。アニメという文化全体が縮小してしまうという危惧は，みんなが楽しめる「テレビシリーズが維持されるべき」という意識を生みだす。こうした構造はアダルトアニメへの雑誌の編集方針をめぐる言説展開にみることができる。

5-2　アダルトアニメという表現

『Animec』と『アニメV』は，どちらもOVAに関して多くの紙幅をとったアニメ雑誌である。しかし，両者はOVAのなかでも大きな領域を占めたアダルトアニメに関して対照的な対応をみせる。『アニメV』は積極的にアダルトアニメを特集した。たとえばアダルトアニメの金字塔とされ，OVA全体でも大きな市場を占めていた『くりいむレモン』シリーズの全作品レビュー等を積極的に行なっていた。対して，当時アニメ雑誌において最も批評的な雑誌であるといわれていた『Animec』は，編集側がアダルトアニメと厳格に距離をとろうとしていた。1985年8月号において，誌上で「今までビデオオリジナルの作品として発売された全作品に評論をこころみた」(『Animec』1985年8月：99) としてその時点で発売されていたOVA作品の全作品レビューがされる。しかし，そのリストから「編集部がとりあげるに値しない作品としている一連のポルノアニメに関しては当然言及していないことを先に明記しておく」（『Animec』1985年8月：99）として「論評に値しない」アダルト作品はすべて除外された。その姿勢は，当時の編集長のアダルトアニメへの言及から一貫してみられる。

> 現在売られているエロアニメは作品ではない。どんな腕のいいアニメーターが参加しようとも自分の名前も出せないようなフィルムは作品とは呼べないのだ。（『Animec』1985年5月：172）

この立場表明に対して読者の側から「アダルトアニメの中にも作品としてクオリティが高いものがある」といった趣旨の投稿がなされる。しかし，それに対して編集側から作家としての心構えとして問題であるという形で再定式化が行われる。その心構えの一例として編集側がロマンポルノとアダルトアニメの違いを前述した特集の末尾で語る。編集側は，ロマンポルノの場合，日活側のポルノを撮るという制約下で，監督らが「与えられた制約を何とかくぐりぬけ」ることで作品性をもちえたとする。それに対してアダルトアニメ制作者は「裸が売れる」ことを知ってそれを利用しているとし，「TVで描けないようなシーンをビデオでとる」（1985年8月：106）ために裸を描いていると位置づけ，「これから先アニメ界に対して＋となる要因を何らはらんでいないのではないか」として，それを誌上で取り上げる必要はないと明言する。こうした立ち位置はアダルト文化を通してアニメ文化全体を考えるような動きを『Animec』側が示すものであった。

ここでなされている批判で重要なのはアダルトアニメがアニメ界に対してプラスとなるか否かという点から語られている点である。それには「アニメファンだというだけでいやらしいというレッテルを張られるのは嫌だなあって思う」側面も存在するが，ここでOVA作品は，アニメ文化全体から考えたときに，テレビアニメではできない表現が目指される必要があり，単なる「裸が売れる」というような商業的利益を志向していてはいけないという前提が存在する。これは，アニメ制作のリソースが限られており，OVAを作るということがテレビアニメのリソースを圧迫しうる可能性があったことと関係しているのである。この「作品」と「商品」の間の関係はOVAの受容者にとっても大きな問題としてあった。

5-3 「テレビ的でないもの」をめぐって

「自由な表現」を考えるうえで，重要な論点としてアダルトアニメへの雑誌の対応を紹介した。アダルトアニメは明らかにテレビアニメとは異なったものであり，そういう意味ではOVAの最大の特徴を有しているがためにその表現の位置づけが強く問題になった。OVAは劇場版アニメやテレビアニメではできない表現がまずは目指されたのである。以下ではそうしたOVAを消費者の側がどう位置づけたかをみる。まずOVAとテレビアニメの差異に関して以下のような問題がある。

> ビデオデッキを持っていなくてもほんとう，不思議なんですよネ……いつからですか？　アニメ，とくにオリジナルやビデオテープやディスクにまで進出しはじめたの。『バイファム』や『ミンキーモモ』はテレビにあったからいいとしても「その後」なんて作られたらたまりません。最近ビデオを持っている人が増える一方だからかもしれませんが，なんかこう大きな壁があるみたい。（『アニメージュ』1985年3月：140–141）

ビデオを持つ者と持たない者との間に差異がうまれるが，それを危惧する言説は率直にお金がかかるということを問題とする。無料で見ることができていたアニメを買って見ることは，新たな市場に関して考えるうえで欠かすことのできない視点である。「大人から子どもまで楽しめる」アニメという価値観からは一部のユーザーしか買えない，OVAの普及という動きが懸念される。購入がもつ負荷はとりわけ大きかった。そうであるがゆえにOVAはテレビアニメとの差異化を図るべきだと考えられていた。

> テレビや映画では映像化しにくい作品（短編や異色作）もビデオなら可能なのだ（それゆえこの分野をもっと開放する必要があるのだが，いまだにそのきざしは見えていない。残念だが）（『アニメージュ』1985年12月：103）

「第三のメディア」としてのOVAにおいては，テレビや映画との流通上の差異化が目指されることになるが，実際にはそれほどうまくいっていない。たとえば映画とOVAの関係をみたときには，OVAで発売される作品がその直前に映画館で単館上映され，賛否が起こっていた。テレビアニメとの差異化はより問題になる。そのアプローチの一つはテレビでは目指せないような難解な作品を作ることである[10)]。

もう一つは映像表現の工夫である。

> ビデオっていうのはキャラの動きや表情を見るとか，戦闘シーンの動きをみるとか，何度も繰り返し見ようという要素がないとだれも買わない。その意味ではこれがビデオ作りはこうすればいいって見本みたいだよ。（『アニメV』1985年5月：192）

何度も繰り返し見ることができるというビデオの特性を利用してさまざまな仕掛けを作ることが目指され，アニメ雑誌はその宣伝・補完機能を担うようになる。たとえば，OVAの専門雑誌である『アニメV』ではそうした仕掛けに着目し共有することを目的とした「あっのシーン」というコーナーを投稿欄上に毎号設けていた。ここは読者がOVAの制作者が仕掛けたさまざまな仕掛けへの気づきの共有を可視化する場になっていた。

このようにテレビアニメとの差異化を目指すOVAであったが，そのことの困難さも露呈していく。映像表現の高品質化が志向されることになる一方で，ニッチを狙った作品であるとはいえ，一定の採算をとる必要性も高まる。その採算をとるために行われた方策は有名な監督や有名原作への集中である。1987年の2月には『アニメージュ』で「原作ものにかたよりはじめた86年のビデオ状況」という記事が書かれる。そうした状況に関する意識をもっとも明瞭に表したのが以下の一般投稿である。

> ビデオのレンタル中心への転換とそれに続く「パトレイバー」のような思い切った低価格販売の試みなど，OVAはアニメのもっとも身近な媒体の一つになったという気がします。でも作品の水準という点では去年あたりがピークだったんじゃないでしょうか。試行錯誤の草創期を抜けていい意味で成熟した作品が多かった気がします。しかし今年に入り銀英伝，最終教師を最後にどうも全体として小粒になってきているという印象があります。あんまりわくわくしないんですよねえ。手堅いのを通り越してチャレンジ精神が失せてしま

10）たとえば原案・監督・脚本が押井守の作品『天使のたまご』はこうした一例である。キャラクターデザインはファイナルファンタジーなどのキャラクターデザインで知られる天野喜孝が行なった。終始，体系的な理解を拒絶するような作品となっている。

> った気もします。『エースをねらえ 2』は文句なく，すごそうですが，これをテレビシリーズで作れないことそのものが，なにか歪んでいませんか？　OVAでやる作品じゃないんです。（『アニメージュ』1989 年 10 月：142）

このようにテレビアニメと差異化して表現を模索することが目指されたOVAは，ある程度の商業規模を維持しなければならない結果として，一部を除いて次第に「テレビ的なもの」になっていく。その結果，次第にOVAは，その周縁性を失うと同時に先端性も失っていくのである。OVAはアニメファンにとってテレビでできないことを目指すオタク的な消費の中心を担うものであったが，その（テレビアニメ等と比較して自らを周縁化する）表現の代表的なものではなくなり，新たなフィールドが求められるようになっていく。

6　アニメの区分を捉える視点

このように本章ではOVAの受容についてどのような差異によって定義づけられるのかという観点から議論を行なってきた。そうした概念間の区分の堆積によって冒頭の東の議論の前提となるような区分が認識・更新されてきたといえる。

アニメ産業の増産とビデオという技術の登場のなかで表れたのがOVAという媒体であった。それは「放送」ではなく「販売」という形態をとるため，万人が受け入れられる表現ではなく，少数を対象とするため比較的自由な表現が可能になった。だが，制作人口が限られているなかで少数向けの作品を作り続けることには危惧も存在し，だからこそテレビ・映画ではできない表現を目指すべきだとの論争もあった。こうしたなかでOVAが特殊な表現を目指す領域として成立してくることで，東が問題とするような区分が可能になったのである。

しかし，そうした区分の理解・分析が可能になるためには，アニメ産業の人員のリソースの問題，ビデオをめぐるメディア史的な状況，雑誌ごとのスタンスの違い，制度・法律的な区分，アニメというジャンルが社会的に置かれた位置，放送中心の産業において購買が可能となる経験など複合的な要因をもとにした解釈が必要となる。区分に着目するという視点はOVAに限らないアニメジャンルを考えるうえでも応用可能性がある。ただその際に，区分が存在するというだけでなく，その区分をすることによって何が行われているのかを理解することこそが社会学的な理解・記述を進めていくうえで重要な議論となってくるのであり，その他のアニメに関する区分を取り扱ううえでも同様にそうした条件の下でその理解を行なっていく必要があるのである。

【付　記】

本稿は，永田大輔（2017）．「アニメ雑誌における『第三のメディア』としてのOVA――1980年代のアニメ産業の構造変容に着目して」『ソシオロジ』*61*(3)：41–58. を大幅に加筆修正したものである。

【引用・参考文献】

東　浩紀（1996）．「庵野秀明は，いかにして80年代アニメを終わらせたか――「新世紀エヴァンゲリオン」について」『ユリイカ』*28*(9), 112–123.

東　浩紀（2001）．『動物化するポストモダン――オタクから見た日本社会』講談社

大澤真幸（1995）．『電子メディア論――身体のメディア的変容』新曜社

岡田斗司夫（1996）．『オタク学入門』太田出版

近藤和都（2020）．「レンタルビデオ店のアーカイヴ論的分析に向けて――初期店舗の生成過程とその条件」『大東文化大学社会学研究所紀要』*1*, 31–45.

辻　泉・岡部大介（2014）．「今こそ，オタクを語るべき時である」辻　泉・岡部大介・伊藤瑞子［編］『オタク的想像力のリミット――〈歴史・空間・交流〉から問う』筑摩書房，pp.7–30.

中島　梓（1991）．『コミュニケーション不全症候群』筑摩書房

永田大輔（2015）．「コンテンツ消費における「オタク文化の独自性」の形成過程――一九八〇年代におけるビデオテープのコマ送り・編集をめぐる語りから」『ソシオロジ』*59*(3), 21–37.

永田大輔（2018）．「ビデオをめぐるメディア経験の多層性――「コレクション」とオタクのカテゴリー運用をめぐって」『ソシオロゴス』*42*, 84–100.

永田大輔（近刊）．「「オタク的アニメ視聴」試論――ビデオの「コマ送り」が可能にした知識に着目して」梅田拓也・近藤和都・新倉貴仁［編］『技術と文化のメディア論』ナカニシヤ出版

増田弘道（2007）．『アニメビジネスがわかる』NTT出版

宮台真司・石原英樹・大塚明子（2007）．『サブカルチャー神話解体――少女・音楽・マンガ・性の変容と現在』筑摩書房

【参考資料】

『アニメージュ』徳間書店，1978–92.

『アニメV』学習研究社，1985–88.

『Animec』ラポート，1978–87.

Chapter

11

『ドラえもん』ブームにみるパロディー的想像力

1970 年代後半〜 80 年代初頭の『コロコロコミック』(小学館) の分析を通じて

森下　達

1 『ドラえもん』を論じる視点

現代日本の児童文化を代表する雑誌として，1977 年に小学館が創刊した『コロコロコミック』がある[1]。同誌は 1980 年代末に 100 万部を突破して以降，最盛期の発行部数は 200 万部を越え（渋谷, 2009），現在でも 60 万部以上を維持している。男子児童を対象とする雑誌のなかでもっとも影響力があるといえ，ミニ四駆やベイブレード，さらに『ポケットモンスター』や『妖怪ウォッチ』といったゲームなど，さまざまな児童向けホビーが同誌と提携することでブームを巻き起こした。

日本を代表するマンガ・アニメとして世界的に知られる『ドラえもん』もまた，同誌と密接な関わりがある。藤子・F・不二雄による原作マンガは，小学館の学年誌の 1970 年 1 月号から連載が開始された。1974 年からはコミックス化もおこなわれていたが，すべての作品が収録されたわけではなかった。当初の『コロコロコミック』はコミックス未収録作品の再録を目玉としており，創刊号は『ドラえもん』を 200 ページほど掲載しているうえに，表紙では誌名よりも「ドラえもん」の文字の方が大きい（図 11-1）。1960 年代末以降，連載マンガをそのままコミックス化する

1）創刊号は 1977 年 5 月に発行されたが，日本の雑誌の慣例どおり，実際の発売は 4 月である。以下に言及する各号の発行月も，実態とは約一ヶ月のズレがある。また，『コロコロコミック』は当初季刊だったが，78 年 3 月発行の No.5 より隔月刊化し，79 年 4 月号からは月刊化する。月刊化に伴い巻号表記もリセットされ，誌名も『月刊コロコロコミック』に変更されている。本章では，引用の際は刊行時期に合わせて誌名を使い分けるが，時期に関係なく雑誌そのものを指すときは『コロコロコミック』を用いる。

図 11-1　『コロコロコミック』創刊号
（小学館，1977 年 5 月：表紙）

傾向が強まっていくが（山森, 2019），こうした方式が定着する以前は，特定作品の総集編が雑誌の増刊などの形で出版されることがしばしばであり，初期の『コロコロコミック』は「ドラえもん総集編」としての性格が色濃かった。

1979 年，『ドラえもん』はテレビ朝日系で二度目の TV アニメ化を果たし 2)，1980 年 3 月には初の映画版である『映画ドラえもん のび太の恐竜』（以下，『のび太の恐竜』と略記）が封切られる。この映画は，同年の邦画中で 4 位となる 15.6 億円の配給収入を記録した（青木, 1990）。1980 年時点でコミックス既刊 18 巻分の累計発行部数は 3,000 万部を突破しており（小学館総務局社史編纂室, 2004：343），こうした状況は，当時の週刊誌などで「ブーム」として語られた。このブームを下支えしたのが『コロコロコミック』だった。アニメ化や映画化に際しては，同誌編集部内に「すいしん委員会」が設置され，応援ハガキを読者から募集している。さらに，雑誌中の「ドラえもん　カラー新聞」では映画化進行状況がつねに取り上げられてもいた。

このように，アニメ作品がブーム化するにあたっては，雑誌が大きな役割を果たすことも多い。日本のアニメにはマンガ原作のものが多く，アニメ化の際は，マンガ掲載誌でもほぼ例外なくアニメ化への言及がなされるからだ。そして，雑誌はそもそも，受け手同士，さらには作り手・送り手と受け手とが誌面を介して互いに影響を与えることができるメディアである。一定のペースで刊行されることで，これらのコミュニケーションは持続性を帯び，読者たちの「想像の共同体」を形成する（福間, 2017；佐藤, 2018）。上に触れた『コロコロコミック』の強い働きかけも，読者たちに一種の共同体感覚を与えただろう。この感覚が，『ドラえもん』ブームを支えたことは間違いない。

だが，『ドラえもん』と雑誌との繋がりは，従来さほど注目されてこなかった。『ドラえもん』ブーム時には社会学の立場から人気の理由を解明しようとする論考

2）一度目は 1973 年，日本テレビ系で全 26 話が放映された。

が執筆されているし（南, 1981；副田, 1983），2000年代以降は作品論的にも論じられている（清水, 2012；植田, 2014；杉田, 2020）。しかし，これらはマンガ・アニメの内容のみに着目するものが大半だ。「ドラえもん学」を提唱した教育学者の横山泰行の著作やマンガ評論家の米沢嘉博による藤子不二雄論，批評家の稲田豊史による作品読解を通じての世代論の試みでは『コロコロコミック』に触れられているが，概説的記述の域を出ていない（横山, 2005；米沢, 2014；稲田, 2017）。

いっぽう児童文化研究では，野上（2015）が，『コロコロコミック』も視野に入れ，雑誌メディアと児童向けホビーとの繋がりを論じている。とはいえこれも，玩具やゲームといったホビーそのものの記述が主であり，雑誌のありようは具体的に分析されていない。

本章ではこれらの先行研究とは異なり，『コロコロコミック』の読者投稿や記事などを取り上げ，同誌が創出した共同体のなかで『ドラえもん』がどのように扱われたかを問題にする。この作業は，これまでとは異なる形で『ドラえもん』を論じることにも繋がるだろう。そのうえで，そこから，ホビー文化の中心としての『コロコロコミック』が立ち上がっていく過程を観察したいと思う。

2　ブーム時の評論が捉えた『ドラえもん』

『コロコロコミック』の検討に入る前に，『ドラえもん』ブーム時の語りに簡単に触れておこう。興味深いのは，当時の記事において，『ドラえもん』が既存のヒーローものと一線を画する作品として語られていることだ。

『毎日グラフ』（毎日新聞社）の特集「ドラえもん即席入門講座――幼児から大人までブームの秘密」では，教育評論家の斎藤次郎が「読者である子どもの日常性を直視し，その弱みごと対象化しつつ，現実をなんなくのりこえてユートピアを実現する」作品として『ドラえもん』を位置づけている。地球の危機を救うウルトラマンや仮面ライダーとは異なり，「のび太個人の運命しか眼中にない」点に『ドラえもん』の新しさがある。「大袈裟な地球救助が，その英雄性にもかかわらず，ひどく絵空事じみて見えるある種の覚醒が，今日子どもたちを支配している。自分ひとりの運命のほうが，漫画の主題としてさえリアルなのだ。［中略］のび太にとってのドラえもんのような救助隊を，子どもたちは求めている」（斎藤, 1980：11）。

『のび太の恐竜』の映画評にも，同種の視点が見出せる。映画の後半部分では時空間犯罪者との戦いが描かれるが，これに対して「ところが，このスペース・ドラマに転換する後半，映画は突然日常性を失い，「ドラえもん」と「ガッチャマン」をつぎ木したような妙な感じで，リアリティを欠いていく」（高沢, 1980）との批判が加えられている。『ドラえもん』には日常性が読みこまれ，そこからの逸脱は作品を批判する根拠にもなったのである。

1970年代末から80年代初頭にかけては，『宇宙戦艦ヤマト』（TV版1974，劇場版1977）や『機動戦士ガンダム』（TV版1979–80，劇場版1981–82）等が人気を博し，アニメ専門誌がつぎつぎ創刊された時期でもあった。いわゆる「第二次アニメブーム」である（津堅, 2017：82–87）。アニメ専門誌の一つ『アニメージュ』（徳間書店）では，「'79→'80アニメ総決算」という記事にて，5番目のトピックとして「視聴率20％突破，79年のヒーロー「ドラえもん」」が挙げられ，「ドラえもんは近ごろのアニメでは忘れられていたあたたかさと子どもの夢にあふれている。だが極端ないい方をすると，ドラえもんのみに人気が集中しているのは，スーパーヒーローものが多くなりすぎたことに対するひとつの警告ではないだろうか？」（『アニメージュ』1980年2月：27）と論じられている。特集記事はいっさい組まれず，年度末のトピックでのみ言及され，同時代のSFヒーローアニメとのちがいが強調されるというのが，アニメ誌における『ドラえもん』の扱いだった。

日常性に寄り添う『ドラえもん』は，ヒーロー番組とは異なっているし，そうあるべきだ。ブーム時の評論からうかがえるのはこうした感覚である。しかし，テキストとしての『ドラえもん』は，本当に既存のヒーロー番組と分離していたのだろうか。次節以降，『コロコロコミック』において作り手と受け手とが共有した『ドラえもん』の楽しみ方がどのようなものだったかを検討していこう。

3　SFブームのなかの『コロコロコミック』

「ドラえもん総集編」としてあった当初の『コロコロコミック』だが，同誌はそれだけでなく，マンガ家の藤子不二雄自体とも深い関わりをもっていた。創刊当時からの編集者で，のちに三代目編集長となる平山隆も「そう。『藤子不二雄マガジン』です。つまり藤子不二雄先生の，小学生向けのマンガをまとめた本にしようっていうのが，『コロコロ』の最初のコンセプトだった。一番人気の「ドラえもん」を中心に，「オバQ」を載せたり，「みきおとミキオ」載せたり」（渋谷, 2009：105）と証言している。

さらに，藤子プロのアシスタント出身者のマンガも，同誌には多数連載されていた。藤子不二雄自身をモデルとする少年たちがマンガ家を目指す吉田忠『藤子不二雄物語 ハムサラダくん』が創刊号から1980年7月号まで，ドラえもんにまつわる情報を紹介する方倉陽二『ドラえもん百科』が創刊号から1981年4月号まで，藤子プロでの出来事を描いた田中道明『フジコフジオ日記』がNo.9（1979年11月）から1980年3月号まで，といった具合だ。

とはいえ，これら藤子不二雄関連のマンガも人気ではあったが，『ドラえもん』と並んでとくに児童層の支持を集めたのは，No.5（1978年3月）よりはじまった内山まもる『ザ・ウルトラマン』だった。内山は，『帰ってきたウルトラマン』（1971–72）から『ウルトラマンレオ』（1974–75）に至る1970年代前半のTVシリーズ作品を学年誌でコミカライズしていた人物であり，70年代半ば以降は，ウルトラマンたちの活躍を描くマンガをもととなるTV作品なしで執筆していた。これが『コロコロコミック』に再録されたのである。同誌初の増刊号も，藤子関連のものではなく，内山作品を集めた『コロコロコミック特別増刊号 決定版ウルトラマン』（1978年6月）だった。

この本の読者投稿欄には，編集部によって「みなさんの応援がこの増刊号を生みだした。／これは全国ウルトラファンのための本だ。そして永遠に夢を失わない人たちのための本だ！」（389）とのアオリが書かれている。この時期，『ザ・ウルトラマン』だけでなく，「ウルトラマン」シリーズのTV作品自体にも注目が集まっていた。1970年代後半は，幼少期にアニメやヒーロー番組を享受した，1950年代半ば～60年代初頭生まれのいわゆる「オタク第一世代」が送り手側にまわり，活躍をはじめた時期である。その結果，同人活動やムック本の出版，レコードの発売など，TV作品に拠らない形で怪獣ブームが再燃する。これが「第三次怪獣ブーム」だ[3]。「オタク第一世代」は，小学館の各学年誌や『てれびくん』，図鑑類などの児童向けメディアにも編集者として関わり，「ウルトラマン」関連のコンテンツを充実させていった。『コロコロコミック』もこうした動きに乗っかったわけである。月刊化以降も，1979年4月号からはかたおか徹治『ウルトラ兄弟物語』が連載されている。月刊化に際しては，プレゼント企画として「コミックボード」（下敷き）が読

---

3) 1960年代半ばの「第一次怪獣ブーム」の際は，怪獣映画と『ウルトラマン』（1966–67）等の巨大ヒーロー番組が，70年代初頭の「第二次怪獣ブーム」の際は，『帰ってきたウルトラマン』（1971–72）等の巨大ヒーロー番組と『仮面ライダー』（1971–73）等の等身大ヒーロー番組が，それぞれ中心になっていた。「第三次怪獣ブーム」の詳細については，中島（2019）巻末の年表を参照。

者に配布されたが，その絵柄が，表面がドラえもんで裏面がウルトラマンだったことは，この二つが人気を二分していたことを象徴している。

もっとも，この二つは対立するものではなかった。同じ誌面のもと読者はそのどちらをも受容していたのであり，読者投稿欄「コロコロファンクラブ」からは，両者を混ぜ合わせたパロディーも見ることができる。その最初のものが，『コロコロコミック』No.6（1978 年 5 月）の「コロコロファンクラブ」内の企画「☆にがお絵ランド・ドラえもん合体特集」掲載のイラストだ。野球のユニフォームに身を包んだ「ドラベン」（水島新司『ドカベン』（1972–81）のパロディー）などと並んで，ウルトラセブンとドラえもんを合体させた「ウルドラ 7」が，ここに掲載されている。

ウルトラマン＋ドラえもんというイメージは読者を惹きつけたらしく，『コロコロコミック特別増刊号　決定版ウルトラマン』には「ウルドラ A」の，『コロコロコミック』No.8（1978 年 9 月）には，「ウルドラ兄弟」と「ザ・ウルドラマン」の姿を見ることができる（図 11-2）。こうしたパロディーを雑誌側も後押ししていたことは，類似イラストの連続掲載からも明らかだが，それだけではない。『コロコロコミック』No.9（1978 年 11 月）では，ウルトラマンタロウ風の角と胸当てをつけたドラ

図 11-2 「コロコロファンクラブ」（『コロコロコミック』No.8（1978 年 9 月）：515）

図 11-3 『コロコロコミック』No.9（1978 年 11 月：表紙）

えもんが表紙を飾っている（図 11-3）。ウルトラマンのパロディーは，作り手・送り手側にも波及していたのだ。

ここまでの本章では「第二次アニメブーム」と「第三次怪獣ブーム」に言及してきたが，1970 年代後半には，『スター・ウォーズ』や『未知との遭遇』（いずれも 1977，日本公開 1978），『スーパーマン』（1978，日本公開 1979），『エイリアン』（製作，日本公開ともに 1979）などのハリウッド製 SF 映画の公開も相次ぎ，いずれもヒットを飛ばしていた。アニメ，特撮，洋画を横断する形で SF ブームが起こっていたのがこの時期だった。そして，これらの映画もまた，『ドラえもん』を用いたパロディーの対象になった。

『コロコロコミック』No.6 の「☆にがお絵ランド・ドラえもん合体特集」には，「フジコ映画　ドラとの遭遇」というタイトルで，UFO の代わりにドラえもんの頭部を配し，『未知との遭遇』のポスターをパロディー化したイラストが投稿されている。以降，『コロコロコミック』No.8 には「名画 ドラー・ウォーズ」の（図 11-2），『月刊コロコロコミック』1979 年 11 月号には「ドラエイリアン」のイラストを見ることができる。作り手もこうした遊びの感覚を共有していた。藤子・F・不二雄が『小学四年生』1978 年 9 月号にて，人形サイズの宇宙人の姫とロボットがのび太たちに助けを求める『スター・ウォーズ』パロディー「スペース・ウォーズゲームセット」（現在のタイトルは「天井うらの宇宙戦争」）を描いているほか，『コロコロコミック』No.10（1979 年 1 月）掲載の方倉陽二『ドラえもん百科』でも，「1979 年ドラえもんの初夢」として，8 頭身のドラえもんが『スター・ウォーズ』風の活躍を見せている（図 11-4）。『月刊コロコロコミック』1979 年 7 月号では，「ド迫力グラフ 激突!!　映画スーパーマンたいウルトラマン 力くらべ」という特集が組まれたが，これを意識してだろう，表紙には，ウルトラマンタロウ風の角をつけ，さらに S 字マークの描かれたコスチュームを着たドラえもんが描かれてもいる。

米沢嘉博は，ひみつ道具がことわざのもじりになっていることや，映画原作である「大長編ドラえもん」シリーズが旧来的な少年向け冒険読み物を換骨奪胎していることを挙げ，「パロディの形を借りた教養主義の学習的側面」（米沢，2014：246）を『ドラえもん』に見出している。投稿欄からは，読者もまたそうしたパロディー的想像力を刺激されていたことがわかる。ただし，パロディーの対象となったのは旧来的な教養主義だけではない。ブーム時の『ドラえもん』は，同時期の SF ブームを受け，それらをパロディー化していくものとしてあった。

こうした点に『ドラえもん』の魅力の一端が見出されていたことは，アニメ製作

図 11-4　方倉陽二「ドラえもん百科」（『コロコロコミック』No.10（1979 年 1 月）：114-115）

スタッフも意識していたと考えられる。二度目のアニメ版は，月曜日から土曜日の 18 時 50 分～ 19 時の枠で放映される帯番組としてはじまったが，1979 年 4 月 2 日から 9 月 29 日まで用いられた最初の主題歌映像には，ウルトラマンタロウ風の角と胸当てをつけたドラえもんと S 字マークの描かれたコスチュームを着たドラえもんが登場している。作り手・送り手と受け手とのキャッチボールを通じて過熱した，『ドラえもん』を用いたパロディーの想像力は，アニメ化に至る流れのなかにも取りこまれていった。

4　パロディーの方法論と読者共同体

ここまでの検討から，ブーム時の評論が必ずしも同時代の受容状況を正しく認識していたわけではないことがみえてくる。

評論では『ドラえもん』と既存のヒーロー番組との距離が強調されたが，児童層の受容の実態は，戦いに焦点化する SF ヒーローものが人気を失って，「あたたかさと子どもの夢にあふれ」た『ドラえもん』が支持を集めた，というほど単純なものではない。むしろ，読者共同体にとっての『ドラえもん』は，SF ヒーローものの非日常性をもそのなかに含みこみうる，一つの巨大なパロディーとしてあった。

この点で，第2節で確認した「大袈裟な地球救助が，その英雄性にもかかわらず，ひどく絵空事じみて見えるある種の覚醒が，今日子どもたちを支配している」という斎藤次郎の指摘は，ある程度妥当なものとみなせる。パロディーは，それが絵空事であることの自覚からはじまるものだからだ。だが，続く「ドラえもんのような救助隊を，子どもたちは求めている」という指摘には疑問符がつく。子どもたちは，ドラえもんをただ待ってはいない。『コロコロコミック』の読者たちは，少なくとも彼ら自身の感覚では，パロディーの方法論でもって戯れるためのツールとして，ドラえもんに能動的に向き合っていたはずだ。

では，パロディー化のためのツールがなぜ『ドラえもん』でなければならなかったのか。米沢のいうように作品自体にパロディー的要素があったことも理由の一つではあるだろうが，それだけではない。『ドラえもん』は企画当初から『コロコロコミック』の看板であり，常に同誌の表紙を飾っていた。ドラえもんやのび太といったキャラクターが，次号予告やプレゼントの宣伝で作品・商品にコメントしたり，投稿欄で読者に応答したりといった役回りを担うこともしばしばだった。同誌を受容する読者に徹底して寄り添い，それゆえに必然的に，各種のコンテンツに対してはメタな地位を占める特権的な作品およびキャラクターとして，作り手・送り手の側が『ドラえもん』を扱っていたことは無視できない。

同じく第2節では，『のび太の恐竜』が「日常性を失」っていると批判した映画評を紹介したが，この事実を念頭において『コロコロコミック』を確認すると，異なる視点が導ける。1980年4月号の『ドラえもん百科』では『のび太の恐竜』特集が組まれ，映画評論家の淀川長治に扮したドラえもんが映画の見どころを解説している。のび太とドラえもんが危険だった撮影場面のことを語り，最後のページでは敵役も含めた登場人物全員が読者を映画館に誘う。ドラえもんが，つぎに出演するべき映画として『スター・ウォーズ』や『スーパーマン』などを夢想する場面さえある。『のび太の恐竜』はドラえもんやのび太が出演しているフィクションだという構図が提供されているわけだ。

こうして，それ自体はあくまでシリアスな映画である『のび太の恐竜』も，『コロコロコミック』のコンテンツの一つとして，メタな地位を占める『ドラえもん』みずからによってパロディー化される。『ドラえもん』を経由させることによるパロディー化が，投稿欄における読者の実践だったことを考え合わせるならば，パロディーの実践者という点で『ドラえもん』は読者と同じところに位置しているとすらいえる。したがって，『ドラえもん』を通じて「ある種の覚醒」としてのパロディー的想像力を働かせることに慣れた『コロコロコミック』読者＝観客は，『のび太の恐竜』の後半部のスペクタクル的展開に「つぎ木したような妙な感じ」を覚えることはないだろう。そのスペクタクルは，パロディーとしての側面を多分にもつものとして感覚されるからである。

『コロコロコミック』において，パロディーという方法論と『ドラえもん』とは強く結びついていった。こうした視点を作り手・送り手と受け手が共有したことは，同誌が一つの共同体であるという感覚を強めただろう[4)]。

とはいえ，『ドラえもん』を用いてヒーローものやSF映画などをパロディー化する傾向は，実はこの時期だけのものでもある。読者投稿欄においては，このような他ジャンルとの越境がみられるのは1979年の半ばまでに限られる。その後はパロディー投稿そのものが減り，『ドラえもん』と何かを組み合わせたイラストが描かれる場合も，その対象はほかの連載作品，とくに藤子作品が目立つようになる。

『ドラえもん』のヒットを経て，1980年代に入るとほかの藤子作品もメディアミックスの対象になったことが，こうした傾向を後押しした。具体的には，『怪物くん』（1980–82），『忍者ハットリくん』（1981–87），『パーマン』（1983–85）とアニメ化が続く。「映画ドラえもん」の併映作品も，『のび太の恐竜』は『モスラ対ゴジラ』（1964）の短縮再映版だったのが，二作目の『映画ドラえもん のび太の宇宙開拓史』（1981）の場合は『怪物くん 怪物ランドへの招待』が，三作目の『映画ドラえもん のび太の大魔境』（1982）の場合は『怪物くん デーモンの剣』『忍者ハットリくん ニンニン忍法絵日記の巻』がカップリングされている。藤子アニメの定着により，『ドラえもん』は他のジャンルから切断された。

『コロコロコミック』自体も，読者に働きかけるにあたり，パロディーとは異なる要素に重きを置くようになる。1980年代以降の同誌は，電子ゲームやチョロQ，

4）パロディーという方法論を通じて他者と繋がる傾向は，同時期の若者向けのサブカルチャー誌やアニメ誌の読者投稿欄にもみることができる。パロディーの背後には，「凡庸《ベタ》な価値・記号のシステムから超越したメタの位置に自らを置」く，アイロニカルな感覚があった（北田, 2005：112）。しかし，『コロコロコミック』読者の場合は，たしかにメタの位置を確保してのパロディーに勤しんではいるものの，それは雑誌のなかで特権的な地位を占める『ドラえもん』を介したがゆえの結果的なものであり，読者自身が「凡庸《ベタ》な価値・記号のシステム」からの超越を意識しているわけではないように思われる。この点に，同時期の若者文化との共通性と相違を見て取ることができるだろう。

ビックリマンチョコ，ミニ四駆，ポケモンなどの魅力を読者に伝えるホビー誌としての性格を強めていく（小学館総務局社史編纂室, 2004：344；野上, 2015：168–174）。マンガや記事で取り上げるだけでなく，同誌が取り仕切る形でイベントが開催され，小学生児童がそれに集うことも一般化する（渋谷, 2009）。

図 11-5　藤子・F・不二雄「ドラえもん イージー特撮カメラ」（『月刊コロコロコミック』1980 年 4 月：15）

パロディーから体験・実践へという力点の変化は，実はパロディーの全盛期にその端緒を見出すことができる。『ドラえもん』の一篇である「イージー特撮カメラ」（現在のタイトルは「超大作特撮映画「宇宙大魔神」」）をみてみよう（図 11-5）。

このエピソードでは，のび太たちが特撮映画『宇宙大魔神』の制作を思い立つ。宇宙人の侵略で街を破壊された子どもたちが，とつぜん現れた超人――ウルトラセブン風の格好のドラえもん――に導かれ，少年レインジャー部隊となって宇宙人と戦うというのが，『宇宙大魔神』の筋書きだ。本作は，『小学四年生』1979 年 11 月号に発表されたのち，映画繋がりということだろう，『のび太の恐竜』公開時に『月刊コロコロコミック』1980 年 4 月号に再録されたが，その際，ハシラには以下の惹句が掲げられた。

> ♥映画ドラ，もう見た？　楽しい映画が，君にも手軽に作れちゃう。そんな道具の話だよ。（『月刊コロコロコミック』1980 年 4 月：16）

本作で藤子・F・不二雄は，ウルトラマン＋ドラえもんというイメージや『スター・ウォーズ』パロディーといった，『コロコロコミック』で前景化したモチーフをおそらくは意図的に取りこんでいる。しかし，この種の要素は，雑誌側が付した惹句ではアピールされていない。「イージー特撮カメラ」では，のび太たちが演技はもちろん，宇宙戦艦や街のミニチュアづくり，撮影や合成などのすべてを自分たちで行う。そうした「映画を作る」こと自体を，ひみつ道具を使えばではあるが，読者である「君」にも可能な魅力溢れる行為として，この惹句は差し出している[5)]。

『ドラえもん』を用いた SF パロディーも，本章でみたとおり投稿を起点としており，読者たちの創意工夫による実践という性格をもっていた。結局『コロコロコミック』は，パロディーという形式ではなく，こうした性格をこそ重視したといっていい。

体験・実践の強調は，紙製の組み立て付録をつけた戦前期の『少年倶楽部』(大日本雄弁会講談社）から続く，児童雑誌の伝統的な姿勢だった。もっとも，『コロコロコミック』が示す価値観は，児童雑誌の伝統ともいささか異なっている。既存の紙製付録の場合は，それが外部に存在する建築や艦船をかたどっていたり，それで遊ぶことが職業体験になったりするという形で，教育的効果や社会性を担わされていた。しかし，『コロコロコミック』が推奨する体験・実践は，玩具やゲームの購入およびやりこみと不可分であり，そうした意味合いが薄い。くわえて，一見したところ外部で行われているようにみえるイベントも，雑誌側が主催者に名を連ねている。『コロコロコミック』の体験・実践は，児童の日常的なホビーをマネジメントし，雑誌の内部に囲いこむことを志向している。

この種の志向こそ，『ドラえもん』ブーム時のありようから連続している点だった。パロディーの推進や「イージー特撮カメラ」の惹句からは，教育的効果の見出せない遊びであっても，自発的な体験・実践であれば肯定する姿勢が見て取れる。さらに『コロコロコミック』は，『ドラえもん』のアニメ化・映画化応援ハガキの募集という形で，読者たちの実践を回収する形でメディア・イベントを仕掛けてもいた。児童層の興味・関心に寄り添いつつ，方法論的に外部との繋がりを消去していく『コロコロコミック』の基本姿勢は，『ドラえもん』との提携を通じて磨かれていったのである。

5　児童向けコンテンツとホビー文化

本章では，1970年代末から80年代初頭の『コロコロコミック』を分析し，『ドラえもん』がヒーローものやSF映画のパロディーに用いられていたことを明らかに

5）初出時の『小学四年生』における惹句は，「★ドラえもんか，黒沢《(ママ)》明か⁉　手作り映画にちょう戦！」だった。この惹句は，ウルトラマンやSF映画へのオマージュに注意を向けてはいないが，黒澤明という実在の著名映画監督の名前を挙げることで，のび太たちの実践を現実の映画製作のパロディーとして位置づけるものだといえる。読者の実践を促す『コロコロコミック』の惹句とは異なっている。

した。『ドラえもん』が誌上において，コンテンツに対してメタな地位を占める特権的な作品およびキャラクターとして存在したことが，その背景にはあった。こうしたパロディーの試みは，作り手・送り手と受け手に共有され，アニメ化・映画化に至る『ドラえもん』の人気を支えた。そして，ブーム時に顕在化した，読者の自発的な体験・実践を重視するという『コロコロコミック』の姿勢は，児童向けホビーの発信地としての同誌を準備していくことになった。

作品としての『ドラえもん』も，とくに1980年代以降，『コロコロコミック』が象徴するホビー文化と結びついていく。スネ夫がなんらかの自慢を行い，馬鹿にされたのび太がドラえもんの力を借りてそれに対抗するという構図は，作品中で幾度となく繰り返される。もちろんこの構図自体は連載初期からあったものだが，当初は，ハイキングやラジコンの戦艦など，さほど時代に左右されないものがスネ夫の自慢のもとだった。それが1980年代に入ると，ラジコンバギーやロボットのプラモデル，チョコQ（チョロQのパロディー），アイドルのサインなど，同時代の最新ホビーが取り上げられることが増加する。これらは，同時代の『コロコロコミック』読者の身の周りに実際に存在し，またその多くが同誌にて強調されていた消費文化だった。

1970年代末，投稿によるSFパロディーの中心に位置していた『ドラえもん』は，1980年代には消費文化の庇護者としての役割を強めていった。『コロコロコミック』と『ドラえもん』のありようからは，子ども文化そのものの変化がみえてくるといえるだろう。

【引用・参考文献】

青木眞弥（1990）．「宣伝展開からみた「ドラえもん」シリーズ」『キネマ旬報』*1030*, 58–59.

稲田豊史（2017）．『ドラがたり――のび太系男子と藤子・F・不二雄の時代』PLANETS／第二次惑星開発委員会

植田真由（2014）．「映画「ドラえもん」シリーズに見る子どものイメージ――オリジナル版とリメイク版の比較から」『アニメーション研究』*15*(2), 23–33.

北田暁大（2005）．『嗤う日本の「ナショナリズム」』NHK出版

斎藤次郎（1980）．「「ドラえもん」論――いま，すぐボクが救われることへの希求」『毎日グラフ』*1584*, 9–11.

佐藤彰宣（2018）．『スポーツ雑誌のメディア史――ベースボール・マガジン社と大衆教養主義』勉誠出版

清水　正（2012）.『世界文学の中のドラえもん』D 文学研究会
渋谷直角［編］（2009）.『定本コロコロ爆伝!! 1977-2009――『コロコロコミック』全史』飛鳥新社
小学館総務局社史編纂室［編］（2004）.『小学館の 80 年――1922-2002』小学館
杉田俊介（2020）.『ドラえもん論――ラジカルな「弱さ」の思想』P-VINE RECORDS
副田義也（1983）.「子どもとマンガ――「ドラえもん」人気をめぐって」『マンガ文化』紀伊國屋書店，pp.203-215.
高沢瑛一（1980）.「日本映画批評――ドラえもん のび太の恐竜」『キネマ旬報』*785*, 156.
津堅信之（2017）.『新版　アニメーション学入門』平凡社
中島紳介［編］（2019）.『PUFF と怪獣倶楽部の時代――特撮ファンジン風雲録』まんだらけ
野上　暁（2015）.『子ども文化の現代史――遊び・メディア・サブカルチャーの奔流』大月書店
福間良明（2017）.『「働く青年」と教養の戦後史――「人生雑誌」と読者のゆくえ』筑摩書房
南　博［編］（1981）.『ドラえもん研究――子どもにとってマンガとは何か』ブレーン出版
山森宙史（2019）.『「コミックス」のメディア史――モノとしての戦後マンガとその行方』青弓社
横山泰行（2005）.『ドラえもん学』PHP 研究所
米沢嘉博（2014）.『藤子不二雄論――F とⒶの方程式』河出書房新社

【参考資料】

『コロコロコミック』小学館，1977-1979.
『月刊コロコロコミック』小学館，1979-1982.
『アニメージュ』徳間書店，1979-1980.
JMPA（一般社団法人 日本雑誌協会）ホームページ〈https://www.j-magazine.or.jp/（最終閲覧日：2020 年 3 月 12 日）〉

Chapter

12

アニメブームのインフラストラクチャー

『機動戦士ガンダム』をめぐる放送格差と雑誌読者

近藤和都

1　アニメブームの経験

1970年代半ばから80年代にかけて，アニメに熱狂する多くの若者たちが社会のなかで可視化されていった。1977年8月には『宇宙戦艦ヤマト』の劇場版が上映され，誰よりも早くそれを観ようと多数の人びとが公開前日から映画館を取り囲んだ。同様に，1981年3月には『機動戦士ガンダム』（以下，『ガンダム』）の劇場版第一作が製作・公開され，再びファンたちは劇場に殺到した。たとえば朝日新聞の同年3月14日付の記事によれば，新宿の公開館には600人以上のファンが徹夜で並んだという。こうした状況を目の当たりにして，従来は子ども向けとみなされたアニメ番組に対する社会のまなざしは揺さぶられ，これらの一連の現象を背景とする熱狂はアニメブームと呼ばれていくことになった。本章で考察するのはこのアニメブーム，とりわけそのなかでも『ガンダム』の受容経験のあり方である。

従来の「ブーム」をめぐる語りは，それが全国に大量のアニメファンを作り上げ，かつ彼ら・彼女らが同質的な集団として想像的に統合されたという前提に立っているように思われる。たとえばそれは，『宇宙戦艦ヤマト』にせよ『ガンダム』にせよ，本放送当時は人気がなく，打ち切りが決まってから人気が出始め，最終的に再放送や映画化を通じて人気が爆発したという記述からもうかがえる（中川, 2018；吉本, 2009）。たしかにアニメブームは，全国のアニメファンを統合するメディア・イベントだったようにみえる。

しかし当時のアニメファンが置かれた時間－空間的文脈に着目すると，同じ番組であっても異なる経験が媒介され，結果的にファン集団を分割し異なるスケールのもと再統合する様相が浮かび上がる。たとえばそうした論理は，大分在住のアニメファンが，東京の親戚の家に遊びに行った際の状況を記した次のような雑誌投稿によく表れている。

〔大分では〕24日にやっと「マリンスノーの伝説」が放映されていたのであった！　ぐわーん！　あんなに見たかったのに！！！！！！　ころっと忘れていたのであった！　わーん！　わーん！　だれじゃ，24日に大分で放映しよーと決めたのは。（『ジ・アニメ』1981年2月：159）

ここから読み取れるのは，東京と大分とでは異なる放送編成が成り立っており，その結果，アニメを視聴できる機会は居住する地域ごとに格差があったということ，しかし遅れて放送される地域のファンは雑誌を介して人気番組の情報を十分に得ていたこと，そして格差を雑誌に投稿し，同じファンといっても都道府県によって違った立ち位置に置かれていることを提示し，独特な共同性を作り上げようとする実践が展開されていたということだ。つまりアニメブームの経験は，「ブーム」という言葉がもつ一枚岩的な熱狂という含意にもかかわらず，実に多様な仕方で媒介されていたのである。したがってアニメブームの経験を明らかにするためには，ファン集団を分節する契機としてブームを捉え，その作用を多角的に検討する必要がある。

こうした前提のもと，以降では，『ガンダム』を主たる事例にしてアニメブームの多層的な経験に光を当てる。その際にまず第2節で，地域間のアニメ放送の機会格差を論じ，「同じ番組」であったとしても放送の時間的文脈が異なれば別様の経験が媒介されうる点を明らかにする。第3節ではそうした機会格差を埋め合わせるように機能した雑誌メディアのあり方を確認する。そのうえで，放送の周縁に置かれた人びとが雑誌メディアを介してどのような経験を得ていたのかという問題設定を行い，それに即して第4・5・6節ではアニメ文化の経験を多角的に描き出す。

2　アニメブームの多様な時間性

アニメブーム期では，どこに住んでいるかによって視聴できるアニメ番組の種類と総数が変わった。たとえば『ガンダム』の放送は当初，テレビ朝日，朝日放送，名古屋テレビ，北海道テレビ，東日本放送，富山テレビ，静岡県民テレビ，広島ホームテレビ，瀬戸内海テレビ，九州朝日放送の10局しか行なっていなかった[1]。他方で，それらの地域で『ガンダム』の本放送が終わってから3か月が経った5月段階で放送中もしくは放送予定の放送局は14局あった（『アニメージュ』1980年6月：57）。こうした数字が表しているように，アニメブームを牽引した『ガンダム』ですら最初は少ない局数しか放送をせず，人気が出てから地方局も後を追って編成に番組を組み込んでいったのである。

放送機会の格差はテレビ放送の仕組みによって構造的にもたらされるものだった。関東，中京，近畿の広域圏を除くと，基本的には県域ごとに事業体に電波利用の免許を交付する日本の放送制度は都道府県に応じて異なる番組編成を生みだす。そのうえ，テレビ放送局の数は各都道府県で異なり放送可能番組総数に差があった。そのためアニメ番組の放送機会にも格差が生じたのである。こうした技術・制度上の制約を背景にして，『ガンダム』の受容には地域ごとに「時差」が伴っていた。

しかも，かりに人気番組が順次地方局で放送開始になったとしても，誰しもが確実に視聴できたわけではなかった。というのも当時アニメは子ども向けと捉えられていたため，より高年齢のファン層では視聴できないような時間帯に放送されることがあったからだ。再び『ガンダム』を例にとれば，福島では1980年4月から本放送が開始された。福島のアニメファンは本放送の開始に喜びつつも，放送時間の17時に間に合うための対策を講じる必要があった。あるファンは普通に帰宅すると18時になってしまうため，『ガンダム』が放送される日に限り普段は使わない急行電車に乗り，そのための片道400円の切符代は週刊マンガ誌2冊に充てていたお金から捻出していたという（『ジ・アニメ』1980年6月：156）。この場合，アニメ放送はファンの日常生活のリズムには埋め込まれておらず，むしろイベント的なものとして享受される。

従来の研究では，メディア・イベントや全国放送番組の「同時性」を前提として，国民の集合的意識を編成する装置としてテレビを捉える傾向にあった（吉見，2016）。だが上記の事例は，テレビ文化は同時性に還元できない多様な時間の契機を孕んでおり，個々の時間性に応じた経験が媒介されていることを示している。こうした点を踏まえると，アニメブーム期の視聴経験を明らかにするためには放送制度がもたらす多様な時間性に関する分析が重要になるだろう。

それではブーム期のアニメ放送をめぐって他にはどのような時間性があったの

1）『アニメージュ』に掲載された「全国放映リスト」をもとに数え上げた（『アニメージュ』1979年5月：54–56）。

だろうか。ここで冒頭の議論に戻って「再放送」を取り上げてみよう。たしかに再放送は，アニメブーム期において番組の人気を高める起爆剤としての役割を担った。だがこの再放送にも単なる番組の反復的受容という側面にとどまらない多様な経験が伴っていた。たとえば再放送はすべての都道府県で一斉に行われるわけではない。そのためファンはしばしば投書などを行いテレビ局に再放送を要望した。他方で『ガンダム』を例にとれば，制作局の名古屋テレビが立地する愛知県では同番組の再放送が頻繁に行われ，それに対する苦言が呈されるほどだった（1981,『アニメージュ』1981年4月：127）。再放送の恩恵を受けられるかどうかもまた，どこに居住しているかによって条件づけられていた。

くわえて，放送制度は地域ごとに流通するアニメ番組の総数やリズムを規定しただけでなく，受容される番組の順序にも多様性をもたらした。「私たちの熊本では「ガンダム」が「イデオン」のあとにはじまったので「ガンダム」が「ポスト・イデオン」になっちゃった」（『アニメージュ』1980年11月：125）という投稿は，放送制度に基づくアニメ経験の複雑さをよく示しているといえるだろう。両番組とも富野喜幸（後に由悠季）監督によるものだが，『ガンダム』の直後に制作され，本来は『ガンダム』からどれだけ作家的深化を遂げたのかを測る間テクスト的素材として位置づく『伝説巨人イデオン』が熊本県では逆の順序で視聴されてしまった。いうまでもなく，「同じ番組」を視聴できたとしてもその時間的文脈が変われば異なる経験が生起しうる。

このようにアニメ放送をめぐっては[2)]，放送時期，放送時間帯，放送順序，再放送機会などの分配を通じた複雑な時間性が地域ごとに織り上げられていた。視聴経験はこうした時間－空間的諸関係を介して構造化されていたのである。しかもアニメファンは，放送制度によって与えられるこの関係性をただ受け入れるだけでなく書き換えようともした。先に述べたように，日本は県域ごとに電波利用の認可を放送局に出す制度を採用しているが，各都道府県の境界は行政の都合上引かれたものにすぎない。そのためその境界上でさまざまな密猟的な実践が行われた。具体的にいえば，アンテナを向ける方向を変えたりアンテナに高感度の機器を取り付けたりすることで，隣接する県域の放送局の電波を受信して視聴する試みがしばしば取られたのである（『アニメージュ』1980年9月：117）。やりくりの末に視聴できた場合，

2）こうした時間的文脈の多様性はアニメだけでなく，他のテレビ・ジャンルにも当てはまる。

その経験は普通に見るのとは異なる枠組みを伴ったに違いない[3]。

以上でみてきたように，アニメブーム期の視聴経験は斉一的に捉えられるものではなかった。アニメブーム期は放送格差が大きく，それに基づいて全国のアニメファンは階層的な時間性のもと分割されていた。放送局数が少ない地域のアニメファンはなかなか番組を視聴する機会を得ることができない状況に置かれていった。アニメ放送の「フロー」（Williams, 2003）は場所ごとに異なる速度と幅をもち，それに応じた経験の条件が形成されていったのである。したがって，アニメブームの経験を捉える際にはこうした多様な時間性とそれらの関係性を常に念頭に置かなければならない。

3 アニメブームとトランスメディア環境

しかしながら，時間－空間的に周縁に置かれた場合であっても人びとは多様な回路でアニメ文化を経験していた。というのも歴史的にアニメ文化は，映像コンテンツを軸としつつもそれにとどまらないメディア・商品展開を行なっていたからだ[4]。たとえば手塚治虫が『鉄腕アトム』をテレビアニメ化する際に，アトムのキャラクターイメージに基づいた商品展開を特定企業に許諾することで対価を得て，それで制作費を補填していたのは有名である（スタインバーグ, 2015）。そしてこの方式が一層強固になる契機となったのが1970–80年代に生じたアニメブームだった。

アニメブームは，それまでは子ども向けとされてきたテレビアニメを青年層も楽しみうるものとして再定位した。それに応じて，相対的に購買力が高い視聴者を対象としてレコードをはじめとする新たな商品化がなされていった。同時に，「ガンプラ」のように低年齢層からも人気を博した玩具も生みだされ，アニメ文化は幅広い世代に浸透していった。多種多様な商品が流通することで，番組は視聴していないものの，その世界観やキャラクターに親しむ人びとが形成されていき，放送の機会格差はさまざまな商品やメディアを通じて埋め合わされていった。

3）アンテナと電波の関係からテレビ文化の経験を捉え返す試みとしては太田（2019）やParks（2015）を参照されたい。

4）オリンピックをめぐる知的財産権の歴史社会学を展開した加島（2017）の用語をパラフレーズすれば，アニメ文化にはいかにして番組を制作するのかに関わる「作り方」の歴史だけでなく，その商品化を通じていかに利益を上げるかに関わる「使い方」の歴史も分かちがたく埋め込まれているのである。

そのなかでも全国的に流通するアニメ専門雑誌の役割は大きかった。従来，アニメ情報はマンガやSFといった他ジャンルの雑誌に間借りする形で掲載されていた。それが次第に購買力をもつファン層が拡張し，市場規模が拡大していったため専門誌を出版できる状況が整い，『アニメージュ』などが創刊されていった。アニメ雑誌はさまざまな関連商品の通販を行う場でもあり，投稿欄を介してコレクションを交換する場でもあり，自作同人誌を流通させる場でもあった。こうした他のメディアを仲介するプラットフォームとして機能した雑誌は，それまで地方に住んでいたためになかなかアニメ情報・商品にアクセスできなかった層にまでその機会を拡げた。その意味でアニメ雑誌は，ブームへの容易な関与を可能にするインフラストラクチャーとして機能したといえる。

このようにアニメ文化は，メディアを横断しながらイメージや言葉，モノを循環させる環境＝トランスメディア環境を生みだし，それに組み込まれながら展開してきた。その結果，放送の周縁に置かれた人びともアニメブームを経験しうる状況が形成されていったのである。それではこうした環境において，放送の周縁に置かれた人びとはアニメをどのように経験したのだろうか。とりわけ雑誌がアニメ経験に果たした役割はどのようなものだったのだろうか。アニメブームの経験を多層的に理解するためにはこうした問いに答えなければならない。

さまざまな遅れが織り込まれたテレビとは異なり，雑誌は戦前の段階で「全国性」（永嶺, 2001）を獲得した，（ほぼ）同時的に流通・受容されるメディアである。そのため，放送が始まる前段階で雑誌を介して番組に関する情報を得る人びとがアニメブーム期には続出した。以降の節では，「同じ番組」であったとしてもこのような状況下で雑誌メディアを受容した人びとにどのような独特な経験が生じたのかを考えていく。具体的には『ガンダム』を主たる題材としながら，その視聴機会を得る前に雑誌メディアを受容してしまう地域のアニメ経験の多様性をすくい取る。

4　間接的／擬制的な映像経験

先にも述べたように，『ガンダム』は当初10局でしか放送されていなかった。徐々に人気が出始めてから後追いで放送を開始する局もあったが，放送時間帯などの問題もあってあまり人気が出ずに途中で打ち切られる場合もあった（『アニメージュ』1981年1月：135）。アニメブームを牽引したとされるものの，当時の本放送のタイミングで『ガンダム』を視聴できた人びとは多くはなかったわけである。そのため人気を作り上げた要因として，本放送後の再放送やガンプラがしばしば強調されるようになる。とはいえ，放送時に『ガンダム』の知名度が低かったわけでは決してない。「『アニメージュ』と『ガンダム』の蜜月」（大塚, 2016）と表現されるように，同時期に勃興した雑誌メディアは『ガンダム』関連記事を中心に構成されていったからだ。つまり，『ガンダム』がブームとなっていることは知りつつも番組は視聴できない読者層が大量にいたのである。

こうした未視聴状態の雑誌読者は，一見するとアニメブームから排除されているように思われる。実際，視聴機会の格差は放送の周縁に置かれたアニメファンにとっては切実な問題で，しばしば「中央集権的な」アニメブームに対する批判が投稿された（『アニメージュ』1978年8月：118）。だが視聴機会がもたらされていないからといって，アニメブームにまったく関与できなかったわけではない。下記の引用からわかるように，視聴機会に恵まれない地域の人びとは独特な技法を身につけながらアニメを経験していた。

> さて「ガンダム」の放送が終了し，再放送論議が高まっている一方，地域によっては，やっと放映がはじまったというところ（テレビ岩手，山陰放送，長崎放送など）もある。長い間AM〔引用者註：アニメージュの略記〕などでしか「ガンダム」を見られず，くやしい思いをしていた諸君，キミたちの願いがとうとうかなった！（『アニメージュ』1980年5月：131）

これは『ガンダム』の本放送終了後の『アニメージュ』に掲載された編集者からのコメントである。「長い間AMなどでしか「ガンダム」を見られず，くやしい思いをしていた諸君」という言明に表れているように，周縁のアニメファンは「読むこと」で「見ること」の代替的な経験を得ていたといえよう。

上記のコメントは雑誌の送り手によるもので，そのため雑誌の役割を過度に強調している可能性はある。「雑誌を読むこと」と「アニメを見ること」は常識的には異なるモードの経験に思われるからだ。だが当時の投稿を詳しくみていくと，両者の経験が重なり合っていた様相がうかがえる。たとえば下記の投稿は，「見ること」と「読むこと」が限りなく接近しているような経験のあり方を示している。

> 〔放送格差を〕うめているのがアニメ雑誌なのですが，取り上げ方に差がある。／私のほうでは両方とも放映されていないにもかかわらず『イデオン』のスト

ーリーはほとんど知っており，『バルディオス』はぜんぜん知りませんでした。これでは〔ランキング投票においては〕不公平だと思います。／『バルディオス』も愛蔵版の本を買って読みましたが『イデオン』としのぎをけずって1，2を争える作品だと思います。（『アニメージュ』1981年10月：120）

この投稿は興味深い経験を描き出している。投稿者はあまり放送機会に恵まれない環境に置かれている。だが放送格差を埋め合わせる雑誌メディアや「愛蔵版の本」を介して，実際には視聴していない番組の「ストーリーはほとんど知って」いると表明する。しかも，読者投票による年間アニメ・ランキングのなかに『宇宙戦士バルディオス』が入っていない理由として，雑誌上で取り上げられる回数が少なく，そのため周縁のファンからの投票が減ったからだと指摘する。そのうえで，「愛蔵版の本」を読む限り『宇宙戦士バルディオス』もまた優れた作品であるという判断が提示される。つまり，視聴機会に恵まれなかったとしても，代替手段としての「読むこと」を介して番組の評価が正確にできると考えられているのである。

アニメブーム期に限らず，会話や雑誌メディアなどを介して「あたかも番組を見たかのような経験＝間接的な映像経験」が生じる点は指摘されてきた（c.f. 加藤，1977）。先の前者の事例は「直接的な視聴経験」から距離を取った「間接的な映像経験」として把握できるだろう。だが後者の事例はこうした距離を無化しているという意味で「擬制的」とでもいえるようなより強度の高い経験となっている。

図 12-1　「第 43 話「脱出」誌上再上映」
（『アニメージュ』1980 年 4 月：76）

ここまで強度の高い経験が成立した背景には雑誌の紙面構成が関わっている。VHSが普及する前段階におけるアニメ雑誌の目的の一つは，ヴィジュアル・イメージを中心とした誌面を構成することで「アニメ保存」の代わりを果たす点にあるといってよい。実際，当時人気だったアニメの記事にはふんだんにスチール写真が用いられ，静止画の連続によってアニメの再現が試みられるケースが多かった（図 12-1 参照）。だがそれと同時に，雑誌メディアには多くの「文字」による情報が掲載されていた。それはストーリーの紹介から制作者インタビューなど多岐にわたる。イメージだけでなく文字を介して記事が構成される結果，実際には視聴できなかったとしても番組の物語展開や登場人物のパーソナリティなどを「理解」できてしまうのである。

5 物語の過剰な読解

アニメ放送に介在する時差は，周縁に置かれた人びとに「見ていないにもかかわらず見たことにする」独特な技法をもたらしていった。それではこうした時差の果てに「遅れて」放送機会が与えられた場合，どのような視聴経験が成り立ったのだろうか。言い換えると，前節での議論の対象が視聴行為と非節合の状態に置かれた読書経験だったとしたら，読書行為が「遅れて」視聴行為と節合される場合はどのような経験が媒介されたのだろうか。このことを確認するために，まずは放送機会を優先的に与えられた人びとはどのようにアニメを視聴しえたのかを論じていこう。

一週間ごとに同じ時間帯に番組を放送する仕組みが成立して以降，テレビを介した物語経験は長期にわたる結末の「先送り」を通じて成り立ってきた。映画であれば2時間程度でエンドロールにたどり着き，小説であれば自分の読書速度に応じて伸縮するものの，その気になればすぐにでも最後の頁を読むことができる。それに対してテレビは，シリーズ全体の話数は変わりうるが一週間という「待ち時間」が挟み込まれる点は共通している。そしてこうした時間的間隙がテレビに独特の解釈実践を生みだす（Gray, 2010：42）。下記の投稿は，「先送り」される結末を「待ち時間」の間に想像する快楽を表している。

> TVで30分見たあと「今度のストーリーは……」と追いかけながら43話でモビルスーツとは，ニュータイプとは，戦争とはと考え，思う――これがファンの楽しみといえる。（『アニメージュ』1981年6月：119）

間歇的に放送されるテレビ番組の場合，解釈を練り上げる時間が強制的に確保され，それが独特な経験の構造を形作るのである。

だが時間的間隙に依拠したアニメ経験は，放送機会の周縁に置かれつつ出版の同時性のなかに位置づけられた場合は得られにくい。視聴するよりも先に雑誌メディアを介して番組に関する知識を得た結果，物語に没入しにくくなったという投稿をみてみよう。

> やっと島根でもガンダムがはじまりました。それで朝早くから起きて（日曜8時）見たんだけれどガンダムのことをすごくいいアニメだっていっている記事を読みすぎているせいか，ぼくの頭の中に“ガンダムはいい作品だ”というコトバがしみついてしまっていて，第一回を見ながらもそのコトバがずっとこだましていて……《（ママ）》結局のところ，期待していたほどいい作品とは思えなかったです。はい。（『ジ・アニメ』1980年4月：154）

この投稿に対して編集部は「アニメに限らず何でもそうだけど作品を素直に見られないコはソンをするのです。素直に見るのも技術のひとつなのダ！」とコメントしている。「素直に見る技術」が必要になる背景には，先に論じたような雑誌メディアを構成する情報モードが関わっているといえる。雑誌を介して番組の再現が流通すると，眼前の場面を先取りされた物語構造に即した意味連関において解釈する作法が促される。すなわち，番組に即した時間順序に忠実に視聴すれば事後的にしか明らかになりえない場面の意味が，事前に得た知識と対照することで即座に了解されてしまう，このような時間的に反転した視聴者性が形成されていくのだ。

そしてこうした状況は，「待ち時間」における解釈をある程度無効にしてしまう点で問題だと捉えられることがあった。本放送が始まってから10か月経ってようやく放送が開始された長野県に住むファンによる下記の投稿は，反転した視聴者性がもたらす「絶望感」を示している。

> RA〔引用者註：『ロマンアルバム』を指す〕やAMを見ることによってストーリーも知ることができるし，RAを見ながらテレビを見ることが可能なのです。しかし，このような資料と照らし合わせながら見る見方は，再放送における手段ではないでしょうか。全体を知ったあとでくわしくひとつひとつを研究するにはとても役に立つのだと思います。しかし，なにも知らずにアムロの奇妙な行動を真剣に考えた私と，ニュータイプという言葉や意味，結末まで知っていた人とでは受ける印象が違ってくるのは当然だと思います。……私の絶望感はここにあるのです。地方のアニメファンは「もう一つの“ガンダム”」しか見られないんです。（『アニメージュ』1980年12月：125）

偶然にも投稿者はテレビ朝日の電波を意図せず受信できる自然環境のもとに居住していたため，『ガンダム』を最も早い本放送のフローで視聴することができた。それに対して周囲のほとんどの人たちは，長野県で放送が開始される前段階で既に関連書籍・雑誌を手にする状況に置かれた。その結果，本来であればなかなか明らかにされない物語の核心を事前に知ったうえで解釈してしまうようになった。その意味で「地方のアニメファンは「もう一つの“ガンダム”」しか見られない」というのである。

他方でこうした解釈実践のあり方は肯定的にも捉えられうるものである。というのも事前に所有型メディアの雑誌を介して番組の詳細な情報が提示されることで，読者としての視聴者は放送の時間リズムに忠実である場合はなし得ない解像度で物語を理解できるようになるからだ。これはビデオ型技術が普及して以降，多くの人びとが「ビンジウォッチング（イッキ見）」や映像の操作を介して取り組んでいる物語の過剰な読解と相同的な実践である。ビデオ型技術は，放送の時間リズムにしたがう場合「待ち時間」の間に失われてしまう，映像の細部や物語の伏線，登場人物の台詞などの記憶をもったまま立て続けに番組を視聴できるようにし，そうした情報に基づいた高精細度な解釈を行うことを可能にする（Lotz, 2007：62）。この意味で周縁のアニメファンは，中心のアニメファンよりも精巧な解釈実践ができたといいうる。

ただ，周縁のアニメファンだけが物語を過剰に読解しえたわけではない。先の投稿にもあるように，高解像度な解釈実践を行う可能性は再放送を通じて多くのファンに開かれていた。多くの場合再放送は週５回の放送機会をもった。そのため，長い待ち時間のなかで必死に記憶をつなぎ止める必要がなく，安心して「資料と照らし合わせながら」見たり「全体を知ったあとでくわしくひとつひとつを研究」したりできた。

6　分解的なまなざし

以上でみてきたように，周縁のアニメファンは物語の水準で異なる読解が促されやすい状況にあった。他方で物語の水準だけでなく，画面の水準においても独特な経験が生みだされていった。それは，画面の細部を探索的に走査するまなざしによって生じる経験である。それはたとえば，番組の見どころを提示する記事によってもたらされた。

『アニメージュ』は『ガンダム』が終わってからすぐの号で「ガンダム再チェック50――きみはここを見逃していないか？」を掲載した（『アニメージュ』1980年6月：57-62）。タイトルにあるように，そこには50もの見どころとなる場面が挙げられている。そのうえで，「いま「ガンダム」を放映，また予定している放送局」がリスト化されている。つまり，周縁の視聴者に同記事を横目に見ながら番組を視聴することを促している。

こうした視聴行為は，前節で論じた物語の過剰な読解と近いものだが，それよりも一層，画面の細部にまなざしを向けることを促している点で興味深い。というのも掲載されている場面のほとんどが物語解釈とは関わらない，トリビアルな画面の細部を強調して示すものだからだ。たとえば第2話でミライ・ヤシマという女性キャラクターが私服姿で登場するのだが，実は全体を通じて彼女の私服姿はこの一回だけだという。あるいは，最終話で主人公が操作するガンダムが敵機のリック・ドムと戦闘を行なっている背後を鉄人28号が一瞬横切る場面がスチール写真とともに示される。これらの見どころは，全体を見通して初めて事後的に意味をもつ場面だったり，シーンで展開する中心的な活動ではなく画面の四隅に目をこらしてようやく発見できる細部だったりする。つまり，物語の解釈を精緻化するには特に役立たないのである。

したがってここでは，前節で挙げたような物語志向の経験ではなく，画面をそれ自体で楽しむ非物語的な経験が生起しているといえるだろう。物語の過剰な読解と同様に，こうした経験のあり方もまたビデオ型技術の普及以降に顕著になるものだった（永田, 2015）。永田大輔によれば，ビデオ型技術はアニメファンが番組を映像の最小単位である画像にまで分解できるようにし，それを通じて個々の画像を制作するアニメーターを発見したり，細部に埋め込まれた制作者の遊びを読解したりする態度が促進されたという。上記の細部へのまなざしは，まさしくこの視聴者性を先取りしている。ビデオ型技術が普及する以前にも，アニメ雑誌の編集部は番組のフィルムを購入し，コマ送りなどを通じた分解作業ができる状態にあった（大塚, 2016）。先駆的なアニメ分解者たちは，放送の時間性のなかでは感知できたとしても明示はできなかっただろうアニメ映像の細部を発見し，それを雑誌記事として提示していくことで，後のアニメファンの実践を成り立たせる欲望を涵養していったのである。

アニメ雑誌は，映像を分解し，部分として提示される場面が見どころとして集積する場となった。こうした場が広く流通することで，周縁に置かれたアニメファンや，中心にいたとしても新参者としてのファンは「見てはいない有名な場面」を多く知り，フェティッシュな欲望をもつようになる[5)]。その結果，遅れてやってくる本放送や再放送を通じて「見てはいないけれども知っている場面」を確認する作法が形成される。「これでやっと「古代くんが死んじゃう」の場面を見られます」（『アニメージュ』1980年3月：131）や「12話を見逃してしまったので，映画では12話を入れてほしい。シャアのサングラス姿をたのしみにしています」（『アニメージュ』1980年12月：22）といった投稿は，特定の場面の有名性が高まるなかでそれらを確認する経験が広く行き渡っていたことを示しているだろう。このような経験は，先取り的に知った場面を念頭に置きながら，それがいつ訪れるのかという宙づりの感覚を得るという意味で，サスペンス的な快楽といえる。

7　一回性と反復性のあいだで

本章ではこれまで，アニメブームの多層的な経験を二つのインフラストラクチャーに着目して論じてきた。それは一つには放送制度というアニメ番組の流通を支える仕組みであり，また一つにはアニメファンが多様な仕方でアニメブームに関与することを可能にした雑誌というメディアのあり方であった。そしてそれらのインフラストラクチャーがもたらす時間－空間的に多様な文脈のなかにアニメ文化を位置づけ，その経験を描き出した。最後に本章の知見をまとめておこう。

アニメブーム期にはたとえ「同じ番組」であったとしても，視聴者が置かれた時間－空間的文脈に応じて「間接的／擬制的な映像経験」「物語の過剰な読解」「分解的なまなざし」という経験のあり方が形成された。だが同時に，それらの経験は現在において一層前景化しているともいえる。インターネットにさまざまな端末でア

5）フェミニズム映画理論を牽引するローラ・マルヴィ（Mulvey, 2006：chap.9）は，映画を念頭に置きながら，ビデオ型技術がもたらす経験のあり方についてフェティッシュをキーワードの一つとして挙げた。映画を始めとする映像は，一秒間を複数の画像の連続によって表現する。映像の動きは静止画を基礎としつつ，一つひとつの静止画が不可視であることによって成り立つという逆説的な構造をもつ。しかしビデオ型技術は，このように不可視な状態に置かれた静止画を一時停止によって再び人びとのまなざしの前に差し出す。そのとき人びとは，それまでも目の前にあったにもかかわらず，人間の生理的能力の限界によって不可視のままにとどまっていた静止画が突如として現れることに驚き，そしてそれゆえにそうした映像の部分に愛着を示していくのである。雑誌を介して形成される分解的なまなざしはフェティシズムの論理に基づいている。

クセスできるようになった私たちは一度も見たことのないコンテンツについて饒舌に語ることができるし，シークバーという操作技術を手にした私たちはこれまでにない精度で物語や画面を読解・注視できるようになったからだ。こうした連続性を踏まえたうえで重要になるのは，両時期の映像経験を分かつ時間性の差異を認識したうえで，そうした分節にもかかわらずなぜ両時期は相同的な実践を生み出したのかを考えることである。

ビデオ型技術が登場して以降の映像文化は反復性という時間によって特徴づけられる。それに対してアニメブーム期は映画にせよ放送にせよ，一時的な公開期間（上映期間／放送時間）が過ぎれば再アクセスすることが難しい点で，一回性という時間に基づく。その意味で両時期の映像経験の基盤は大きく異なる。しかしアニメブーム期には，映像の一回性を雑誌メディアが補い，代替的にではあるものの反復的にアニメを経験しうる状況が形成された。それによって，ビデオ型技術が可能にした実践の原型はそれが登場する前に組織された。

こうしたプレ・ビデオ的実践は，一回的受容を軸としたテレビ放送と反復的受容を軸とした雑誌という二つのメディア・インフラストラクチャーが交差するなかで生みだされたものだった。一度放送が終わったテレビアニメを再視聴するのはきわめて難しかった。だが，繰り返し自身が好むアニメを経験したいという集合的欲望がアニメの一回性を反復性に変換する技術である雑誌を生みだした。ただ雑誌は，単にアニメを反復的に受容できるようにするだけでなく，それを通じて新たなアニメ視聴の技法を生みだした。周縁のアニメファンたちは，放送されていない番組に雑誌を通じて触れながら「見たことにする」技法を洗練させていった。またアニメ放送の傘のなかに入ったファンたちは雑誌を介して物語や画面を精読していった。雑誌はアニメなしでは成り立たないが，雑誌なしでは成し遂げられない高精細なアニメ視聴の技法が形成されていったのである。

『ガンダム』は複雑なストーリー展開をもつ「大人向け」アニメとして多様な解釈や注釈の対象となってきた。だがこうした精読のあり方は一回的なアニメ視聴が前提となる状況では成り立ちにくい。しかし一回的なものであるがゆえに反復的な受容が可能な雑誌メディアが生みだされ，それがあるからこそ『ガンダム』は多様な解釈や注釈を産出する「第一次的なテクスト」（フーコー, 2014：33）としての地位を占めることができた。すなわち本章で参照してきたような語りを生みだす条件が，一回性と反復性を軸とするインフラストラクチャーの複合だったのである。そしてこうした映像文化と文字の文化の結びつきが，ビデオ型技術普及以降の映像文化のあり方を規定していったといえるだろう。

【引用・参考文献】

『アニメージュ』徳間書店, 1978–1981.

太田美奈子（2019）.「「通信」と「放送」が交錯する初期テレビ受容——1950年代青森県八戸市の事例から」『早稲田大学文学研究科紀要』*64*, 837–852.

大塚英志（2016）.『二階の住人とその時代——転形期のサブカルチャー私史』星海社

加島　卓（2017）.『オリンピック・デザイン・マーケティング——エンブレム問題からオープンデザインへ』河出書房新社

加藤秀俊（1977）.『文化とコミュニケイション 増補改訂版』思索社

『ジ・アニメ』近代映画社, 1979–1981.

スタインバーグ, M.／中川　譲［訳］（2015）.『なぜ日本は〈メディアミックスする国〉なのか』KADOKAWA（Steinberg, M.（2012）. *Anime's media mix: Franchising toys and characters in Japan*. The University of Minnesota Press.）

中川右介（2018）.『サブカル勃興史——すべては1970年代に始まった』KADOKAWA

永田大輔（2015）.「コンテンツ消費における「オタク文化の独自性」の形成過程——一九八〇年代におけるビデオテープのコマ送り・編集をめぐる語りから」『ソシオロジ』*59*(3), 21–37.

永嶺重敏（2001）.『モダン都市の読書空間』日本エディタースクール出版部

フーコー, M.／慎改康之［訳］（2014）.『言説の領界』河出書房新社（Foucault, M.（1971）. *L'ordre du discours: Leçon inaugurale au Collège de France prononcée le 2 décembre 1970*. Gallimard.）

吉見俊哉（2016）.『視覚都市の地政学——まなざしとしての近代』岩波書店

吉本たいまつ（2009）.『おたくの起源』NTT出版

Gray, J.（2010）. *Show sold separately: Promos, spoilers, and other media paratexts*. New York University Press.

Lotz, A. D.（2007）. *The television will be revolutionalized*. New York University Press.

Mulvey, L.（2006）. *Death 24x a second: Stillness and the moving image*. Reaktion Books.

Parks, L.（2015）. 'Stuff you can kick': Toward a theory of media infrastructures. in P. Svensson, & D. T. Goldberg (eds.) *Between humanities and the digital*. MIT Press, pp.355–373.

Williams, R.（2003）. *Television: Technology and cultural form (3rd edition)*. Routlege.

Chapter

13

人間の表象としてのキャラクターとファンのコンテクストとしてのキャラクター

消費者集団の社会活動が生み出すキャラクターの二面性

足立加勇

1　キャラクター論と社会学の間の断層

近年，キャラクターに対する興味はますます大きなものとなっている。マンガやアニメに代表されるさまざまなキャラクター商品が世間に溢れ，その社会に対する影響力を無視することはできない。当然，社会学もキャラクターを関心の対象としている。しかし，社会的事象とキャラクターが登場するマンガ・アニメ作品を結びつけて論じることについては，マンガ・アニメ研究者の間に一種の抵抗感がある。マンガ研究において大きな地歩を占めているマンガ表現論を代表する論者，夏目房之介は，1970 年代に急増した知識人によるマンガ批評を次のように批判している。

> （前略）彼らの多くがマンガをどう批評したかっていうと，たとえばアトムは戦後の科学万能信仰を象徴しているんだとか，『巨人の星』はいつも勝利がテーマになるから高度経済成長の反映なんだとか，描かれた人物やテーマをいきなり大衆社会の動向や大衆の反映像に読みかえてしまう。おおざっぱにいうと。マンガ批評って基本的にそういうことでした。じつは今でもそればかりやっている人が多いんです。僕にいわせれば，それはいちばん重要な，マンガが表現される過程，表現として描かれるしくみを飛ばしちゃっている。（夏目，1995：13）

マンガ表現論は，飛ばされがちであった「マンガが表現される過程，表現として描かれるしくみ」を分析対象とすることによってマンガ研究に大きな貢献をなした。キャラクターに関しても，最も充実した議論を達成している研究領域といえよう。しかし，マンガを現実の社会の反映とみなす社会反映論に対する批判[1)]をその根底にもつがゆえに，キャラクターと社会の関係という問題は，その議論のなかでは，逆に飛ばされがちなものになってしまっている。

2 キャラクターの成立条件と拡張される同一性

社会反映論は，マンガ作品だけではなく，そこに登場するキャラクターもまた，現実の反映であるとみなす。『巨人の星』を高度経済成長の反映とみなす論者は，その登場人物たちもまた，高度経済成長を担った日本人たちの表象であるとみなす（たとえば，佐々木, 1981）。それに対し，マンガと社会の関係を棚上げするマンガ表現論は，キャラクターはマンガの表象であるということを前提に議論を組み立てる。その代表例が，四方田犬彦の『漫画原論』（1994）である。

2-1 マンガを成立させる二つの法則

四方田はマンガを無数のコマの集合体とみなす。その無数のコマの一つ一つには，人の顔が描かれている。その顔は，あるものは笑い，あるものは泣くなど，一つとして同じものはない。しかし，それが同一の人物を描いたものであることが読者に伝わらなければ，ストーリーマンガは成立しない。四方田はこのことを「二度と同じ顔が描かれることはない（最初の法則）」「同一の顔を際限なく描き続けることがで

1）マンガ・アニメも社会のなかで生まれたものである以上，当然，社会の影響を受ける。よって，社会反映論はけっして間違った議論ではない。そのため，マンガ・アニメの研究者のなかには，自分の批判の対象を「素朴な社会反映論」とよんで，社会反映論そのものを否定しているわけではないことを示す者もいる。しかし，「素朴」という言い方はあまり適切ではないであろう。作品と社会の関係は複雑とは限らないからである。筆者は，「紋切り型」あるいは「類型的」とよぶべきだと考える。彼らがイメージしているところの「素朴な社会反映論」とは，マンガ・アニメ作品に対して，世間に流布している社会分析を機械的に当てはめただけのものだからである。それは，ベースが世に受け入れられているものであるため，それなりの説得力をもっており，場合によっては妥当性ももつ。だが，そのようにして作り出された批評には，論者自身の見解や考察がなく，作品の独自性に対する配慮にも欠けている。そのため，それは「紋切り型」の議論を繰り返すだけのものになりがちである。「マンガが表現される過程，表現として描かれるしくみ」に対する着目は，批評対象の作品がもつ個性を表現分析によって明らかにすることで，マンガ批評を紋切り型から脱却させる，という効果もある。

きる（第二の法則）」という二つのマンガの法則という形で提示する。

> 両者は矛盾しているように見えるかもしれないが，実はそうではない。最初の法則は，描かれた顔がいまだにコード化されずに，登場人物という統合的な主体に結びついていない，いわば，不定形な次元において考えるならば，それは正しい。しかし，ひとたび顔が人格の支配下に置かれてしまうと，第二の法則が権限を振るうことになる。漫画において分身が多様に出現したり，一人の人物が実に気軽に変装につぐ変装を披露したりできるのは，こうしたコード化が厳密に守られているためにほかならない。（四方田, 1994：142）

無数の異なる顔が同一人物の顔だと認知されたとき，読者は初めて，その無数の顔の一つひとつの違いが，一人の人物がストーリーのなかで見せるさまざまな変化の現われだと理解できるようになる。その変化から，読者は，その人物の心情を読み取るのであり，そのような読み取りが可能になった瞬間がマンガという表現が成立した瞬間なのである[2)]。

2-2　同一性を担保するものの概念化

四方田の議論は，作品のなかで起こる事象だけを対象としたものであった。この四方田の論点を，マンガの表現史の確立を目的に，作品の枠組みを超えて展開可能なものにしたのが，伊藤剛の「キャラ／キャラクター」論であった。

2）四方田が想定しているような，多数のコマの集合によって成り立つマンガのはじまりといわれているのが，ロドルフ・テプフェール（Rodolphe Töpffer, 1766–1847）の「版画文学」である。もちろん，「版画文学」以前から，紙面を分割してできた区画の中に絵を描きこむという行為はされており，コマの集合体そのものは太古の昔からあったといえる。だが，テプフェールの「版画文学」は，コマが単に並んでいるだけではなく，緊密な連続性をもつ。その連続性を活用してストーリーやギャグをスピード感たっぷりに展開する「版画文学」は，それ以前のコマを用いた作品とは別の次元にあるものといえる。このことは，テプフェールが，四方田の法則に深刻な形で直面した最初期の人物であることを意味する。森田直子は，彼以前には，同じ人物を百回以上描くような表現形式は見られず，彼の同時代人もそのことに驚嘆していた，と指摘する。テプフェールは，『観相学試論』という「版画文学」についての理論書を書いているが，その本では登場人物の描き方にもっとも多いページ数が割かれている。森田は，その理由を，彼が同じ人物を繰り返し描くことこそが「版画文学」の本質の一つだと見抜いていたからだとしている（森田, 2006：118）。

四方田の考えるマンガが成立した瞬間（無数の顔の絵がある一人の人物を描いた同一のものであると認識された瞬間）とは，マンガ読者の前に一人の人物がキャラクターとして出現した瞬間でもある。つまり，キャラクターは，無数の差異ある絵を，同一の存在を描いたものであると認知させる力によって生み出される。伊藤はこの力を「キャラ」の語によって名指そうとする。

伊藤はキャラクターを「キャラ」と「キャラクター」という二つの概念に分けて捉えることを提案する（以後，伊藤の定義にしたがってキャラ，キャラクターという言葉を使うときは，〈キャラ〉〈キャラクター〉と表記することとする）。〈キャラクター〉が読者に，そのキャラクターは「人生」「生活」をもつ現実の人間と同様の存在だ，と感じさせるものであるのに対し，〈キャラ〉は，そのキャラクターが存在するという感覚そのものを生み出すものである。そして，この感覚は，複数の「異なった絵」が「同じ存在」だと読者に認知されるときに生み出される。そして，〈キャラクター〉は，〈キャラ〉の成立後に，その存在感を基盤とすることで，はじめて発生する[3)]。

> 四方田は，ここで「同じ顔」という表現を用いているが，この「顔」とは，複数の図像を貫いてキャラの固有性を維持するもの一般にほかならない。まず，ひとつのテクストの内部でどんな表情，どんな方向を向いていたとしても，同じキャラと認識されること。それがキャラの条件だ。逆にいえば，複数の「異なった絵」が「同じ存在」と認識されることで，「キャラ」は成立したといえる。つまり，キャラとは，その成立に際して何らかの形で時間的な連続性と非連続性を同時に必要とする。あるカット（コマ）で描かれたものと，別のカット（コマ）で描かれたものとが「同じもの」であると認識されるには，ただ並べられているもの（非連続なもの）を，連続なものと見なす作用が必要となる。その，コマとコマの間隙をつなぐ要請から，キャラの存在感は立ち上がってくると考えられる。（伊藤，2005：116）

複数の「異なった絵」が「同じ存在」だと読者に認知されるときとは，四方田の言い方でいうならば，「第二の法則」が実現したときである。だが，四方田の法則が一つの作品内の図像のみを対象としたものであるのに対し，伊藤の〈キャラ〉は，作品の枠組みを超えて発生するものとされる。伊藤は〈キャラ〉には「強度」があるという。たった一枚のイラストだけがそのキャラクターを描いたものであると認知され，そのほかの図像はそのキャラクターとは認知されない。そういったキャラクターは〈キャラ〉の強度が弱いとされる。そのようなイラストのキャラクターよりも，無数のコマの無数の異なる絵が，どれも同一人物を描いたものだと認知されるストーリーマンガのキャラクターの方が，より〈キャラ〉が強いといえる。しかし，そのストーリーマンガのキャラクターも，作者以外の人間には描くことができないものは，作者以外の人間にも描くことができるキャラクターに比べると〈キャラ〉が弱い。〈キャラ〉の強いキャラクターとは，マンガ家が紙に書いた絵であっても，アニメーターが作った映像作品であっても，おもちゃ会社が作った人形であっても，そのどれもが同じ人物を表象したものだと消費者に認知される能力をもったキャラクターのことを指す。

つまり，「異なった絵」を「同じ存在」だと認知させる力とは，メディアミックスや二次創作を可能にする力でもあり，〈キャラ〉の強度とは，キャラクターが原作から遊離して存在することを可能にする強さをも意味する。伊藤の議論は，話題をマ

3）伊藤の議論は，大塚英志の「傷つく身体」の議論を意識したものである。大塚は，マンガのキャラクターは，現実の事物を描写したものではなく，マンガ表現の蓄積のなかで作りあげられてきた記号を組み合わせることによってできた図像だとする。成長することもなければ死ぬこともない記号でできた「記号的身体」をもつキャラクターは，本来的には成長することも死ぬこともない（「人生」「生活」をもちえない）。しかし，手塚治虫が終戦直前に描いた中篇『勝利の日まで』には，キャラクターの一人が米軍機の機銃掃射によって胸を撃たれ，赤い血を流しながら死んでいく場面がある。戦争を描写する試みは，「記号的身体」をもつキャラクターも，現実の人間同様に「傷つく身体」をもちうるのだ，という発見をもたらした。それは，キャラクターも現実の人間同様に傷つく内面をもちうる（「人生」「生活」をもちうる）というさらなる発見を生み，やがて，日本マンガの複雑な内面表現へと発展していく（大塚, 2003）。伊藤はこの大塚の説を評価し，自分の考える〈キャラ〉の観念が，大塚の「記号的身体」の観念の影響を受けたものであることを認めている。しかし，その一方で，大塚の議論が手塚以降のマンガ表現と戦後精神史を結ぶものであるのに対し，自分の分析はより包括的なものを目指すものであり，差異もあるとしている（伊藤, 2005：130）。ここでの「包括的なものを目指す」とは，一時代の問題に制約されずにマンガ表現史の構築を試みる，という意味であろう。大塚と伊藤の差異は，1990 年代以降の「萌え」の評価にもっとも大きく現れる。大塚は，戦争によって生み出された二つの身体（記号的身体／傷つく身体）とその矛盾を己の問題として抱え込むことは戦後マンガの責務であると考え，1990 年代以降の「萌え」はその矛盾を抱え込めていない，と批判する（大塚・大澤, 2005：186）。それに対し，伊藤は身体性に頼らない感情表現を志向し，「萌え」を肯定的に評価する。「キャラ／キャラクター」論の言葉で言いなおせば，大塚の議論は，キャラクターに対して〈キャラクター〉であることを求め続けるマンガ論といえよう。

ンガに限定した「マンガ批評」の形で発表されたが，実際には，マンガだけではなく，アニメや各種キャラクター商品を含んだ，現在のキャラクター文化そのものを射程に入れたものであった。

2-3　近代と対置される〈キャラ〉

この論は，キャラクター文化だけにとどまらず，人びとがもつリテラシーの時代的変化をも捉えうるものとされた。伊藤は，マンガファンには，マンガを〈キャラクター〉のレヴェルで読む人びとと，〈キャラ〉のレヴェルで読む人びとがいるとする。〈キャラクター〉のレヴェルで読む人びとは，キャラクターを「人格をもった身体表象」とみなし，キャラクターに対する評価基準を「あたかも現実の人物のように」語りえているか否かに求めるとされる。それに対し，〈キャラ〉のレヴェルでマンガを読む人びとは，マンガのなかに現実を求めない。そして，前者が，一つの読みしかできない，あるいは，できてもそのことを否認する傾向があるのに対し，後者は，両方の読みができ，状況によって二つの読みを使い分けるとされる。

伊藤が〈キャラ〉のレヴェルでマンガを読む人びとの代表例としてあげたのは，『少年ジャンプ』などを題材に「やおい同人誌」を制作する十代後半（2003 年時点）の少女たちであった。彼女たちは，キャラクターがまるで実在の人間のようだと評価される矢沢あいの『NANA』（2000-）を面白くは読んでも，それに熱中したり，それを題材にして二次創作を作ったりはしなかった。その理由を，彼女たちは「キャラが弱い」からだと伊藤に説明した。この彼女たちの感性は，ときには「病んだもの」と批判されることもある。しかし，伊藤は，彼女たちの「キャラが強い，キャラが弱い」という感想は，〈キャラ〉の強度に対する反応であり，これを「病んだもの」とするのは，〈キャラ〉のレヴェルの読解に対する無理解であると主張する（伊藤, 2005：103）[4)]。

この〈キャラクター〉のレヴェルでマンガを読む人びとと，〈キャラ〉のレヴェルでマンガを読む人びとの間にある断絶は，世代間の対立ともされる。1970 年代から 80 年代にかけて，マンガ・アニメは，劇画の登場やアニメブームなどにより，子どものためのものから，青年層や大人など，広い年代の人びとが楽しむものへと大きく変化した。その変化は，マンガやアニメに大人をも満足させる緻密な設定をもつこと，キャラクターたちに現実の人間のような悩み苦しみをもつ複雑な存在であることを要求した。それを伊藤は，マンガを「近代的なシステム」として成長させようとする行為であったとする。そして，その行為は，具体的には〈キャラ〉を抑圧，隠ぺいすることで，キャラクターの成立根拠が〈キャラ〉にではなく，現実にあるかのようにみせかけるものであったとする。永山薫による表現規制についてのインタビューのなかで，伊藤はその行為を「自然主義」とよび，それを90年代の「萌え」と対置している。

（引用者註：鍵括弧内が伊藤の発言。地の文が永山の解説）

「ここで重要なのは，70年代に，漫画のリテラシーを，習得した人々はやっぱり圧倒的に自然主義なんですよ。だから萌えがわかんない。夏目房之介さんは，50年代，60年代の手塚の描線の官能性ということを，体験的に持っているわけ。それを模写することが，夏目さんの表現論にも繋がっている。その夏目さんは，50年代の手塚を経由することで萌えは解るような気がするって言っているんですね」

50年代生まれの筆者（永山）が何故「萌え」を理解できて，60年代生まれの竹熊健太郎さんが「萌えはわからん」とはそういう理屈だったのか。（永山，2007：163）

1970–80年代のマンガ・アニメが本当に「自然主義」とよべるものであったのかは，おおいに疑問である。しかし，この時期の作品に，従来の作品の類型的表現から脱却して，登場人物や作品世界を「あたかも現実のように」語りえるものにしようとする傾向があったことは事実である。アニメブームを象徴するロボットアニメ『機動戦士ガンダム』が，それ以前のロボットアニメと対比されて「リアル（現実的な）ロボット」とよばれたことは，その端的な現れである。それに対し，1990年代の「萌え」は，過去のマンガ・アニメ作品によって蓄積されたさまざまな類型を順

4）『テヅカ・イズ・デッド』の発表当時，〈キャラ〉と〈キャラクター〉の関係を二項対立と解し，マンガを「キャラのマンガ」と「キャラクターのマンガ」とに分類し始める読者がいたという。宮本大人，夏目房之介はこれを「誤読」としている（夏目・宮本・伊藤，2006：67）。〈キャラクター〉は，〈キャラ〉の成立後に，その存在感を基盤として発生するものなので，両者の関係は二項対立ではない。よって，宮本，夏目の指摘どおり，これは「誤読」である。しかし，〈キャラ〉のレヴェルでマンガを読む人と，〈キャラクター〉のレヴェルでマンガを読む人がいるというならば，マンガ作品の方も，〈キャラ〉のレヴェルで読まれることを想定したものと，〈キャラクター〉のレヴェルで読まれることを想定したものとがあるはずである。だとすると，「キャラのマンガ」「キャラクターのマンガ」という分類には一定レヴェルの妥当性があるといえる。

列組合せすることによって作りだされた不自然なものと認識された。東浩紀は，この「萌え」の流行を現代日本のポストモダン化を示すものとする（東, 2001）。伊藤の議論は東の議論に大きな影響を受けている。伊藤は，1990 年代以後のマンガファンによる〈キャラ〉のレヴェルの読解を，近代からの脱却と考えたのである。

3　消費者集団の社会活動と〈キャラ〉の強度の連動

しかし，「自然主義（近代的なシステム）」はなぜ〈キャラ〉の隠ぺいを必要とするのか，についての伊藤の説明は不十分といえよう。無数の異なる顔が同一人物の顔だと認知されたときにキャラクターが成立するという法則は，複数の顔の絵が存在してさえすれば，作品や登場人物のリアリティのあり方とは何の関係もなく効力を発揮する。ならば，同一性に基づくキャラクター成立の根本原理である〈キャラ〉もまた,「自然主義」であるなしに関係なく存在するはずである。関係なく存在するものならば,「自然主義」がそれを隠ぺいする必要もまたないはずである。

3-1　〈キャラ〉の強度を作り出すコンテクスト

現に，登場人物たちが「人格を持った身体表象」として描かれ,「あたかも現実の人物のように」語られる作品の一例とされた矢沢あいの『NANA』（2000–）もさまざまなメディア展開を行なっており，そのキャラクターたちは二次創作やコスプレの題材にされている。竹宮ゆゆこの小説『ゴールデンタイム』には，NANA と名乗る謎の女性が現れ，主人公の万里《ばんり》とヒロインの香子《こうこ》を驚かせる場面がある。

> （前略）女は皮肉っぽい笑みに唇を曲げ，言う。
> 「へー。あたし NANA っていうんだ」
> 　ちょっと考えて，万里は,
> 「……ブホッ！」
> と吹いた。
> 　入院中に現在刊行している分は全部読んだ少女漫画を思い出していた。できすぎだろう。漆黒に染めた前下がりワンレンショートボブにヒョウ柄キャミソール。攻撃的なメイク。ヘビーな皮のライダース。首にも指にもじゃらじゃらとシルバーのごついアクセサリー。ギターケースまで抱えている。見た目はまんま,『あの』キャラクターだ。（竹宮, 2010：219）

容姿や髪型，ファッションなど，そのキャラクターを連想させる特徴が明瞭な形で存在してさえいれば，そのキャラクターはテクストから遊離することが可能である。なぜなら，目にした対象が特定のキャラクターを表象したものであるかどうかの判定基準は，消費者が対象のなかに，そのキャラクターを連想させる特徴を見出すことができるかどうかのみにあるからである。『ゴールデンタイム』の場合，万里が，目の前の女性から「漆黒に染めた前下がりワンレンショートボブ」という特徴を見出し，そこから，「『あの』キャラクター」を連想したことで，目の前の女性は，「『あの』キャラクター」を表象した存在であると判定されたのであり，その判定によって，「『あの』キャラクター」は〈キャラ〉の強度を獲得したのである。このとき，〈キャラ〉の強度を発生させたのは，万里が過去に『NANA』を読んでいたことで作り出されていた，【「漆黒に染めた前下がりワンレンショートボブ」＝「『あの』キャラクター」】というコンテクストである。このことは，〈キャラ〉はコンテクストによって創出されるものであることを示しており，隠ぺいするしないという性質のものではないことを意味している。そして，このコンテクストは，より大勢の人間に共有されることによって，さらに強固なものとなる。

> 煙をかけないように唇をまげて斜め上方向に煙を吐きつつ，NANA……先輩は意外な名前を出してくる。
> 「リンダ（筆者註：なにかと主人公を助けてくれる先輩。リンダはあだ名で本名は林田奈々）も，下の名前 NANA というんだ」
> 「……そ，うすかあ……」
> 万里は込み上げてくる微妙さをこらえ切ったが，
> 「……んふっ！」
> とうとう香子が吹いた。さては加賀香子，同じ微妙さを感じ取っているな。
> （竹宮，2010：220）

もし，香子が，万里と同じ連想をして，万里と同じ「吹く」という行動を取らなければ，「ワンレンショートボブ」→「『あの』キャラクター」という連想は，万里一人の思い込みの可能性が発生し，確定的なものではなくなる。「『あの』キャラクター」がもつ，〈キャラ〉の強度は，香子が万里と同じ行動をとったことによってさらに強化された。〈キャラ〉の強度は，作り手側の創作活動だけではなく，見る側のコンテクストに基づく行動によっても作り出されるのである。

3-2　消費者集団の社会的な力によって作り出される〈キャラ〉の強度

見る側，つまり，消費者の行為が〈キャラ〉の強度を生み出す例の最も極端なものが，『初音ミク』である。『初音ミク』は，コンピューター用の音楽作成ソフトであり，そのキャラクターの原型となったのは，ソフトのパッケージに描かれたイラストであった。『初音ミク』が人気を博し，さまざまな人が『初音ミク』で楽曲を作ってネットで公開するようになると，その動画に彩りを添えるために，初音ミクのイラストやアニメーションが大量に作られるようになった。そのなかには，もともとのパッケージイラストとは似ても似つかないものも数多くあった。

似ても似つかないものが初音ミクと認知される要因は，初音ミクがもつ視覚的特徴が「巨大なツインテール」という単純明快なものだったことにある。そのため，ファンの間で【「巨大なツインテール」＝「初音ミク」】というコンテクストがすぐに構築された。そして，ファン集団がもつ社会的影響力が大きくなり，そのコンテクストが一般に普及すると，その他の特徴が等閑視されるようになった。その等閑視は，よりさまざまな人びとがよりさまざまな画風で初音ミクを描くことを可能にする。巨大なツインテールさえ描くことができれば，誰でも初音ミクを描くことができるからである。その結果，多様な姿の初音ミクが世間に溢れるようになり，それに伴い，どんな図像が初音ミクとみなされるのか，という条件はますます緩くなっていった。「巨大なツインテール」以外の特徴が等閑視されるだけではなく，「ツインテール」の形状，場合によってはその色までもが等閑視されるようになり，「巨大なツインテール」という概念を見る人に想起させることが可能でありさえすれば，その図像は初音ミクとして通用するようになった（図 13-1）。

初音ミクというキャラクターの本質は，【「巨大なツインテール」＝「初音ミク」】というコンテクストにこそある。そして，コンテクストがキャラクターの本質となっているとき，キャラクターは，一人の作者の創作物ではなく，消費者集団の共有物となる。コンテクストは，大勢の人びとが共有することで成立し強化されるものだからである。初音ミクには，もともとのパッケージのイラストのみがオリジナルであり，他の図像はその派生物に過ぎない，という作家主義に基づく図式は存在しない。世間に溢れる「巨大なツインテール」を想起させる図像のすべてが，初音ミクであると認知されうる。初音ミクは，〈キャラ〉の強度が極限まで強大化したキャラクターの一例であるといえよう。

図 13-1　新千歳空港内にあるキャラクターショップ雪ミクスカイタウンの落書きコーナー（2019 年 11 月 3 日著者撮影）

3-3　消費者集団の一員と化す原作者

現在の日本では，キャラクター，特にマンガのキャラクターは一人の作者による創作物とみなされることが一般的である[5]。その点において，明確な形で原作者が存在していない初音ミクは特殊な例といえる。しかし，現在のコンテンツは，ある一人の創作者によって作り出された一つの作品という形ではなく，マンガ・アニメ・各種キャラクター商品などさまざまな形態で同時多発的に発表されることが多くなっている。キャラクターは不特定多数の人物によって描かれることで世間に普及するのであり，結果として，キャラクターは集団の共有物，という性質を帯びることになる。キャラクターの個人の創作物から集団の共有物への変化は，同時にキャラクターがコンテクストと化す変化でもある。原作者以外の人物がキャラクターの絵を描くためには，どのような特徴をもった人物がそのキャラクターとみなされるのか，というコンテクストがどうしても必要だからである。

現時点において，キャラクターがコンテクスト化する最大の契機は，アニメ化であるといえよう[6]。アニメはマンガと根本的に違うメディアであるうえに，描き手も不特定多数の人間である。また，セルアニメ特有の抑揚のない線，平滑に塗られた色面は，原作者固有のものであるタッチやテクスチャーを捨象してしまう。アニメ用にキャラクターをデザインしなおすことは，キャラクターから誰にでも描くことができる視覚的特徴を抽出する行為，という性質を帯びる。抽出された特徴をTV放映は世間一般に頒布する。そのため，特徴とキャラクターとを結びつけるコンテクストの構築が一気にすすむ。

かつては，この現象に対して戸惑いや批判的な態度をみせる人も少なくはなかった。しかし，今日では，マンガの作者自身がコンテクスト化を歓迎する消費者集団の出身であることが多くなったこともあり，キャラクターの人気の拡大を意味する好ましいものと認識されることの方が多くなっている。ときには，作品の制作者側が，コンテクスト化の過程を自らなぞるような行動をみせることもある。

その一例が，瀬田ヒナコの四コママンガ『レーカン！』である。本作品は，2015年にTVアニメ化され，それと同時にアニメ化記念のアンソロジーが出版された。その内容は，さまざまな作家たちが『レーカン！』のパロディ作品を描くというものであった。『レーカン！』の主人公は天海響という黒いロングヘアを特徴とする少女である。そのため，このアンソロジーにはさまざまな黒いロングヘアの少女が多数描かれることになった（図13-2）。それらの少女がすべて天海響と認知されることは，【「黒いロングヘア」＝「天海響」】というコンテクストを強化する。そして，

5）キャラクターが誰のものであるか，という問題に関して，必ず参照されるのが，アウトコールト（R. F. Outcault, 1863–1928）の作った人気キャラクター，イエローキッドの使用権を巡ってピュリッツァーとハーストの二大新聞社が争った事件である。ライバル関係にあった2社の争いは，泥仕合と化し，世間の顰蹙をかった（詳しくは，小田切，2010：126）。ちなみに，読者の低俗な興味に応えて煽情的な報道や編集をする新聞のことをイエロージャーナリズムとよぶようになったのは，このイエローキッドをめぐる両紙の争いがきっかけである。また，この争いは，19世紀後半アメリカにおける新聞の爆発的発達を象徴する出来事とされている。

6）キャラクターの普及において，アニメーションが重要な役割を果たすようになったのは，TVアニメの実質的開祖とされる『鉄腕アトム』の成功からであろう。スタインバーグは，TVアニメの登場によって，日本におけるメディアミックスは一段上の段階へと発展したとし，その原因を，TVアニメとマンガの図像の共通性に求める。TVアニメ普及以前のマンガの映像化は，実写映像によってなされていた。しかしながら，マンガに描かれた主人公のイメージと主人公を演じる俳優の映像のイメージの間には大きな断絶があるため，メディアを越えた一貫性を保つことができない。それに対し，TVアニメは，マンガと同じく絵であるため一貫性を保つことができ，同じキャラクターがメディアを横断して登場することによる相乗効果も生み出すことができた，というのである（スタインバーグ，2015：108）。

図 13-2 『レーカン！ アンソロジーコミック』掲載作家コメント（瀬田ほか, 2015：112-113）

各作品の最後には，原作者・瀬田ヒナコによるパロディ作品に対する感想と，彼女の作家たちへの感謝の言葉が掲載された。

瀬田の作家たちに対する称賛は，自分が作ったキャラクターが，優れた作家性をもった作家が取り組むだけの高い価値のある存在であることのアピールとなる。また，それは原作者である瀬田が，自分の生み出したキャラクターたちに対して堂々とラブコールを発信することを可能にする。たとえば，登場人物たちがアイドルの真似をして握手会を開く，という作品では，瀬田は「私も握手会に並びたいです」とコメントし，慣れないことをして赤面しているキャラクターに対し「繰り返し並んでもっともっと赤面させたい…！」と言う（瀬田ほか, 2015：21）。瀬田の発言は，作者としてのものというより，ファンのするべき発言の模範とでもいうべきものであった[7]。

つまり，このアンソロジーは，キャラクターに熱狂し，ファンアートの制作に没頭するファン集団が行うべき活動のお手本を，プロの作家たちが示してみせたものであった。キャラクターの魅力は，このようなファン活動によって繰り返し確認されることで強化される。キャラクターが，一人の作者の創作物から，大勢の人間に共有されたコンテクストへと変化したことにより，原作者の役割は，作品の創造者であることから，ファン集団の導き手としてコンテクストの強化に努めることへと，その軸足を大きく動かすことになったのである。

3-4 「自然主義（近代的なシステム）」が隠ぺい・否認するもの

現在のキャラクターは，一人の作者のものという側面と，集団で共有されるコンテクストという側面の二面性をもつ。このことは，伊藤の議論の不十分さが何であるのかを明らかにする。「自然主義（近代的なシステム）」が隠ぺいしているものは，〈キャラ〉そのものではない。〈キャラ〉概念と強く結びついて存在している，集団で共有されるコンテクストという側面である。「自然主義」は，社会集団がもつコンテクストではなく，個人の観察によって見出された自然にその表現の根拠を置く。ここで想定される「個人」とは，確立した自我をもち，客観性（科学性）をもって現実と向き合う存在である。この客観性ゆえに，観察に基づく「自然主義」は社会集団の枠組みを超えて万人に通じる普遍性をもった表現だと考えられる。この理念にしたがい，「自然主義」は，社会集団がもつコンテクストに基づいた表現を，普遍性を欠いた表現として厳しく批判する。しかし実際には，「自然主義」的とされる表現も，何らかの形でコンテクストに依存する部分をもっている。その事実に対して，「自然主義」を自認する表現は，依存を自ら指摘して自己批判を行うか，依存を隠ぺいして事実を否認しようとするかの，どちらかの行動を取るであろう。キャラクターの問題において後者の行動が選択されると，どのようなキャラクターであっても多少はもっているはずの，集団で共有されるコンテクストという側面が隠ぺい・否認されることになるのである。

1990年代の「萌え」は，依存を開き直り気味に認めた表現であった。「萌え」の愛好者たちは猫耳や，特殊な髪型といった「萌え要素」に固執する。「萌え要素」は，基本的には，「「あの」キャラクター」の「ワンレンショートボブ」，初音ミクの「巨大なツインテール」，天海響の「黒いロングヘア」と同様，キャラクターの特徴となるものである。「萌え」は，まず，【「キャラクターの特徴となる萌え要素」＝

7）石森章太郎は，1977年のインタビューで，『サイボーグ009』のファンが1968年のTVアニメ化によって大きく変化したと語る。1960年代初頭のマンガ原作のファンは大人しく，ファンレターも作品に関する内容のものが多かったのに対し，TVアニメの放映後は，キャラクターたちを芸能人のように扱うファンが増加し，主人公宛の手紙なども送られてくるようになったという（石森, 1977：70）。石森の世代にとっては，キャラクターをアイドル扱いするファンの登場は驚くべきことであった。しかし，1970年代後半からのアニメブームで，そのようなファンが急増し，一般化する。1990年代にアニメブームが再び起こったときには，キャラクターがアイドルの役割を果たすことはごく普通のことになっており，そのため，美少女キャラクターが大勢登場するアニメが大量に作られるようになった。

「作品の登場人物」】というコンテクストの構築から始まる。そこでは，自然に対する観察よりも，消費者集団内での合意が優先される。

「自然主義」が，万人に開かれた表現と想定されているのに対し，「萌え」は，それを愛好する消費者集団にしか通じない，現実から遊離した表現であった。1970–80年代はマンガ・アニメの消費者層が，子どもだけではなく，青年層や大人をも含むものへと拡大していった時代である。マンガ・アニメにとって「自然主義」は，その拡大に対応できる表現を作り出すためのものであった。それに対し，1990年代は消費者層がその嗜好によって細分化した時代であり，細分化した集団を対象にした表現は，その嗜好に特化した閉じたものとなった。その閉鎖性ゆえに1990年代の「萌え」は「病んだもの」と批判される。

その批判に対し，「キャラ／キャラクター」論は，〈キャラ〉の観念によって反駁する。「萌え」を発動させるトリガーが，〈キャラ〉の強度を作り出すキャラクターの特徴であるために，「萌え」に反応することと〈キャラ〉の強度に反応することとが同一の事象であるという認識が生まれる。それは同時に，「自然主義（近代的なシステム）」が隠ぺいしているものが〈キャラ〉そのものであるという感覚を生み出す。「キャラ／キャラクター」論は，「萌え」を，近代的発想によって隠ぺいされてしまったキャラクター成立の根本原理（＝〈キャラ〉）を再浮上させるものであるとする。それは，「萌え」は「前近代」「近代」「ポストモダン」を超えて存在する根本原理にその成立根拠をもつリテラシーであるという主張であった。この主張により，「萌え」は，時代を超える普遍性をもった表現に位置づけられる。そして逆に，「自然主義」とよばれるものは，「近代」という人類表現史上の一時期に束縛された，閉鎖的で多様性を欠いたリテラシーに位置づけられる。

本来，キャラクター成立の前提条件に過ぎないはずの〈キャラ〉が，ここでは，まるでそれ自体が実現しなければならない特別な価値であるかのように語られる。〈キャラ〉はファンの欲求を実現するために必要なものであるが故に，彼らが欲求しているものと混同され，彼らがもつ価値観を体現する概念とみなされることになったのである。それは，本来の定義からの逸脱であり，ただでさえ難解な〈キャラ〉の概念を，雑多な要素が入り混じる混沌にしてしまった[8)]。しかし，この逸脱と混沌こそが，〈キャラ〉の概念が多くの人びとの関心と評価を集めた理由であろう。人びとの価値観を体現する概念は，人びとの行動原理を説明しうる概念とみなされる。マンガ・アニメとは直接的には関係ない現実の社会問題を語る際にも〈キャラ〉の概念は利用されるのである（たとえば，土井，2009）。

4　社会学の対象としての現在のキャラクター表現

マンガ・アニメ研究におけるキャラクターについての議論は，その出発点にキャラクターと現実社会とを結びつけて考えることに対する疑問をもつ。それゆえに，その議論は社会学的な考察を拒絶するものであるかのようにみえる。しかし，その疑問は，キャラクターが人間の表象であると同時に，消費者たちのコンテクストの共有によって成立する人工物でもあることを明らかにした。この世の事象を社会集団に共有されるコンテクストとみなすのは社会学的な発想であり，社会集団がもつコンテクストの形成過程とその合意によって生み出される消費活動のあり方を問うことは社会学の仕事そのものである。マンガ・アニメ研究がもつキャラクター観は，社会学の観点から分析する必要があるものなのである。

そのキャラクター観の成立根拠である，キャラクター愛好者たちの消費活動は，現在では，絶え間ないコンテクストの確認の繰り返しとなっている。アニメ化だけではなく，近年注目を浴びるようになったライブイベントや聖地巡礼[9] も確認行動の一種である。ライブイベントや聖地巡礼では，大勢のファンが同じ場所に集まり一斉に同じ行動を行う。『ゴールデンタイム』の万里が，香子が自分と同じ「吹く」という行動を取ったのを見て，香子が自分と同じコンテクストを共有する仲間であることを確認したのと同様に，会場や聖地に集まったファンたちは，皆が自分と同じ行動を取るのを見て，自分たちが同じコンテクストを共有する仲間であることを

8）「逸脱と混沌」という言い方は間違いであるかもしれない。伊藤は自分の抱く概念を名づけるにあたり，「同一性」にちなんだ語ではなく，ファンが使う俗語である「キャラ」を使った。そのことは，伊藤の概念は，最初からファンがもつ価値体系の総合体を意味していたのであり，伊藤の議論の目的はそれを表現史のなかに位置づけることであった可能性を示す。もし，そうであるならば，〈キャラ〉概念の混乱は，「逸脱と混沌」によるものではなく，総合体ならではの諸観念の未整理と未分化によるものである。岩下朋世は，伊藤の議論がもつさまざまな混乱を指摘したうえで，同一性を生み出すものを基準に，「キャラ図像」「キャラ人格」「登場人物」という三つの新たな概念を提示している（岩下，2013）。岩下の三概念は，伊藤の〈キャラ〉概念を，ファン集団がもつ価値観から切り離し，キャラクター成立の前提条件として純粋化したもの，といえよう。

9）聖地巡礼とは，ファンが作品の舞台，あるいは舞台のモデルとなった場所を見学してまわる行為のことである。2007年のTVアニメ『らき☆すた』のヒットの際に，大勢のファンがその舞台のモデルとなった街を訪問したことがきっかけとなって社会的に認知された。アニメ・マンガは街おこしの有効な手段と考えられるようになり，その結果，ご当地アニメやご当地キャラが次々と作られるようになった。

確認するのである。

現実の人間の「自然主義」的な描写であることをやめた現在のキャラクターは，消費者集団の社会活動を促してその形態を決定する要因であり，消費者集団の団結を作り出す紐帯の役割を果たすものとなっている。社会の反映として読み解くことができないキャラクターとは，実は消費者集団の社会活動そのものなのである。現在のキャラクターは，社会反映論が想定した以上に現実の社会と強く結びつき，現実の人間のあり方から離れようのないものとして存在しているのである。

【引用・参考文献】

東　浩紀（2001）．『動物化するポストモダン――オタクから見た日本社会』講談社
石森章太郎（1977）．「親不孝なサイボーグたち…」『別冊テレビランド増刊 ロマンアルバム サイボーグ 009』徳間書店，pp.68–71.
伊藤　剛（2005）．『テヅカ・イズ・デッド――ひらかれたマンガ表現論へ』NTT 出版
岩下朋世（2013）．『少女マンガの表現機構――ひらかれたマンガ表現史と「手塚治虫」』NTT 出版
大塚英志（2003）．『アトムの命題――手塚治虫と戦後まんがの主題』徳間書店
大塚英志・大澤信亮（2005）．『「ジャパニメーション」はなぜ敗れるか』角川書店
小田切博（2010）．『キャラクターとは何か』筑摩書房
佐々木幹郎（1981）．「父の「自信」，子の「根性」」『國文學 解釈と教材の研究』*26*(6)，臨時号，165.
スタインバーグ，M.／中川　譲［訳］（2015）．『なぜ日本は〈メディアミックスする国〉なのか』KADOKAWA（Steinberg, M.（2012）. *Anime's media mix: Franchising toys and characters in Japan.* The University of Minnesota Press.）
瀬田ヒナコほか（2015）．『レーカン！ アンソロジーコミック』芳文社
竹宮ゆゆこ（2010）．『ゴールデンタイム 1　春にしてブラックアウト』アスキー・メディアワークス
土井隆義（2009）．『キャラ化する／される子どもたち――排除型社会における新たな人間像』岩波書店
永山　薫（2007）．「すべては欲望が命じている――表現問題と規制問題は対立するか？」永山　薫・昼間たかし［編］『マンガ論争勃発 2007–2008』マイクロマガジン社，pp.162–165.
夏目房之介（1995）．『手塚治虫の冒険――戦後マンガの神々』筑摩書房
夏目房之介・宮本大人・伊藤　剛（2006）．「キャラの近代，マンガの起源――『テヅカ・イズ・デッド』をめぐって」『ユリイカ』*38*(1)，52–67.
森田直子（2006）．「ロドルフ・テプフェールの「版画文学」理論――コミックの本質としての描線と顔」『マンガ研究』*9*，113–124.
四方田犬彦（1994）．『漫画原論』筑摩書房

Appendix

02

メディア史の観点からみた戦後韓国社会の日本アニメ受容

日本のアニメは韓国アニメーションをどのように枠づけたのか

金泰龍

1　はじめに

本章の目標は，20 世紀の韓国における日本のアニメの受容とその影響をメディア史的な観点から捉え直すことである。

戦後の韓国社会における日本のアニメの影響は大きかった。開発途上国に近隣の先進国の文化が越境すること，そして被植民地支配を経験した国が，独立後にもその影響から脱していないことはそこまで珍しいことではない。ところが，日本のアニメは韓国社会の日本文化に対する情緒的な抵抗や制度的な制約にもかかわらず，韓国で消費されるアニメーションの多数を占めるほど大衆化している。また，産業的にも，ごく初期から日本のアニメは韓国のアニメーション業界と密接な関係をむすびながら，産業構造や作り手の制作実践に至るまでさまざまな影響を与えてきた。

これまで，新聞や雑誌などの記事や論説などで韓国社会のアニメの受容は，主に①子どもやファンなど受け手に焦点を当てるか，②韓国のアニメーション産業や個別作品への影響を中心に議論されてきた。ところが，戦後韓国は急速な社会的・政治的変化を経験しており，それに伴ってメディア環境も変化してきた。多様なメディアと関わりうる日本アニメの特徴を考えると，韓国社会の日本アニメ受容を語る際に，そのようなメディア環境の変遷は決して無視できない。したがって，それをメディア史的な視座から検討することは韓国社会とアニメが結ぶ特殊な関係を理解するために必須の作業ともいえる。

このような文脈で，本章は戦後から日本の大衆文化が開放されるようになった 1990 年代後半までの韓国社会の社会的・政治的な変化とそれに伴うメディア編成の変遷のなかで，韓国社会が日本のアニメをどのように受け入れ，それによってどのような結果がもたらされたのかを歴史的に考察する。

2　劇場から始まったアニメーション受容とその変化

戦後韓国のアニメーション経験は劇場から始まった。当時の劇場は映画とともに，演劇・楽劇などを交替して上演・上映する大衆の娯楽の空間だった。アニメーションは「漫画映画」とよばれ，「子ども用」や「家族用」のコンテンツとして，1950年代後半から子どもの日や夏・冬休みシーズンに封切りされるのが一般的だった。ところが，植民地時代からある程度の制作経験が蓄積されていた通常の映画作品が1954年の入場税法の改正以後，活発に制作されたことに比べ，アニメーションの場合はほぼすべての上映分を外国から輸入していた。当時はアメリカの影響力が大きかったので，封切られたアニメーションもほとんどがアメリカ産だった。特に，ディズニーはアメリカ文化の代表として紹介され，大衆文化や子ども文化を軽視する社会的な雰囲気のなかでも教育性が高いコンテンツとして，高く評価されていた（이경숙, 2007：66）。韓国の第一世代アニメーターには，幼い頃にディズニーの作品を見てアニメーターを夢見たケースが多い。

当時は日本と正式な国交が認められなかったので，日本のアニメが上映された記録はみられない。ただ，称賛の対象だったディズニーアニメーションとは対照的に，海賊版やパクリ本として流入していた日本のマンガには「不健全」「低俗」などの否定的なレッテルが貼られていた。マンガとアニメーションは同じ子ども文化に属しており，当時はアニメーションを「漫画映画」とよんだことからもわかるように，両者はそこまではっきり区別されてはいなかったようである。また，当時韓国で人気を集めていたハリウッド映画は，その八割がアメリカのアジア市場進出戦略により日本を経由して輸出されたものだった。その流通を主導した「不二貿易」は定期的に韓国の業者と担当官僚に『キネマ旬報』や映画の広告チラシ・ポスターを送るなど映画の情報を提供する役割も果たしていた（金, 2014：53）。日本の映画は直接韓国に流入してはいなかったが，韓国がアメリカ映画を受け入れる際に，作品の選別・配給・広告など構造的な側面で日本と深い関わりがあったといえる。映画全体のなかでの比率はごく一部に過ぎなかったので，直接的な資料はまだ見つからないが，アニメーションもほぼ同じ方式で輸入された可能性が高いと考えられる。

このような流れに変化の兆しが現れたのは1960年代後半だった。当時は，TV

や映画に挿入されるCM用の短編などである程度アニメーション制作のノウハウが蓄積されていた。また，1967年からはスクリーンクォーター制が実施されるが，軍事政権の弾圧によって通常の映画作品が衰退期を迎えていたので，他の韓国製コンテンツの必要性が高まっていた。そのような状況のなかで，1967年1月韓国初の長編アニメーションである『ホン・ギルドン（홍길동）』[1] が封切られた。フィルム不足で住韓米軍が使い捨てた航空撮影用フィルムを再活用するほどの劣悪な環境にもかかわらず，この作品は高いクオリティで作られ，全国で30万人の観客を動員（非公式）するなど収益面でも成功を収めた。しかし，『ホン・ギルドン』の成功にもかかわらず，それが韓国のオリジナル・アニメーション産業の成立にまではつながらなかった。もちろん，一時的にアニメーション制作ブームは起こったが，作品の収益がスタッフ処遇改善や合理的な制作システム確立に用いられることはなく，投資者の利益を優先して無理なスケジュールを強いられた作品が多数制作され，『ホン・ギルドン』のような成功を収めることはできなかった。申東憲監督も，収益配分をめぐる葛藤でセギ商事を離れて，他の制作会社で次回作『ホピとチャドルバウィ（호피와 차돌바위）』（1967）を制作した後，アニメーション制作をやめることとなる。そして，韓国のアニメーション産業も，そのノウハウをオリジナル制作で受け継げず，アメリカや日本の下請けを中心とする構造に再編されるようになる。

3　TVを通じた日本のアニメ流入の始まり

韓国社会のアニメーション経験をより激しく変化させたのはTVだった。1961年クーデターで政権を握った朴正熙《パクチョンヒ》は，政権を維持するためのプロパガンダ的な道具としてTVを活用しようとした。朴政権は執権直後である1961年12月に最初の国営テレビ局KBSを設立した後，1960年代だけで9局の民間テレビ局を設立す

1）朝鮮時代に著述された同名のハングル小説を原作に制作された韓国最初の長編劇場版アニメーション。韓国の「セギ商事（세기상사）」が当時「眞露焼酎（진로소주）」のCMなどで名声が高かった申東憲《シンドンホン》監督を立てて制作した。韓国で日本のアニメが紹介される以前の作品だったので，アニメよりはディズニーの影響が強いなか，それなりのオリジナリティももつ作品として評価される。原本フィルムが紛失されたため，2000年代まで作品を視聴することができなかったが，2009年に奇跡的に日本で過去に輸出されたフィルムが発見され，韓国に残っていた録音ファイルを再ダビングする形で復元された。

る（金, 2014：70）一方，多様な政策を通じてTV受像機の普及にも力を入れるなど，積極的にTV産業を育成した。その結果，「1960年代後半から少しずつその兆しが見られたTVの大衆化」が1970年代の前半になって本格化した（임, 2007：450）。このような変化はTVをめぐる韓国社会のメディア経験を，駅・広場・喫茶店・貸本屋など多数の人びとが集まる場所での集団視聴から，家庭というより私的な空間で家族，あるいは個人単位で視聴する経験に変えた。アニメーションはその家族の一員である子ども向けの番組として，主に夜5–7時の時間帯で放送されるのが一般的だった。

初期はアメリカのアニメーションがよく放送されたが，1970年代から日本のアニメの比率が高くなり，1970年代後半には70%程度が日本のアニメで占められるようになる。そのきっかけになった作品としてよく言及されるのが『黄金バット』である。この作品は，1965年日韓国交正常化を記念するため韓国の「TBC（東洋放送）」と日本の「第一動画」が合同制作したものであり，1968年にTBCで放映された。表面的には合同制作になっているが，日本側がシナリオ・ストーリーボード・撮影などほとんどの工程を担当し，韓国側はTBCの動画制作部が作画を担当するだけの事実上の日本作品だった。TBCとしては合作経験を生かして，長期的にはオリジナルアニメーションを制作する計画だった。しかし，後続作である『妖怪人間（日本名は『妖怪人間ベム』）』を合作した後，TBCもオリジナル制作をあきらめるようになり，動画制作部を解散させてしまう。このTBC出身のアニメーターの多数が，『ホン・ギルドン』のスタッフとともに，1970年代に設立されるアニメーションスタジオに吸収され，それを中心に本格的な韓国アニメーション産業が始動した。ところが，ほとんどのスタジオは多額の制作費が必要であり，リスクも高いオリジナル制作よりは，安定的な収益を得られる下請けを優先した。また，当時の経済政策も輸出を中心とする規模の成長に焦点が当てられていたので，結果的に韓国のアニメーション産業は下請けに過剰に依存するようになってしまう。ある意味では『黄金バット』や『妖怪人間』の合同制作のシステムがそのまま韓国のアニメーション産業の基礎になったともいえる。

日本アニメの韓国社会への流入は，新しく浮上するTVが求めるアニメーションコンテンツの需要を埋める過程で行われた。当時の韓国ではテレビ局が要求するTVアニメーションを制作する能力を育まなかったからである。もちろん，その流入に反対する立場もあった。

特に，ナショナリズムを統治の道具として活用していた朴政権や保守論壇は定期的に国政監査や私説などでTVを通じた無分別なアニメの流入を批判していた。しかし，初期TVの放送編成表を埋めるコンテンツと視聴率の確保は政府が掲げる民族主義よりもっと切迫した問題であり，安価で子どもたちも好きな日本のアニメは，最も効果的なコンテンツの一つだった（金, 2014：107）。したがって，テレビ局は作品のタイトルやキャラクターの名前を韓国式のものに変えたり，韓国語ダビングを行うなどのローカライズを通じて，積極的に作品の国籍を隠ぺいする方法でそのような非難を避けようとした。ローカライズ自体はかなり成功して，当時の韓国の視聴者，特に子どもたちはそれらを韓国のアニメーションだと思いこむ場合が多かった。しかし，いくら精巧にローカライズされたとしても作品の基本的な要素ともいえる，絵，演出，シナリオ，BGMなどを変えることには限界があった。したがって当時の日本のアニメは，どの映像コンテンツよりも原本に近い形で流入されており，TVという最も波及力があるメディアを通じて伝播され，韓国社会のアニメーション経験の中心を占めるようになった。極端にいえば，日本のアニメは，少なくとも当時の韓国ではアニメーションの典型や標準のように位置づけられていたといえる。

『ロボット・テコンV（以下テコンV）』[2] は，そのような状況を垣間見るよい事例である。韓国の国技跆拳道をロボットのコンセプトにしたり，アクションシーンではロトスコープ技法を活用するなど，それなりのオリジナリティーを追求しようとする面もあるが，メカニックデザインを含めて，さまざまなところで日本アニメの影響力が強く感じられる作品だった。金青基監督は当時を次のように回想している。

> 韓国のディズニーになりたいという夢がありました。アニメーションをする前には漫画作家として6年程度働いて，「デハン劇場」で『白雪姫』や『ピーターパン』を見たら，（略）驚異的でした。それまでやってきたマンガが息苦し

2）1976年に封切りした韓国のオリジナル長編劇場版アニメーション。監督は金青基《キムチョンギ》，製作社は「ユ・プロダクション（유프로덕션）」。韓国の国技である跆拳道《テコンドー》を駆使する巨大ロボット「テコンV」とそのパイロット「キム・フン（김훈）」が悪の「赤星の帝国」の侵略に対抗して戦う活躍が描かれた巨大ロボットアニメーションで，当時高い人気を集め，以後にも『ロボットテコンV 宇宙作戦』（1976），『ロボットテコンV 水中特攻隊』（1977），『スーパーテコンV』（1982），『'84 テコンV』（1984）などの後続作が制作され，韓国のロボットアニメーション制作ブームを主導した。当時流行っていた『マジンガーZ』などアニメの剽窃やデザイン盗用などでさまざまな批判も受けているが，一方で多くの韓国人に国を代表する文化的なアイコンとして認められている。

> くなって，そのときからアニメーションを夢見るようになりました。（略）1970年代初めに劇場版アニメーションが皆無になる暗黒期が来ました。そして『マジンガーZ』が人気を集めている様子を見ながら，漫画映画をやっていた人たちは苦しんでいたんです。当時は日本文化がタブーとされていたし，我が国の子どもたちが成長して，『マジンガーZ』が日本のものであることを知り，失望を感じることが心配でした。（略）当時，我が国のアニメーションは初期段階であり，TBCで日本アニメのOEM（original equipment manifacturer）をした人たちが『テコンV』にたくさん参加していたので，タッチとかデザインで日本風の感じがするんです。しかし，当時は『テコンV』がどうすれば日本風にならないかが課題でした。結局，実力がそれしかなかったと嘆息するしかない。マジンガーの真似をする考えはまったくなかったし，むしろどう避けようかと苦労しました。しかし，当時機械ロボットが皆無で，そういう常識がなかったんです。だから，日本のマジンガーの影響を受けざるをえなかったんですね。文化というものは上から下に流れるものだから。（2006年6月1日「‘テコンV＝マジンガーZ？’ 金靑基監督『似せるしかなかった』」『ノーカット・ニュース』）

1941年生まれである金監督は，1950年代後半にディズニーのアニメーションを見たことをきっかけに「韓国のディズニー」を夢見て，アニメーターの道を歩んだ。ところが，1970年代後半に彼が監督としてアニメーションを作ろうとしたとき，彼の作業と想像力を枠づけていたのは，ディズニーの作品でも彼がアニメーターとして参加した初期韓国のアニメーションでもなく，日本のアニメだった。それは，日本の下請け作業に慣れていた作り手の問題でもあったが，一方では「日本文化に対する敵愾心に溢れた」（2007年4月24日「マジンガーに似るテコンV　恥ずかしい，限界だった」『OhmyNews』）金監督が，わざわざ日本風の巨大ロボットを選び，できる限り日本的なスタイルを避けようとしたにもかかわらず，結局日本のアニメの影響を受けるしかないほど，当時の韓国社会が日本のアニメを普遍的なアニメーションとして受け入れていたと考えざるをえない。

このように，TVを中心に行われた日本アニメの流入は日本文化をタブーとする当時の状況と相まって，そこから「日本」というナショナリティを隠ぺいする形で行われた。ところが，そのような隠ぺい戦略は逆説的に韓国社会におけるアニメーション経験をアニメを中心に再編させるほど日本のアニメを韓国社会に大衆化させた。一方，日本のアニメは，その独自性を確立していなかった韓国アニメーション産業がオリジナル作品を制作する際にどうしても避けられない拘束力のある枠組みとして位置づけられることになったといえる。

4　ビデオを通じた日本のアニメの氾濫

TV を中心に展開されていたアニメの受容が急変したのは 1980 年代からだった。クーデターで執権した全斗煥《チョンドゥファン》政権は，国民の民主化要求を 3S（Screen, Sports, Sex）政策という愚民政策で突破しようとした。その過程で，多数のテレビ局を統廃合して公営化し，カラー TV とともに，当時の最先端のメディアだったビデオデッキの普及にも力を入れた。韓国のビデオ産業は 1979 年サムスンなどの大企業から韓国製ビデオデッキが開発され，1981 年五つのビデオプロダクションが設立されてから始まった（조, 1990：33-38）。1980 年代中頃からはビデオデッキが本格的に普及し，全国各地にレンタルビデオ店が開店するようになった[3)]。ビデオレンタル業は多様なコンテンツの確保が求められており，審議の厳しさや著作権の取り締まりも相対的に緩かったので，それまでより多様なコンテンツが制作・輸入された。

当時のビデオコンテンツマーケットは「エロチシズムを標榜した成人映画と韓国映画が主流」（탁상, 2017：153）だったので，子ども向けのコンテンツとして認識されたアニメーションはそこまで注目されなかった。したがって，アニメーションコンテンツもオリジナル制作よりは，外国，特に日本からの輸入に大きく依存していた。当時の輸入は，プロダクションに所属されている営業担当者が日本に行って，日本のプロダクションと契約を結ぶ形で行われた。輸入業者のために作品のカタログや情報などが提供されることはほとんどなかったので，主に日本の子ども向けの雑誌を参考にして作品を確認した後に，多数の作品を一気に契約して帰国するのが一般的だったという（탁상, 2017：154）。もちろん，正式に契約を結ばなかった海賊版もあった。そのような海賊版は BGM と韓国語のセリフが合わなかったり，日本語のセリフが一緒に聞こえたりする場合もあった（탁상, 2017：154-155）。

---

3) 当時の記事によると「専門レンタルショップはここ 1 年程度から本格的に登場し始め，現在ソウルだけで約 2,000 か所，全国的に 4,000 か所を超えると推定されて」おり，「国内 VTR 普及台数が 100 万台に近づき，1-2 年の間に大衆化する勢いなので，テープの需要が爆発的に増える展望」と報道している（1985 年 12 月 2 日「ビデオレンタルショップ急増」『メイル経済』）。

そのようなビデオを通じた日本アニメの流入は，韓国社会のアニメーション視聴経験を再び大きく変化させた。まず，チャンネル以外には選択権がほぼなかったTVとは異なり，ビデオは視聴者がレンタルショップで能動的に作品を「選択」することを通じて，アニメーションの受容経験をより積極的・能動的なものに変えた。また，ビデオはテレビ局に比べて規模が小さいプロダクションが多かったため，ローカライズ作業の能力が不足している場合が多かったし，作品の数も多かったので審議や取り締まりも容易ではなかった。したがって，ローカライズの過程において録音・編集のミスや誤訳が起こったり，場合によっては正式に審議を受けなかった海賊版や日本の原版を録画したビデオも流通され，それまで隠ぺいされていたアニメの国籍（日本）が少しずつ露出するようになった。また，海外旅行が自由化された1980年代の後半からは，直接日本へ行って現地の放送分を録画したり，ビデオやLDなどを購入する人びとも現れる一方，それらをコピーして販売する海賊版マーケットまで成立し始めた。そして，このようなブラックマーケットを通じたアニメの視聴経験は，ちょうどこの時期に始まったパソコン通信と相まって，単に個人の経験に留まらず，多様なコミュニケーション素材に活用される一方，その過程で作品の台本や主題歌の歌詞翻訳，アニメーターやスタジオ・作品系譜などさまざまな情報交換もなされ，日本のアニメに対する知識を教養として身につけるマニア，あるいはオタク層も本格的に登場することになる。

このように1980年代の韓国社会でビデオは①劇場とTVより圧倒的に多数のコンテンツを必要とすること，②コピー・電波が容易であるという特徴から，韓国社会への日本のアニメ流入の数と方式を多様化させる一方，アニメーション受容経験をもより多様で，能動的・主体的なものにした。また，既存のメディアより多数の作品が多様なルートを通じて輸入されるビデオは，それまで隠されていた日本のアニメの国籍を少しずつ露出させ，その受容の様子にも変化が現れたといえる。

5　1990年代の韓国の文化産業論と日本アニメ

1980年代後半から1990年代にかけて，韓国社会が急速な変動を迎えた。市民革命による政治的な民主化と冷戦の終息とともに，個人の個性や価値観の多様性が重視されるようになり，ソウルオリンピックや国際連合加入など国際的なイベントの経験から，世界化・グローバル化が重要な話題になった。文化的には多様な大衆文化を積極的に消費する，「新世代」と呼ばれる若者たちの登場によって，本格的な文化産業が胎動した。

特に，『ジュラシック・パーク』などのハリウッド映画の世界的な大ヒットは，「黄金卵を産むガチョウ」や「高付加価値産業」という表現とともに，文化産業を外国に売れる輸出品として再規定し，それを国家的に育成するべきであるという，いわば「文化産業論」[4] が台頭するきっかけになった。そのような状況のなかで，金《キム》泳三《ヨンサム》政府は1994年に文化観光部の内部に「文化産業局」を新設し，続けて執権した金《キム》大《デ》中《ジュン》政府ではより本格的な政府主導の文化産業振興策が実施された。

ところが，アニメーションの場合は状況が少し異なっていた。ディズニーが長い不振から脱して『リトル・マーメイド』や『美女と野獣』などを大ヒットさせたことにより，アニメーションの可能性を称賛する言説は増加しており，「韓国のアニメーション」とか「韓国的なアニメーション」を求める世論も高まっていた。しかし，長い間下請けを中心に成長してきて十分な制作経験やノウハウの蓄積をしていなかった韓国のアニメーション産業が，いきなり「韓国のアニメーション」を求められることは，必然的に限界を抱えるものだった。興味深いのは，このような「韓国のアニメーション」を求めるさまざまな実践のなかでの日本アニメの位置づけられ方である。

たとえば，1995年に封切られた『帰ってきた我々の英雄，ホン・ギルドン』は，韓国の最初の長編アニメーションである『ホン・ギルドン』のリメイク版であり，ポスターに「この冬には，我らも英雄をもつようになる！」という文句を掲げるほど，そのナショナリズム的な意味を強調していた。しかし，当時の韓国には，作画以外のパートに専門的な人手が不足していたので，ほとんどの制作工程は日本人のスタッフが主軸になって制作され，その結果，絵柄や演出などさまざまなところで日本アニメのスタイルが入り込んでいる作品になって，「我が国の英雄が侍になって帰ってきた」という皮肉まで言われた。一方，『アーマゲドン』（1996）の場合は，企画段階から日本のアニメとは差別化される韓国的なアニメーションを作るという明

4）普通「文化産業論」といえば，アドルノとホルクハイマーが『啓蒙の弁証法』で行なった大衆文化批判を連想するだろう。しかし，ここでの「文化産業論」は，1990年代の韓国でよく語られた大衆文化に対する一連の言説群を示す。アドルノら（2007）は複製技術と大量生産・大量消費を基盤とする文化産業が人びとを画一化し，資本主義システムに順応させると激しく批判したが，韓国の「文化産業論」で大衆文化は高い利益を得られる「高付加価値産業」でありながら，国や民族固有のアイデンティティや優秀性を表す文化として賞賛され，国の有望産業として育成するべきであるという認識が流行っていた。

確な目標意識をもっていた。したがって，作品制作はもちろん，その前後のプレ・ポストプロダクション全般を韓国人スタッフが担当して作られた。しかし，専門性の不足とシステムの不在という現実的な限界からさまざまな問題点が生じ，作品の完成度も決して高くなかったので，批評的にも商業的にも失敗とされた。また，製作委員会というスポンサーシステムやさまざまなメディアミックス的な収益モデルなどの作品制作以外の側面では『アーマゲドン』も日本のアニメの影響を強く受けていたといえる。韓国アニメーション産業のさまざまなシステム的空白を既に成立している日本のシステムをそのまま借りて埋めようとした『帰ってきた我々の英雄，ホン・ギルドン』とそのシステムを模倣して韓国独自のシステムを構築しようとした『アーマゲドン』，それぞれ方向性は少し異なっていたが，両方とも「韓国のアニメーション」を想像して，それを実現していく過程において日本のアニメが重要な準拠点になっており，またそれによって「韓国のアニメーション」の不在をあらわしていたといえる。

もちろん，そのような問題は単にこの二つの作品だけの問題ではなかった。むしろ，当時「韓国のアニメーション」を想定する実践においては，ある程度共通して現れる枠組みだった。たとえば，アニメーションファンの言説にも日本のアニメはほぼ同じかたちで位置づけられる。次の引用文をみてみよう。

> 『ラゼンカ』を２回ほど見たが，正直期待にはかなわなかったんです。（略）したがって将来の夢がアニメーターに変わりました。『ラゼンカ』が終わってから放映する『魔法少女リーナ（＝スレイヤーズ）』，『魔法騎士レイアース』に比べると情けない感じで。将来には『エヴァンゲリオン』に勝てるアニメーションを作ることが夢です。（略）（RISHU 「セターンベース」『Game Line』1998 年 3 月号：102）

> 『もののけ姫』を見ましたが，本当に何て言うか，ただうらやましいだけでした。まあ，そうしてもまだ成長初期なんだから，我が国もまだ未熟ですが，すぐ第２の『エヴァンゲリオン』を作れると思います。我が民族はどんな民族ですか。（略）我が国のものもそのようになってほしいです。（略）（곽희백「CLUB PLA-STA」『Game Line』1998 年 10 月号：191）

これらは当時韓国のゲーム雑誌[5)]に載せられていたファンの投稿である。彼らは，韓国のアニメーションを「情けない」とか「未熟」などの語彙を用いて否定的に評価しているが，その評価の基準になっているのは両方ともに日本のアニメである。また，これから韓国アニメーションが目指すべき方向性も『もののけ姫』や『エヴァンゲリオン』などの日本のアニメ作品の例を挙げて説明している。TVで放送されるアニメーションの七割が日本のアニメであり，ビデオで視聴するアニメーションもほぼ日本製だった当時のアニメファンたちにとって，まだ具体化されていない「韓国のアニメーション」を語る際に日本のアニメが重要な基準になることはある意味で当然ともいえるだろう。また，それと似た認識が現場の作り手にも現れる。

> 何度も日本の例を挙げて申し訳ないが，彼らの歴史から学べることは学ばなければならない。今日のアニメーション超強大国日本になるまではアニメーション協会の従事者たちの血のにじむ努力が裏にあることはあまり知られていない。（略）確かに下請けは創作に比べてやりやすく，確実な収入が保障される楽な仕事であることは間違いない。しかし，下請けだけでは発展できない。（略）過去数年の我が国のアニメーションが経験した最も大きな試行錯誤は，TVシリーズを作らず，まぐれ当たりを狙う劇場版にこだわってきたからだ。もう一度強調して言っておくが，必ずTVシリーズを作らなければならない。（김성욱, 1998：101-102）

> 何度も日本の例を挙げて筆者としても遺憾であるが，日本の場合キャラクターやメカニックデザインが出ると普通一か月以上は原画マンがキャラクターに慣れたり，メカニズムを理解し，表現する期間を必ず設けるという。（略）作品のクオリティーのために必要な措置だと考えるが、反面我が国は（そのような期間をもつことに）非常にシニカルだ。これまで下請けだけに慣れている我が国は，原画陣にとって時はお金だ。したがって，のんびり他人の絵を真似することはできないのである。（김상수, 1998：178）

5）当時の韓国はマンガやアニメなどをジャンルごとに取り扱う専門誌や情報誌が存在していなかった。ゲームだけが，ほぼ唯一独自な雑誌メディアが成立していたが，この雑誌もゲームを中心にマンガやアニメなどのいわばオタク系のサブカルチャーを広く取り扱う総合サブカルチャー専門誌の役割を果たしており，投稿欄にはゲームに限らず，マンガやアニメなどの趣味に対する投稿も一緒に載せられていた。

日本のアニメ業界の過酷な労働環境や低賃金などが話題になっている今日の観点からみると，日本とアニメに対する過度な幻想をもっているようにもみえる。内容的な正しさはさておき重要なのは，彼らが韓国アニメーション業界の問題点を述べながら，彼ら自身が「申し訳ない」，「遺憾である」と感じるほど，頻繁に日本の事例に言及している点である。いうまでもなく，それは韓国の業界の問題点を日本のアニメ業界に照らし合わせて明らかにするためである。言い換えれば，彼らの言説のなかで日本のシステムは標準や規範としてみなされ，韓国のアニメーション業界がこれから目指すべきロールモデルとして位置づけられている。この引用文も，個別作品を中心に語られた前述のファンの言説と同じように，制作システムについて語る際にも，日本のアニメが重要な準拠点になっていたことを明確に示している。

このように，1990年代の韓国では文化産業論を中心に，大衆文化を経済的な利益をもたらす商品でありながら，国や民族の独自性・固有性をも表す文化として把握する見方が流行った。アニメーションもその文化産業の一つとしてさまざまな可能性を認められていたが，制作経験が十分でなく，システムも確立されていない当時の状況では商品としても，文化としてもさまざまな限界を抱えていた。そのような状況のなかで「韓国のアニメーション」をある具体的な「何か」に形作っていく際に，日本のアニメは重要なロールモデルとして位置づけられていた。

6　結　論

これまで検討したように，戦後の韓国社会におけるアニメーション経験は時代ごとに劇場・TV・ビデオに至るまでそのメディアを多様化しながら展開された。1960年代まで日本のアニメは，他の日本の大衆文化と同じく，ほとんど韓国に流入しなかった。しかし，TVやビデオといった新しく登場・普及していくメディアを中心に日本のアニメが本格的に韓国に流入するようになる。当時まで独自的な制作能力をもたなかった韓国のアニメーション産業の代わりに，このような新しいメディアが求めるコンテンツの需要を日本のアニメが満たしたからだ。このような過程のなかで，韓国人のアニメーション経験はどんどん日本のアニメを中心に再編されるようになり，さらには受け手の視聴経験はもちろん，作り手の制作経験まで枠づける基準として位置づけられた。そのような日本アニメの特殊な地位は，1990年代からの「文化産業論」の台頭によって，改めて「韓国のアニメーション」が問題化される際に重要であった。その際，日本のアニメはまだ存在していない「韓国のアニメーション」を想像し，描いていく過程において最も重要な規範やロールモデルとして，大きな影響力をもっていた。

もっとも21世紀に入ってから人件費の上昇によって日本の下請けの依頼が韓国から中国や東南アジアに移り，韓国のスタジオでもさまざまな試行錯誤の末，オリジナリティのある作品を制作するようになった。特に，2000年代の中頃に大ヒットした『ポンポンポロロ』は，玩具会社をスポンサーにした，未就学児童向けの3Dキャラクターアニメーションを中心とする韓国アニメーションならではのシステムとビジネスモデルを成立させた。このような例からも，ある意味で日本のアニメの影響力は過去に比べて小さくなっているようにみえる。しかし，依然として中高生以上の年齢やマニア向けの作品において日本のアニメの人気は高く，またネットフリックスやYouTubeなどのニューメディアを通じて韓国社会との接点がより多角化している。もちろん，そのようなメディアによって消費されるのはアニメだけでもないし，韓国から日本へのコンテンツの越境もある。したがって，アニメが過去のように韓国社会に一方的な影響力を及ぼすとは考えにくい。本論でみてきたように，さまざまなメディアを通じて，長い間韓国と特殊な関係を結んできた日本アニメが，今日のニューメディアを通じてまた新しい関係を作っていくことを期待する。

【引用・参考文献】

ホルクハイマー, M. & アドルノ, T. W.／徳永　恂［訳］(2007).『啓蒙の弁証法——哲学的断想』岩波書店（Horkheimer, M, & Adorno, T. W, (1947). *Dialektik der Aufklärung: Philosophische Fragmente*. Querido Verlag.）

金成玟（2014).『戦後韓国と日本文化——「倭色」禁止から「韓流」まで』岩波書店

김미현《キムミヒョン》（2013).『韓国映画の政策と産業』コミュニケーションブックス

김상수《キムサンス》（1998).「韓国メカニックデザインの現住所」문성기《ムンソンギ》ほか『韓国アニメーションはいない』イエソル, pp.138–182.

김성욱《キムソンウク》（1998).「韓国アニメーションの問題点」문성기ほか『韓国アニメーションはいない』イエソル, pp.64–104.

이경숙《イギョンスク》（2007).「1950–60年代 ディズニー言説の文化的地形」『アニメーション研究』3(2), 60–85.

임 종 수《イムジョン ス》(2007).「テレビジョンの社会文化史」유선용《ユソンヨン》・박용규《パクヨンキュウ》・이상길《イサンギル》ほか［編］『韓国のメディア社会文化史』韓国言論財団

조광희《チョカンヒ》（1990).「韓国ビデオ産業の文化的従属性に関する研究」中央大学大学院修士学位論文

탁상《タクサン》（2017).「日本アニメーションの韓国進出！この移動経路を追跡する」『AIR』チョ

タワンヒョン出版, pp.150–160.

【雑誌・新聞記事・インタビュー】

2006年6月1日「‘テコンV＝マジンガーZ？’ 金青基（キム・チョンギ）監督“似せるしかなかった”」『ノーカット・ニュース』

2007年4月24日「マジンガーに似るテコンV恥ずかしい，限界だった」『OhmyNews』

RISHU「セターンベース」『Game Line』1998年3月号，p.102.

곽《カク》희《ヒ》백《ベク》「CLUB PLA-STA」『Game Line』1998年10月号，p.191.

Chapter

14

「アニメの社会学」の可能性

松永伸太朗

本書では,「文化産業」を切り口として,アニメという対象を社会学的に扱う一つの視点を提案してきた。序章でも指摘されたように,「文化産業」は一般的には表現や受容の画一化を批判する概念として理解されてきたが,本書では産業化によって娯楽を多様化していく想像力に着目することの重要性を強調してきた。

第1部では受け手側のアニメファンがいかなる仕方でアニメを受容しており,そこでどのような実践が用いられているのかに着目してきた。それを通して,個人の活動・生活史,社会状況やコンテンツをめぐる想像力などによって可能になる多様なファン経験のあり方が描かれた。第2部では送り手側の産業をめぐる国家・産業・企業・労働者という多様なレイヤーに着目し,それぞれとの関係からアニメの生産がいかなる論理のもとに達成されているのかが議論された。第3部では,送り手と受け手をつなぐ技術としての制度・メディアとそれが作り出す想像力に着目し,ビデオの普及状況・雑誌・放送制度・キャラクター表現の歴史的展開がアニメ産業を特徴づける送り手と受け手の緊密な関係性を可能にしてきたことが明らかにされた。二つの補章では,中国と韓国の事例においてファン・産業・技術と想像力の関係性を捉えることの有効性が示された。こうした議論を各論考が積み重ねることによって,アニメ作品が産業を通してもたらされることによって可能になっている多様な娯楽とそれを可能にしている諸条件を本書では浮かび上がらせてきたのである。

こうした「文化産業」に基づく枠組みを本書では「アニメの社会学」と銘打って提案してきた。あえて提案といっているのは,本書はあくまで「アニメの社会学」という研究プロジェクトの第一歩を踏み出したものであり,読者のなかにも後続する議論を展開してみようとする者が数多く現れることを期待しているからだ。

そのような期待を述べる一環として，本書がこだわってきた社会学という視点の可能性を議論することで，本書を閉じたいと思う。本書を手に取った読者のなかには，社会学という学問分野とは別にまずアニメという対象に関心のある者も多いだろう。しかし，各論考に触れた読者はどこか感じとる部分があったかもしれないが，社会学の視点はアニメという対象の面白さをより鮮明にさせてくれる。

社会学は，本来見知らぬ人間同士である個々人が，その程度はさまざまとはいえ，どのように共同性を紡ぎ上げているのかに長らく関心を有してきた。たとえば社会学の始祖の一人として名前が挙げられることも多いドイツの社会学者ゲオルグ・ジンメルは，個々人が相互作用を織りなす場に社会が立ちあがることを指摘した（ジンメル, 1994）。この相互作用は，私たちの社会生活におけるあらゆる場所に生じている。朝起きて職場に向かえば，業務を進めるための会議や打ち合わせに参加することになる。仕事終わりや休日には友人と遊びや買い物に出かけることもある。このように，労働に従事していても，消費活動を行なっていても，他者と対面的な相互作用を交わす場面は数え切れない。

それに加えて，非対面的，つまり空間を共有しない状況においても，私たちは相互作用を織りなしている。アンソニー・ギデンズは，「脱埋め込み」という概念で，近代社会において時間と空間が分離していくこと，そして空間的に隔たった相互作用を媒介する条件としてメディアが必要になることを指摘した（ギデンズ, 1993）。これについても，テレワークを活用する企業が増加しており，かつプライベートでもSNSで他者を連絡を取ることが一般的になった今では，想像に難くはないと思われる。さらに，そうしたメディアが存在することによって，同じ映像を視聴した見知らぬ他者の感想等を知ることができ，直接やりとりを交わさなくても，他者とのつながりを感じることもできる。

もちろん，メディア環境の多様化によって，対面的な相互作用が社会からなくなったわけではない。むしろそれは今でも私たちが社会を感じとる一つの重要な形式である。しかし，対面的・非対面的相互作用を含めて，現代社会においては人びとの共同性が複雑に立ち現れていることを，社会学という学問は指摘してきたのである。

アニメという対象は，こうした社会学が重要視してきた共同性についての問いを考察するうえで有効な対象であるし，かつそれを問うことによってアニメそれ自体についての見通しも得られやすくなるような対象である。本書は文化産業という視点のもと，まずファンに代表される消費側と，制作者に代表される労働側それぞれに存在している相互作用をさまざまな事例から明らかにしてきた。各章で描かれたファンや制作者のあり方が個々人のもつ知識や商品同士の関係性，生活のあり方，そして企業や国家の施策といかに不可分なものだったかが明らかになることによって，ファンや制作者が織りなす共同性のあり方の多様性を本書では明らかにしてきたといえるだろう。さらに，こうしたファンや制作者をつなぐメディアもまた，技術や放送制度，雑誌からキャラクターをめぐる消費者集団のあり方まで，多様なつなぎ合わせられ方を併存していた。

こうした問いが重なる位置でアニメを扱ってきたことによって，アニメの側が有する独自性も浮かび上がってくる。個人としてのファン経験一つをとっても，それ自体の中に生活史やコンテンツの性質による多様性があり，そのコンテンツが生産される作り手の論理があり，両者はアニメ雑誌等によって結び合わされている。そして，歴史的展開に着目した本書におけるいくつかの論考からも示唆されるように，それぞれの論理やその結びつきは，その都度の社会状況に応じて刻々と変化していく。こうしたアニメに独特に存在する複数の共同性が折り重なった先に，私たちが享受するアニメの面白さも現象しているのである。

こうしたアニメをめぐる複雑な相互作用や共同性を捉えるうえでも，重要な補助線となるのが，本書が提案した「文化産業」の枠組みである。とくに各部のタイトルでもある「娯楽」「産業」「技術・想像力」という枠組みであった。こうした枠組みのそれぞれの次元がアニメという対象において典型的に関わっている重要な文脈であり，本書の各論考はそのいくつかのパターンを提示してきた。

読者のなかには，本書に収録された論考のなかに目当ての議論が見つからなかったり，自分が見ているアニメの世界を本書は描ききれていないという感想をもったりした者もいるかもしれない。しかし，もしそうしたことがあったのならば，それこそアニメという対象が多様な相互作用のなかにあることを示している。本書の限界に気づいた読者は，本書の著者らが観察しなかった相互作用のあり方をいち早く捉えたということだ。ぜひその気づきを起点として，本書を足場にしつつ，独自の議論を展開してほしい。社会学の視点を取ることによってはじめてみえてくるアニメという対象の諸相を析出することを，ぜひ読者にも試みてほしいのである。そうした研究が登場するための礎となる部分が本書に少しでもあることを，著者としては切に願っている。

【引用・参考文献】

ギデンズ, A.／松尾精文・小幡正敏［訳］(1993).『近代とはいかなる時代か？――モダニティの帰結』而立書房（Giddens, A. (1990). *The consequences of modernity: Modernity and utopia.* Polity Press.）

ジンメル, G.／居安　正［訳］(1994).『社会学――社会化の諸形式についての研究』（上・下）白水社（Simmel, G. (1923). *Soziologie: Untersuchungen über die Formen der Vergesellschaftung.* Duncker & Humblot.）

◆事項索引

A-Z

『Animec』 162
BAT（Baidu, Alibaba, Tencent） 150
OVA 160
『Phantom in the Twilight』 150
『SHIROBAKO』 i

あ行

アイウエオの歌 69, 73
アイデンティティ 13, 15, 16, 29, 32
アカウンタブルな性質 5
アクセスポイント 56, 57, 61, 63
アダルトアニメ 169
アニソン 52, 53
アニメ v
『アニメV』 162
『アニメージュ』 162
アニメーション v
アニメーター 134
アニメ産業 vi
アニメの社会学 235
アニメの優位性 111
アニメブーム xi, xii, 166, 167, 178, 181, 189-196, 201, 202, 209, 210

EM/CA（エスノメソドロジー／会話分析） 5
一回性 202
インターネットの普及 42
インフラストラクチャー 194, 201, 202
映画のカラー化 92
映像文化 iii, 202
SFブーム 181
エスノメソドロジー（EM: Ethnomethodology） 5

『黄金バット』 224
『狼少年ケン』 120
オーバーラップ 11
オタク iv, 47, 58, 102, 103, 160, 161, 179, 228, 231
オタク第一世代 179
オタク文化 160, 161

か行

外注 122, 123
会話分析（CA: Conversation Analysis） 6
語り 2
間接的／擬制的な映像経験 196
間テクスト性 56

機縁法 3
規格化 125
「記号的身体」 208
「傷つく身体」 208
『機動戦士ガンダム』 189
キャラ 207
——の強度 208, 209, 212, 213, 218
——のレヴェル 209-211
キャラクター 207
——のレヴェル 209, 210
教育用術科映画 91
教養主義 181
巨大な内輪空間 ii

クール（・）ジャパン iv, vi, x, 97, 99, 152
クールジャパン政策 98, 100
クールジャパン戦略 100
クリエイティブクラス 98
クリエイティブ経済 99
クリエイティブ産業（創造産業） 101, 107, 148
軍事教育映画 82, 83

契約者 120

構造的空隙 154
高付加価値産業 229
皇民化教育 78, 79
コード化 69
（日本と中国のアニメの）国際共同製作 149, 150
個性記述的 118, 131
国家ブランド論 98, 113
コマ撮り 89
「娯楽」と「技術」の関係 vii
『コロコロコミック』 175
コンテンツ産業 98, 105, 106, 109, 111

さ行

再放送 192
撮影技術 90
作家主義 213

参加型文化論　26
参加型文化論的アプローチ　26, 28, 33
参与観察　140
サンライズ　124

視覚化の論理　93
自然主義　210, 211, 217, 218
社会反映論　205, 220
柔軟な専門性　114
週末だけの世界　54
受注の不安定性　119
冗長性　130
商品の意味連関　56, 57, 61, 63
人生の節目　43
『真・中華一番！』　149

スタジオジブリ　126
スタジオ地図　127
『スレイヤーズ』　40

生活　ix, xi, 2, 13, 21, 25, 29, 43, 44, 46, 48-50, 54, 55, 60-62, 127, 135-137, 139-142, 145-146, 191, 207, 208, 235-237
　――移行　44, 45, 49, 50
　――史　ix, 55, 235, 237
　――給　136, 139-141, 145
　――者　127, 135, 136, 145
　日常――　25, 29, 55, 62, 191
聖地巡礼　108, 219
生理的変化　44
線画要員　83
戦争　83
宣撫工作　71, 73

創作実践　25
創造産業論　109, 113
「想像の共同体」　79, 176
想像力　iv, vii-ix, xi, 182, 184, 226, 237
総体ブランド化　110
組織的な制作体制　82
ソフトパワー論　98, 108

た行
ターニングポイント　44, 45, 49
第一次怪獣ブーム　179
第一のメディア　165, 166
体験・実践の強調　186
第三次怪獣ブーム　179
第三のメディア　165, 167, 171
対象移転　56
「大東亜共栄圏」　79
第二次怪獣ブーム　179
第二のメディア　165, 166
脱埋め込み　236

中国のアニメーション　150, 151

ディズニーアニメーション　222
ディズニースタジオ　83

投稿欄　162-164, 168, 172, 179-181, 183, 184, 194, 231
東宝映画株式会社　87
東宝航空教育資料製作所　84, 87, 88
特撮　90
『ドラえもん』　175
トランスクリプト　7
トランスメディア環境　194

な行
内閣府知的財産戦略本部　100
『哪吒之魔童降世』　151
ナラティブ　14

二次創作　24, 26, 27, 32, 33, 40-48, 50, 208, 209, 211
二重の困難　161
日本ブランド戦略　106

ネガティブなステロタイプ　24

能動的オーディエンス研究　24
能力給　136, 137, 141, 145
能力主義　136

は行
爆撃教育用映画取扱説明書　84
初音ミク　213
パロディー　180, 181, 183, 184, 186
パロディー的想像力　181-183
「版画文学」　206
反復性　202

「非効率」の許容　130
ビデオ　xi, 25, 26, 58, 199-202, 227, 228, 231, 232, 235

ビデオ型技術　*199-202*
ビデオデッキ　*164, 227*
非物質的労働　*111*
ビンジウォッチング　*199*

ファン　*23*
ファンアイデンティティ　*29*
ファン研究　*24, 43*
ファン対象　*32*
ファンダム　*30, 54, 55*
ファンの多様性　*63*
フェティッシュ　*201*
複製技術　*iv, vii*
フリーランサー　*121, 124, 135, 137, 139, 142*
フレキシビリティ　*125, 127, 128*
フロー　*193*
ブローカー　*153-155*
ブローカー行為　*153, 154*
プロパガンダ映画　*68*
文化経済戦略　*106*
文化産業　*iv, v, vii, viii, 23, 24, 26, 28, 33, 106, 109, 125, 130, 152, 228, 229, 232, 235-237*
文化産業論　*iv, v, vii, viii*
文化的無臭性　*111*
「文明」の階層化　*70*

変革的対象　*56*

放送機会の格差　*191*
ポストフォーディズム　*98, 111, 113-115*
ポップカルチャー　*102*
ホビー文化　*187*
『ホン・ギルドン』　*223*

ま行

マスター・ナラティブ　*14, 19, 20*
マルチパースペクティブ・アプローチ　*29, 30, 33*
漫画映画　*71, 91, 92, 166, 222, 226*
マンガ表現論　*204*

無国籍性　*112*

メタな地位　*183*
メディアコングロマリット　*148*
メディア・コンテンツ政策　*100*
メディアミックス　*vi, 41, 51, 98, 112, 208, 215, 230*

「萌え」　*208, 210, 211, 217*

モデル・ストーリー　*14, 19*
『桃太郎 海の神兵』　*68*

ら行

ライトノベル　*40*
ライフイベント　*32, 144, 145*
ライフコース　*40, 43, 45, 49, 50, 55*
ライフステージ　*137*
ライフストーリー法　*3, 13, 15, 20*

リキッド・モダニティ　*98*
リスクヘッジ　*124, 130*

レリヴァント（relevant）　*64*
レンタルビデオ　*164, 227*

労働社会学　*137*
ローカライズ　*225*
ロトスコープ　*83*
『ロボット・テコンV』　*225*

◆人名索引

A-Z

Allison, A. *152*
Andrejevic, M. *28*

Bakioğlu, B. S. *28*
Barton, K. M. *26*
Baym, N. K. *27, 31*
Bennett, A. *32*
Benyahia, S. C. *26*
Berndt, J. *152*
Booth, P. *31*
Burnett, R. *27*
Burt, R. S. *154*
Bury, R. *29*
Butsch, R. *25*

Cavicchi, D. *29*
Clements, J. *84*
Comeford, C. *27*
Crafton, D. *83*

Dena, C. *27*
Dunlap, K. *30*

Geraghty, L. *32*
Gray, J. *32, 197*

Hargittai, E. *28*

Ip, B. *84*

Kearns, L. *31*
Kelly, P. *31*

Lee, H.-K. *27*
Leonard, S. *152*
Lotz, A. D. *199*

MacDonald, A. *31*
Martel, F. *148*
Mittell, J. *27*
Morisawa, T. *156*

Napier, S. *152*
Nater, C. *83*

Parks, L. *193*
Pellitteri, M. *156*
Postigo, H. *27*

Schäfer, M. T. *26, 33*
Shaw, L. *153, 154*
Stevenson, N. *32*
Stovel, K. *153, 154*

van der Graaf, S. *32*

Walejko, G. *28*
Williams, R. *32, 193*
Wolf, C. *30*

Yin, R. K. *153*

あ行

アウトコールト（Outcault, R. F.） *215*
青木眞弥 *176*
青崎智行 *149, 152*
秋山邦晴 *70*
浅野智彦 *15*
東　浩紀 *iv, 160-162, 173, 211*
足立加勇 *xii*
アドルノ, T. W. *vii, 125, 229*
アバークロンビー（Abercrombie, N.） *13, 14*
天野　明 *19*
天野喜孝 *172*
アンダーソン, B. *79*

飯倉義之 *41*
飯田信夫 *76*
家島明彦 *17*
이경숙（イギョンスク） *222*
池上　賢 *viii, 13, 14, 15, 17, 29, 31, 32, 55*
石田美紀 *52*
石森章太郎 *217*
市野正二 *87-89*
一小路武安 *vi*
伊藤　剛 *206-211, 217, 219*
伊東昌輝 *76, 77, 79*
伊藤瑞子 *27*
稲田達雄 *70*
稲田朋美 *102*
稲田豊史 *177*
稲葉振一郎 *iii*
井上　徹 *125*
伊吹英明 *115*
今村太平 *70, 71*
今村良樹 *53*
임종수（イムジョンス） *224*
岩下朋世 *219*
岩淵喜一 *90*
岩渕功一 *98, 102, 109, 111, 112, 148*
岩渕文人 *73*

ヴィリリオ, P.　*83*
ヴィンセント, S.　*x*
植田真由　*177*
うしおそうじ　*88-90, 93, 123*
臼井儀人　*19*
内山まもる　*179*

エルダー, G. H.　*43*

大石郁男　*87-91*
大川　博　*121*
大澤信亮　*208*
太田美奈子　*193*
大塚英志　*69, 71, 195, 200, 208*
大塚康生　*166, 167*
大橋雅央　*134, 139*
大尾侑子　*viii*
大藤信郎　*70*
岡田斗司夫　*iv, 162*
岡田美弥子　*128, 129*
岡部大介　*161*
岡本　健　*vi*
小川　洋　*41*
刑部芳則　*76*
押井　守　*163, 172*
尾田栄一郎　*19*
小田切博　*103, 107, 215*
オトマズキン（Otmazgin, N.）　*102, 103, 115, 152*
小野耕世　*72, 76*
小野打恵　*102*

か行
ガーフィンケル（Garfinkel, H.）　*5*
海部正樹　*149*
加島　卓　*193*
加瀬充子　*126*
かたおか徹治　*179*
片上平二郎　*vii*
方倉陽二　*179, 181, 182*
加藤厚子　*68*
加藤秀俊　*196*
金子将史　*110, 111*
川崎拓人　*41*
川名完次　*76*
河西宏祐　*136, 137*
河森正治　*149, 168*
神坂　一　*40-42*

キーン, A.　*26*
岸本斉史　*17*
北田暁大　*ii, 31, 184*
ギデンズ, A.　*236*
김상수（キムサンス）　*231*
金成玟（キムソンミン）　*222, 224, 225*
김성욱（キムソンウク）　*231*
金青基（キムチョンギ）　*225, 226*
金大中（キムデジュン）　*229*
金泰龍（キムテヨン）　*xii*
金泳三（キムヨンサム）　*229*
木村智哉　*xi, 70, 88, 118, 120, 121, 130*

萱間　隆　*x*
串田秀也　*6*
楠部大吉郎　*123*
久保帯人　*19*
倉沢愛子　*72, 73*
クリック（Click, M. A.）　*32, 55*
黒崎真音　*60*
黒澤　明　*186*

コーエン, T.　*97, 98*
小掛慎太郎　*115*
國府田マリ子　*58*
古関裕而　*70, 76*
小林七郎　*123*
小松沢甫　*89*
小山昌宏　*v*
近藤和都　*xii, 164*
コンドリー（Condry, I.）　*vi, viii, 135, 152*

さ行
斎藤次郎　*177, 183*
佐伯永輔　*91, 93*
鷺巣富雄　*87-89, 92, 93*
桜井　厚　*13, 14*
佐々木啓　*viii, 31*
佐々木幹郎　*205*
サックス, H.　*6*
サッセン, S.　*98*
佐藤彰宣　*176*
佐藤忠男　*82, 84*
佐藤尚之　*23*
さやわか　*43*
サンドヴァス（Sandvoss, C.）　*29-31*

椎名へきる　*58-60*
ジール, J. Z.　*43*
シェグロフ, E.　*6*
ジェファーソン（Jefferson, G.）　*8, 11*
ジェンキンス（Jenkins, H.）　*viii, 24-26, 33, 34, 54*
柴田幹夫　*76*
渋谷直角　*175, 178, 185*
清水　正　*177*

周才庶　151
シュッツ（Schutz, A.）　63
白石さや　156
進　八郎　88
新海　誠　7, 8, 149
申東憲（シンドンホン）　223
秦　剛　68
神保光太郎　75, 76
ジンメル, G.　236

須川亜紀子　v
杉田俊介　177
杉山怜美　ix, 31, 32, 55
薄　121
鈴木麻記　viii
スタインバーグ, M.　vi, 32, 98, 111, 193, 215
数土直志　150
スミス, K.　30

瀬尾光世　68, 70, 72, 74, 76, 79
瀬尾祐一　ix, 55
関口敏雄　88
瀬田ヒナコ　215, 216

副田義也　177

た行

高艸　賢　ix, 33, 52, 53
高沢瑛一　178
高畑　勲　126
高松宮宣仁親王　78
탁상（タクサン）　227
竹内オサム　20
竹熊健太郎　210
竹宮ゆゆこ　211, 212
田中道明　179
ダフェット（Duffett, M.）　24, 28, 34
玉川博章　vi, x, 32, 54, 111, 119
田村ゆかり　58, 59
ダリオット-ブル（Daliot-Bul, M.）　103, 115, 152
たるかす　122
丹下　桜　58

조광희（チョカンヒ）　227
張娟　151
全斗煥（チョンドゥファン）　227
陳亦水　151
陳怡禎　55

津堅信之　vi, 32, 123, 178
筑紫義男　70
辻　泉　34, 161
円谷英二　88-90
津村秀夫　73

ディニー（Dinnie, K.）　99
出口　弘　vi
手塚治虫　69-71, 82, 125, 166, 193, 208, 210
テプフェール（Töpffer, R.）　206

土井隆義　218
トインビー, J.　56
富野由悠季（富野喜幸）　167, 192
トムプソン, P.　x
鳥山　明　19

な行

ナイ, J.　98, 108, 109
ナイチンゲール, V.　25, 30
中川右介　189
中島健蔵　75, 76
中島紳介　179
永田大輔　xi, 2, 161, 200
永嶺重敏　194
中村伊知哉　102
永山　薫　210
夏目房之介　204, 210

西村智弘　71

沼田知加　97, 99, 100, 112

野上　暁　177, 185

は行

バウマン, Z.　98
朴正熙（パクチョンヒ）　223, 224
長谷正人　iii, 138
畠山けんじ　115
浜田祐生　78
林穎四郎　87, 88
林原めぐみ　42, 58, 60, 61
原　徹　127-129
ハリントン（Harrington, C. L.）　30, 40, 43, 44, 55
ばるぼら　43
半澤誠司　vi, 118, 130

ビールビー（Bielby, D. D.）　30, 40, 43, 44, 55
久石　譲　16
平岩弓枝　76
平山　隆　178
ヒルズ（Hills, M.）　30, 32, 55, 56, 59, 61, 62

広実郁郎　*115*

フィスク（Fiske, J.）　*24, 25*
フィリップス（Philips, T.）　*30, 31*
フーコー, M.　*202*
フォード, H.　*83*
福圓美里　*57*
福間良明　*176*
藤岡　豊　*123*
藤子・F・不二雄　*175, 181, 185*
藤子不二雄　*178, 179*
フックス（Fuchs, C.）　*28*
フライシャー（Fleischer, M.）　*83*
ブルーナー, J. S.　*14*
ブレイ（Bray, J. R.）　*83*
フロリダ, R. L.　*98*

ペンリー, C.　*14*

細田　守　*7, 8, 127*
ホルクハイマー, M.　*vii, 125, 229*

ま行

前田　均　*72*
前田泰樹　*6*
増田弘道　*118, 135, 136, 164*
松井　剛　*103*
松井優征　*48*
松岡昌和　*72, 75, 76*
マッグレイ（McGray, D.）　*97, 99, 100, 103, 107, 108, 112, 115, 152*
松島静雄　*137, 138*
松永伸太朗　*xi, 118, 127, 136, 139, 141*
まつもとあつし　*27*
マドンナ　*24*
マリオッティ, M.　*17*
マルヴィ（Mulvey, L.）　*201*

水樹奈々　*ix, 33, 53, 54, 56-63*
水島新司　*180*
三橋逢吉　*70*
南　博　*177*
三原龍太郎　*xii, 27, 103, 107-109, 113-115, 150-153, 155, 156*
宮崎　駿　*iii, 126, 138*
宮台真司　*161*
宮本大人　*210*

村上謙三久　*58*
村上　隆　*99*

メイロヴィッツ, J.　*viii*

毛利嘉孝　*27, 149, 152*
森下　達　*xi, 14*
森田直子　*206*

や行

矢沢あい　*209, 211*
安彦良和　*126*
山口晶子　*31*
山下一夫　*xii, 152-154*
山田奨治　*v*
山中智省　*40, 41*
山本健太　*118*
山本早苗　*92*
山本泰三　*99, 111*
山森宙史　*176*

勇上和史　*118*
雪村まゆみ　*x, 70, 79, 82*

横山泰行　*177*
吉井孝幸　*124*
吉川龍生　*152, 153*
吉澤弥生　*135*
吉田　忠　*179*
吉見俊哉　*191*
吉本たいまつ　*189*
淀川長治　*183*
米沢嘉博　*177, 181, 183*
米山忠雄　*82, 83*
四方田犬彦　*205-207*

ら行

ラーナー（Lerner, G. H.）　*11*
ラッツァラート, M.　*111*
ラマール, T.　*xi*
ランドリー, C.　*98*

ルフェーヴル, H.　*84, 93*

ロス, K.　*25, 30*
ロンガースト（Longhurst, B.）　*13, 14*

わ行

渡辺　渡　*75*

執筆者紹介（* は編者）

永田大輔 *（ながた だいすけ）
明星大学・二松学舎大学・日本体育大学等非常勤講師
担当：Chapter 00，10
主著：「コンテンツ消費におけるオタク文化の独自性の形成過程」（『ソシオロジ』*182*, 21-37., 2015 年），「ビデオをめぐるメディア経験の多層性――「コレクション」とオタクのカテゴリー運用をめぐって」（『ソシオロゴス』*42*, 84-100., 2018 年）

池上 賢（いけがみ さとる）
拓殖大学政経学部准教授
担当：Chapter 01
主著：『“彼ら” がマンガを語るとき――メディア経験とアイデンティティの社会学』（ハーベスト社，2019 年），『入門メディア社会学』（共著，ミネルヴァ書房，2022 年）

佐々木啓（ささき ひろし）
東洋大学・明海大学等非常勤講師
担当：Chapter 01
主著：『よくわかる社会学［第 3 版］』（共著，ミネルヴァ書房，2020 年），『社会がみえる社会学』（共著，北樹出版，2015 年）

瀬尾祐一（せお ゆういち）
東京大学大学院
担当：Chapter 02
主著：「ヘンリー・ジェンキンスの軌跡に見る「ファンスタディーズ」の射程」（発表，2018 年）

杉山怜美（すぎやま さとみ）
慶應義塾大学大学院社会学研究科博士課程
担当：Chapter 03
主著：「「ファンであること」が長期継続する力学――《スレイヤーズ》ファンのライフコース」（一橋大学大学院社会学研究科 2016 年度修士論文，2017 年）

高艸 賢（たかくさ けん）
千葉大学 大学院人文科学研究院助教
担当：Chapter 04
主著：『シュッツの社会科学認識論――社会の探究が生まれるところ』（晃洋書房，2023 年），Inconsistency between solitary ego and the social world?: Becoming and meaning in Alfred Schutz.（*Schutzian Research*, *9*: 49-64., 2017 年）

萱間 隆（かやま たかし）
専修大学大学院
担当：Chapter 05
主著：「政岡憲三によるリップシンクとその表象」（『アニメーション研究』*19*(2)，2018 年），「サウンド」「日常，学園文化」の項（『アニメーション文化――55 のキーワード』，ミネルヴァ書房，2019 年）

雪村まゆみ（ゆきむら まゆみ）
関西大学社会学部教授
担当：Chapter 06
主著：「戦争と文化の制度化――アニメーションの誕生」（荻野昌弘［編］『叢書 戦争が生みだす社会Ⅰ 戦後社会の変動と記憶』，新曜社，2013 年），「ヴィシー政権下におけるアニメーションの制度化」（『日仏社会学会年報』*20*, 65-84, 2011 年）

玉川博章（たまがわ ひろあき）
日本大学・武蔵野美術大学等非常勤講師
担当：Chapter 07
主著：「ライツビジネス構想論――アニメ産業分析の検討と転換への試論」『アニメ研究入門応用編――アニメを究める 11 のコツ』（現代書館，2018 年），「トキワ荘にみるマンガ産業の勃興と生産者の適応」（『メディア・コンテンツ産業のコミュニケーション研究――同業者間の情報共有のために』 ミネルヴァ書房，2015 年）

木村智哉（きむら ともや）
開志専門職大学アニメ・マンガ学部准教授
担当：Chapter 08
主著：『東映動画史論 経営と創造の底流』（日本評論社, 2020年），「中村錦之助の『祇園祭』前夜——五社協定下におけるスター俳優の躍進と抵抗」（谷川建司［編］『映画産業史の転換点——経営・継承・メディア戦略』森話社，2020年）

松永伸太朗*（まつなが しんたろう）
長野大学企業情報学部准教授
担当：Chapter 09，14
主著：『アニメーターの社会学——職業規範と労働問題』（三重大学出版会，2017年），『アニメーターはどう働いているのか——集まって働くフリーランサー達の労働社会学』（ナカニシヤ出版，2020年）

三原龍太郎（みはら りょうたろう）
慶應義塾大学経済学部准教授
担当：Appendix 01
主著：A coming of age in the anthropological study of anime?: Introductory thoughts envisioning the business anthropology of Japanese animation.（*Journal of Business Anthropology, 9*(1), 88–110., 2020年），Involution: A perspective for understanding Japanese animation's domestic business in a global context.（*Japan Forum, 32*(1), 102–125., 2020年）

山下一夫（やました　かずお）
慶應義塾大学理工学部教授
担当：Appendix 01
主著：『全訳封神演義（全4巻）』（共訳，勉誠出版，2017年-2018年），『台湾ローカル文化と中華文化』（共著，好文出版，2018年）

森下 達（もりした ひろし）
創価大学文学部講師
担当：Chapter 11
主著：『怪獣から読む戦後ポピュラー・カルチャー——特撮映画・SFジャンル形成史』（青弓社，2016年），「戦前・戦中期の『少年倶楽部』における孤児の物語——海外児童文学の受容から田河水泡「のらくろ」へ」（『マンガ研究』*26,* 8–31., 2020年）

近藤和都（こんどう かずと）
大妻女子大学社会情報学部准教授
担当：Chapter 12
主著：『映画館と観客のメディア論——戦前期日本の「映画を読む／書く」という経験』（青弓社，2020年），「レンタルビデオ店のアーカイヴ論的分析に向けて——初期店舗の生成過程とその条件 」（『大東文化大学社会学研究所紀要』*1,* 31–45.，2020年）

足立加勇（あだち かゆう）
立教大学・東京造形大学・大妻女子大学非常勤講師
担当：Chapter 13
主著：『日本のマンガ・アニメにおける「戦い」の表象』（現代書館，2019年），「五十嵐かおるにおける瞳の巨大化の過程——少女マンガの大きな目を考える一例として」（『マンガ研究』*22,* 6–33., 2016年）

金泰龍（きむ てよん）
東京大学大学院学際情報学府博士後期課程
担当：Appendix 02
主著：「主流になったオタク，衰退するオタク文化」（韓国語，『月刊　文化科学』秋号，*59,* 321–333，2009年），「「まんが世代」の少女マンガ言説の形成と変遷——『COM』から『迷宮』まで」（『マンガ研究』*23,* 143–163., 2017年）